CAIWU GUANLI

财务管理

赵聚辉 主 编
李 嵘 杨 丽 金花妍 副主编

化学工业出版社

·北京·

内容简介

本书着重介绍现代财务管理的基本概念、基本价值观和基本方法等现代财务管理的最基本和最重要的内容，其总体编写特点为：

（1）以企业理财为主体，以财务活动为主线。内容分总论、财务管理基础理论、证券估值、预算管理、筹资管理基础、筹资管理内容、投资管理、营运资金管理、收入与分配管理、财务分析与评价等十章进行论述。

（2）将财务管理的基本理论与财务管理的发展动态结合起来。借鉴了中外管理科学的理论与方法，反映财务管理学科的成果与发展趋势，与时俱进；以财务管理目标为导向，体系科学、结构合理，体现循序渐进、由浅入深的原则；在保证学科体系完整性的条件下，立足于我国企业财务管理实际，将理论与实践结合，具有较强的应用性和可操作性。

（3）注重对学生财务管理知识结构的构建和分析能力的培养。各章前有学习目标，便于学生把握每章的重点和学习要求；各章后有思考题，有利于学生掌握所学知识、提高思考与分析问题的能力，方便学生自主学习并检验学习效果。

本书可供高等院校经济学类、管理学类本科生，尤其是会计学、财务管理、金融学、经济学等专业本科生使用。

图书在版编目（CIP）数据

财务管理 / 赵聚辉主编. -- 北京：化学工业出版社，2024.6. -- ISBN 978-7-122-45890-2

I. F275

中国国家版本馆 CIP 数据核字第 2024DQ6847 号

责任编辑：彭明兰　　　　　　　文字编辑：王　硕
责任校对：李　爽　　　　　　　装帧设计：刘丽华

出版发行：化学工业出版社
　　　　　（北京市东城区青年湖南街 13 号　邮政编码 100011）
印　　装：北京天宇星印刷厂
787mm×1092mm　1/16　印张 11½　字数 280 千字
2024 年 6 月北京第 1 版第 1 次印刷

购书咨询：010-64518888　　　　　售后服务：010-64518899
网　　址：http://www.cip.com.cn
凡购买本书，如有缺损质量问题，本社销售中心负责调换。

定　价：49.00 元　　　　　　　　　　　　版权所有　违者必究

前言

目前,"财务管理"已成为我国高等院校工商管理类、经济学类各相关专业的核心课程。随着社会经济和本学科领域理论与实践的不断发展,财务管理在教学实践中也需要不断更新、不断完善。为了适应高等学校教学改革、人才培养和学科建设的需要,我们编写了本书。

本书包括总论、财务管理基础理论、证券估值、预算管理、筹资管理基础、筹资管理内容、投资管理、营运资金管理、收入与分配管理、财务分析与评价等十章内容。在教材的编写过程中,注重培养学生的基本理财观念和解决实际问题的方法与能力,并强调现代教学手段和方法在教学中的应用。书中针对经济类和工商管理类本科生的教学特点,突出强调财务管理的基本概念、基本思想或观念、基本理论与方法。同时,注重理论联系实际,强化对学生解决实际问题能力的训练和培养。

本书的适用对象为高等院校经济学类、管理学类本科生,尤其是会计学、财务管理、金融学、经济学等专业本科生。

本书由辽宁师范大学赵聚辉主编,辽宁师范大学李嵘、杨丽、金花妍共同执笔撰写。本书的总体设计和大纲编写由赵聚辉、李嵘负责。具体分工如下:第1章、第4章、第8章由赵聚辉编写,第5章~第7章由李嵘编写,第2章、第10章由杨丽编写,第3章、第9章由金花妍编写。全书各章由辽宁师范大学研究生李进、夏文敏、金天舒、张颖倩协助编写。

本书得以顺利出版,要感谢辽宁师范大学的广大师生,感谢他们提出的宝贵意见和建议。在教材编写过程中,我们也参考了大量国内外优秀教材,在此也对这些教材的作者们表示感谢。

在本书的编写过程中,我们结合自己的教学实践,努力在内容、结构及案例等方面有所创新,但由于作者水平有限,加上资料等方面限制,可能并没有完全实现编写时的初衷,书中难免有不妥之处,敬请广大读者批评指正,并提出宝贵意见和建议,以便我们不断修改和完善。

目录

第1章 总论 / 001

- 1.1 财务管理的内容和原则 … 001
  - 1.1.1 财务管理的内容 … 001
  - 1.1.2 财务管理的原则 … 003
- 1.2 财务管理目标 … 003
  - 1.2.1 利润最大化 … 004
  - 1.2.2 股东财富最大化 … 004
  - 1.2.3 企业价值最大化 … 005
  - 1.2.4 相关者利益最大化 … 006
- 1.3 财务管理职能 … 006
  - 1.3.1 财务预测 … 006
  - 1.3.2 财务决策 … 007
  - 1.3.3 财务计划 … 007
  - 1.3.4 财务预算 … 008
  - 1.3.5 财务控制 … 008
  - 1.3.6 财务分析 … 008
  - 1.3.7 财务考核 … 009
- 1.4 财务管理体制 … 009
  - 1.4.1 集权型财务管理体制 … 009
  - 1.4.2 分权型财务管理体制 … 009
  - 1.4.3 集权与分权相结合型财务管理体制 … 010
- 1.5 财务管理环境 … 011
  - 1.5.1 技术环境 … 011
  - 1.5.2 经济环境 … 011
  - 1.5.3 金融环境 … 012
  - 1.5.4 法律环境 … 014
- 1.6 财务管理与财务会计之间的联系与区别 … 014
  - 1.6.1 财务管理与财务会计之间的联系 … 014
  - 1.6.2 财务管理与财务会计之间的区别 … 014
- 思考题 … 015

第2章 财务管理基础理论 / 016

- 2.1 货币时间价值 … 016
  - 2.1.1 货币时间价值概述 … 016
  - 2.1.2 复利终值和现值 … 017
  - 2.1.3 年金现值 … 018
  - 2.1.4 年金终值 … 020
  - 2.1.5 年偿债基金和年资本回收额 … 022
  - 2.1.6 利率计算方法 … 023
- 2.2 风险与收益 … 024
  - 2.2.1 资产收益额和收益率 … 024
  - 2.2.2 资产的风险及其衡量 … 026
- 2.3 成本性态分析 … 030
  - 2.3.1 固定成本 … 030
  - 2.3.2 变动成本 … 031
  - 2.3.3 混合成本 … 032
- 2.4 本量利分析与应用 … 033
  - 2.4.1 本量利分析概述 … 033
  - 2.4.2 盈亏平衡分析 … 034
  - 2.4.3 目标利润分析 … 037
  - 2.4.4 敏感性分析 … 037
  - 2.4.5 边际分析 … 039
- 思考题 … 040

第3章 证券估值 / 041

- 3.1 证券估值概述 … 041
  - 3.1.1 证券的相关概念 … 041

3.1.2 证券估值的相关概念	042	3.3.1 股票的概念	044
3.2 债券估值	042	3.3.2 股票的类别	044
3.2.1 债券的概念	042	3.3.3 优先股的估值	045
3.2.2 债券的估值方法	042	3.3.4 普通股的估值	045
3.2.3 债券投资的优缺点	043	3.3.5 股票投资的优缺点	046
3.3 股票估值	044	思考题	047

第 4 章 预算管理 / 048

4.1 预算管理概述	048	**4.3 预算编制实例**	055
4.1.1 预算管理的特征	048	4.3.1 经营预算的编制	055
4.1.2 预算管理的作用	049	4.3.2 专门决策预算的编制	059
4.1.3 预算管理的分类	049	4.3.3 财务预算的编制	059
4.1.4 预算管理体系	050	**4.4 预算的组织管理**	062
4.2 预算编制方法	050	4.4.1 预算执行	062
4.2.1 增量预算法与零基预算法	050	4.4.2 预算分析	063
4.2.2 固定预算法与弹性预算法	051	4.4.3 预算考核	063
4.2.3 定期预算法与滚动预算法	054	思考题	064

第 5 章 筹资管理基础 / 065

5.1 筹资管理概述	065	**5.3 股权筹资**	073
5.1.1 筹资的目的与要求	065	5.3.1 吸收直接投资	073
5.1.2 筹资管理的原则	066	5.3.2 发行股票	074
5.1.3 筹资渠道与方式	067	5.3.3 利用留存收益	076
5.1.4 筹资分类	067	**5.4 混合筹资**	077
5.2 债务筹资	069	5.4.1 优先股筹资	077
5.2.1 长期借款	069	5.4.2 附认股证债券筹资	079
5.2.2 发行公司债券	070	5.4.3 可转换债券筹资	080
5.2.3 融资租赁	072	思考题	083

第 6 章 筹资管理内容 / 084

6.1 资金需要量预测方法	084	6.3.1 经营杠杆	091
6.1.1 因素分析法	084	6.3.2 财务杠杆	093
6.1.2 销售百分比法	085	6.3.3 总杠杆	095
6.2 资本成本	086	**6.4 资本结构**	096
6.2.1 资本成本概述	086	6.4.1 资本结构的含义	096
6.2.2 个别资本成本的计算	087	6.4.2 影响资本结构的因素	097
6.2.3 综合资本成本率的计算	089	6.4.3 最优资本结构决策方法	098
6.2.4 边际资本成本的计算	090	思考题	101
6.3 杠杆效应	091		

第 7 章　投资管理 / 102

7.1　投资管理概述 … 102
　7.1.1　投资的意义 … 102
　7.1.2　投资管理的特点 … 103
　7.1.3　投资的分类 … 103
　7.1.4　投资管理的原则 … 104
7.2　项目投资财务评价指标 … 104
　7.2.1　折现现金流量指标 … 105
　7.2.2　非折现现金流量指标 … 110
7.3　项目投资实例 … 111
　7.3.1　固定资产更新决策 … 111
　7.3.2　投资时机选择决策 … 115
　7.3.3　投资期选择决策 … 117
思考题 … 118

第 8 章　营运资金管理 / 119

8.1　营运资金管理概述 … 119
　8.1.1　营运资金的相关概念及特点 … 119
　8.1.2　营运资金的管理原则 … 120
　8.1.3　营运资金的管理策略 … 120
8.2　现金管理 … 122
　8.2.1　持有现金的动机 … 122
　8.2.2　目标现金余额的确定 … 122
8.3　应收账款管理 … 125
　8.3.1　应收账款的功能 … 125
　8.3.2　应收账款的成本 … 125
　8.3.3　应收账款的信用政策 … 126
8.4　存货管理 … 128
　8.4.1　存货管理目标 … 128
　8.4.2　存货成本 … 128
　8.4.3　经济订货批量基本模型 … 129
　8.4.4　经济订货批量基本模型的扩展 … 130
8.5　流动负债管理 … 132
　8.5.1　短期借款 … 132
　8.5.2　商业信用 … 133
思考题 … 134

第 9 章　收入与分配管理 / 135

9.1　收入与分配管理概述 … 135
　9.1.1　收入与分配管理的意义 … 135
　9.1.2　收入与分配管理的原则 … 136
　9.1.3　收入与分配管理的内容 … 136
9.2　收入管理 … 137
　9.2.1　销售量预测分析 … 137
　9.2.2　销售定价方法 … 141
9.3　分配管理 … 146
　9.3.1　股利分配理论 … 146
　9.3.2　股利分配政策 … 147
　9.3.3　股利政策的影响因素 … 149
　9.3.4　股利支付形式与程序 … 151
　9.3.5　股票分割与股票回购 … 152
思考题 … 155

第 10 章　财务分析与评价 / 157

10.1　财务分析的意义、内容与方法 … 157
　10.1.1　财务分析的意义 … 157
　10.1.2　财务分析的内容 … 158
　10.1.3　财务分析的方法 … 158
10.2　基本财务报表分析 … 160
　10.2.1　偿债能力分析 … 160
　10.2.2　营运能力分析 … 164
　10.2.3　盈利能力分析 … 165
　10.2.4　发展能力分析 … 167
　10.2.5　现金流量分析 … 168
10.3　上市公司财务分析 … 169
　10.3.1　每股收益 … 169
　10.3.2　每股股利 … 169
　10.3.3　市盈率 … 169

10.3.4	每股净资产	170	10.4.2 综合绩效评价	173
10.4	**企业财务评价与考核**	170	**思考题**	174
10.4.1	企业综合绩效分析的方法	170		

参考文献 175

第 1 章 总论

 学习目标

① 了解财务管理的原则与内容。
② 理解财务管理目标的相关观点。
③ 了解财务管理的职能。
④ 了解财务管理体制。
⑤ 了解财务管理的环境。
⑥ 理解财务管理与财务会计的联系与区别。

1.1 财务管理的内容和原则

财务管理（financial management）是指组织企业财务活动、处理企业财务关系的一项经济管理工作。

1.1.1 财务管理的内容

企业的财务活动包括筹资、投资、经营及分配引起的财务活动。财务活动往往伴随着资金的收入与支出，而企业的生产经营又需要考虑相关项目的成本。所以，财务管理的内容可以概括为筹资管理、投资管理、营运资金管理、成本管理以及收入与分配管理五个方面。

（1）筹资管理

企业的筹资管理是企业财务管理的一项重要内容。企业发展依赖生产经营活动，而企业的生产经营需要一定的资金来维持。筹资是企业资金的获取方式，是企业资金运动的起点。筹资可以分为长期筹资和短期筹资。筹资的目的是满足企业长期资本的需要，企业需要根据自身的生产规模、发展要求、政策战略等，去考虑筹集资金的数量是否满足企业生产经营活动的需要。筹资的方式，包括发行股票、发行债券和其他筹资方式。企业需要比较和分析各种筹资方式的适用性和风险大小，谨慎选择筹资方式；还需要考虑筹资的时间以及筹资的环境等。

(2) 投资管理

企业筹集了一定数量的资金后，需要将筹集到的资金应用到企业的生产经营项目中，以谋求利益，从中获取利润，促进企业更好地生存和发展。投资可以分为长期投资和短期投资。长期投资是指不准备或不能随时变现，并且持有时间超过一年的投资；短期投资是指企业购入的各种能随时变现、持有时间不超过一年的投资。投资也可以分为对外投资和对内投资。对内投资是指把资金运用到企业内部生产经营活动中的资产上，比如购买固定资产、无形资产和其他资产的投资；对外投资是指企业将筹集到的资金用于购买股票、债券等有价证券的投资。

企业进行投资管理时，因为筹集到的资金往往是一定的，所以必须做出最优的投资决策。这需要考虑投资的规模、投资项目的报酬以及面对的风险大小等问题，选择最优的投资结构，提高投资的收益，降低投资项目的风险。所以决策者需要进行合理的、科学的投资，使企业达到赢利的目的。

(3) 营运资金管理

企业生产经营的过程中，存在着一系列流动资产与流动负债，资金的收入与资金的支出活动时常发生。营运资金是指在企业生产经营活动中占用在流动资产上的资金，是企业流动资产和流动负债的总称。所以营运资金管理是对企业流动资产及流动负债的管理。一个企业要维持正常的运转，就必须拥有一定量的营运资金。营运资金占的比重往往比较大，因此，营运资金管理是企业财务管理的重要组成部分，企业必须管理好营运资金。

营运资金管理需要企业充分考虑自身的生产经营情况，确定营运资金的规模，通过控制好流动资产和流动负债的比例，来保证企业的短期偿债能力。虽然营运资金在资金中所占比重比较大，但营运资金也是有限的，所以应在保证企业生产经营活动正常运行的前提下，节约使用营运资金，提高资金的利用效率。

(4) 成本管理

成本管理是财务管理的一个重要组成部分。成本管理主要包括成本预测、成本决策、成本计划、成本控制、成本核算、成本分析及成本考核等内容。企业在生产经营的过程中，需要对相关成本项目指标进行预测，对各种成本进行分析和核算，促使企业达到控制成本的目的，改进企业的管理，提高企业的工作效率，有助于企业决策者做出正确的决策。

(5) 收入与分配管理

企业的生产经营过程中会发生经济利益的流入而产生收入，随之也会产生费用，收入与费用相配比后产生利润，企业的利润要按照一定的程序进行管理和分配。收入是企业经济利益的总流入，而分配决定了经济利益流动的方向，是对企业一定时期内的生产经营成果进行合理的规划。利润要依据相关法律法规进行分配，兼顾企业与各利益主体之间的关系。对利润进行分配的同时，也要注重积累。

对收入进行分配，首先是对成本费用进行补偿；其次，对利润按照一定的程序进行分配，也就是对净利润的分配：先弥补以前年度亏损，然后提取法定公积金，最后提取任意盈余公积金。

上述财务管理的五个部分包括筹资管理、投资管理、营运资金管理、成本管理，以及收入与分配管理，构成了完备的财务管理体系。筹资是企业生产经营的起点，企业的生存和发展依赖于筹资；投资决策受制于筹资的规模，所以必须考虑筹资和投资两者之间相互影响的关系，才能做出正确的决策，达到预期的效果；筹资与投资都需要营运资金来支持，需要对营运资金进行管理；筹资、投资以及营运资金的运用过程中都存在着相关成本的分析，所以对成本进行管理也是必不可少的；收入与分配对筹资管理、投资管理、营运资金管理以及成本管理都有着一定程度的影响。它们之间是相互联系、相互依存、相互制约的。因此，筹资管理、投资管理、营运资金管理、成本管理以及收入与分配管理可以帮助企业管理资金，有效地控制成本，提高企业的收入，对企业进行监督管理，促进企业实现利润最大化的目标。

1.1.2 财务管理的原则

财务管理的原则是企业组织其财务活动、处理其财务关系的行动准则，是企业必须遵守的行为规范。财务管理的原则包括系统性原则、风险权衡原则、现金收支平衡原则、成本收益权衡原则与利益关系协调原则五个部分。

（1）系统性原则

企业在财务管理的过程中要秉持系统性原则。系统性原则是指系统性地进行财务管理。企业管理系统包括诸多子系统，这些子系统中就包含财务管理这一子系统，而财务管理又是由筹资管理、投资管理等多个子系统构成的，所以企业在财务管理工作中要坚持系统性原则。

（2）风险权衡原则

风险权衡原则是指企业决策者要根据其面对的风险和享受的报酬进行必要的权衡。风险是预期结果的不确定性，高收益的投资往往要面对较高的风险，而选择规避风险时享受的往往是较低的收益。有的决策者倾向于追求高风险＋高收益，而有的决策者会选择追求低风险＋低收益。所以企业需要对其做出权衡。

（3）现金收支平衡原则

现金收支平衡原则是指企业在财务管理的过程中要保证现金收入与现金支出的动态平衡，现金的收入与支出要协调、平衡。

（4）成本收益权衡原则

在企业的财务管理工作中，决策者需要对投资的成本和收益进行权衡。想要获得收益就必须付出一定的成本，成本与收益通常是相互联系、相互制约的，而企业生产经营的最终目标是利润最大化，所以决策者必须树立成本收益相权衡的观念。

（5）利益关系协调原则

企业的财务管理需要企业协调好自身和与企业有利益关系的各个主体之间的关系。与企业相关的利益主体包括股东、债权人、政府机关和职工等。处理好与他们之间的关系，才能保证财务管理工作的顺利进行。

1.2 财务管理目标

目标是对活动预期结果的设想，也是希望活动实现的最终结果。财务管理目标是企业所有财务活动的出发点和落脚点，是评价企业财务活动是否达到预期范围的标准。财务管理目标是企业生存、发展的动力，只有明确了合理的财务管理目标，企业财务管理工作才能确立清晰明确的方向，对企业管理具有重大意义。明确财务管理目标需要考虑各种财务环境的因素，面对不同的财务环境，财务管理目标有着不同的表现形式。企业财务管理目标主要有如下四种表现形式。

1.2.1 利润最大化

利润是指企业在一定会计期间的经营成果，反映企业的经营绩效，企业可以通过利润进行业绩考核。很多西方学者认为，企业创造的利润越多，企业就越富有，企业发展会更迅速。在市场经济的条件下，利润可以代表剩余产品的数量，而企业生产经营的目的是创造更多的财富，剩余产品越多，企业拥有的财富越多。企业获得的利润越多，代表企业经营管理的能力越强，市场的选择空间也越大，有利于创造更多的利润。企业创造更多的利润，对社会的生存和发展也具有积极的影响。

企业将利润最大化作为财务管理的目标，可以促进企业将现有资源进行更加合理的利用，促进企业内部治理，合理地降低相关成本，提高企业的经济效益。然而，利润最大化作为财务管理目标并不是最优的，它也存在着局限性。利润最大化的财务管理目标存在如下缺陷。

① 利润最大化的财务管理目标没有考虑利润实现的时间，没有考虑货币时间价值。例如，一个广告公司2012年实现了50万元的利润，2022年同样实现了50万元的利润，虽然同一家公司在这两年内实现了相同的利润，但是因为货币存在时间价值的影响，所以这两年实现的50万元利润的价值是不一样的。

② 利润最大化的财务管理目标没有考虑相关风险的影响。高报酬往往伴随着高风险，如果一味地追求更高的利润，那么将会面对更高的风险，这不利于企业的管理和高效发展。而且同样的利润在不同行业代表的价值不同，面对的风险也不同。

③ 利润最大化的财务管理目标没有考虑投入资本和所创利润之间的关系。对于一个企业来说，不应只追求更多的利润，而忽略了投入的成本。例如，某广告公司有A、B两个项目，A项目投入3万元可获得利润50万元，而B项目投入5万元同样获得50万元的利润，创造同样的利润，但是A项目投入的资本相对较少，显然该公司选择A项目更合适。

④ 利润最大化的财务管理目标可能导致企业的短期行为，影响企业长远发展。企业短期行为是指企业经营者为了实现短期目标而采取的行为。企业为了追求利润最大化的财务管理目标，可能会做出一些不顾企业长远发展的行为。比如，企业在生产经营过程中会选择可快速使用的人才，而不重视企业整体的文化发展，不注重培养企业有才能的员工；减少对产品的研究开发支出，产品可能会不适应市场需求的变化等。

1.2.2 股东财富最大化

股东财富最大化目标是指企业的财务管理以实现股东财富最大化为目标，争取为股东创造更多的财富。企业股东财富是由股东拥有的股票数量以及股票的市场价格共同决定的。当股东拥有的股票数量一定时，股票的市场价格越高，股东拥有的财富越多，所以股票的市场价格可以作为企业股东财富最大化的标准。那么如果股票的市场价格达到最大，股东财富最大化目标也会随之完成。

从另一方面来说，股东财富最大化体现为股票价值最大化，而股票价值体现为企业获取现金流量的能力。所以基于以上观点来看，与利润最大化的财务管理目标相比，股东财富最大化作为财务管理的目标具有以下优点。

① 股东财富最大化的财务管理目标考虑了货币时间价值以及相关的风险。因为通过股票取得的现金流量获得时间的早晚，会对股票的市场价格产生一定的影响，股票的市场价格也会对风险做出相应的反应。

② 股东财富最大化的财务管理目标很大程度上可以避免企业短期行为。企业可能为了追求利润而做出一些短期行为，目前的利润会影响股票的市场价格，预期未来能够获取的现金流量同样也会对股票的市场价格产生重要的影响。

③ 仅对上市公司而言，股东财富最大化的目标比较容易量化，有助于上市公司日常业绩的考核和奖惩。

④ 股东财富最大化目标反映了资本和报酬之间的关系。股票价格也可以体现每投入一单位资本对应的股票市场价值。

然而，股东财富最大化的目标也存在以下缺点。

① 股东财富最大化目标通常只适用于上市公司，非上市公司难以量化。

② 股票的市场价格受多种因素的影响，股价不能完全准确地反映企业财务管理的实际情况。股票的市场价格受企业内部、外部各种因素的影响。

③ 股东财富最大化的目标不重视除了股东以外其他相关者的利益。

1.2.3 企业价值最大化

企业价值最大化是指企业以实现自身价值最大化为目标，这涉及与企业有利益关系的相关者，比如企业的股东和债权人等。企业价值关系到股东、债权人等与企业有利益关系的相关者权益的市场价值，也与企业的预计未来现金流量现值有关。预计未来现金流量现值是通过预计未来现金流量以及相关的折现率计算得到的。由于未来现金流量的预测包含了许多不确定性和风险因素，因此企业价值最大化目标要求企业通过采用最优的财务政策，充分考虑资金的时间价值及风险与收益之间的关系，在保证企业长期稳定发展的基础上，使企业价值达到最大。

企业价值最大化的财务管理目标，具有以下优点。

① 企业价值最大化的目标充分考虑了货币时间价值。

② 企业价值最大化的目标充分考虑了风险与收益的关系。

③ 企业价值最大化的目标能够在一定程度上避免企业的短期行为。企业价值最大化的目标重视企业自身的生存和发展，重视企业持续地获得利益的能力，能够避免企业在追求利润的时候发生短期行为。

④ 企业价值最大化的目标是将企业的价值而非股票价格作为评价企业财务管理的标准，避免了很多外界因素的干扰。

然而，以企业价值最大化作为财务管理目标也有缺陷，比如企业价值最大化的目标太过理论化，实践过程中不易操作，尤其对于非上市公司而言，企业价值往往很难准确评估。

1.2.4 相关者利益最大化

在现代企业中,企业利益与会计信息使用者的利益环环相扣。要明确企业财务管理的目标,就要考虑与企业有利益关系的主体的情况。与企业有利益关系的主体包括:

① 企业经营者。企业经营者具有专门的知识技能,负责领导企业的生产经营,致力于企业的生存和发展。

② 股东。企业的股东关心企业的生产经营情况,企业需要向股东定期提供一定的财务报告。

③ 企业的债权人。债权人非常重视企业的信誉、偿债能力以及公司未来的生存与发展。

④ 政府机关。企业需要向政府机关有关部门缴纳税款、社会保障基金等。

⑤ 职工。他们会因为自己的劳动得到企业定期支付的工资和奖金。

⑥ 其他利益相关者,比如供应商和顾客等,他们不参与企业的日常管理。

所以,在明确财务管理的目标时,需要考虑这些利益相关者的利益。

相关者利益最大化的目标要求企业协调与各利益相关主体之间的关系。加强与企业经营者之间的关系,有利于企业的内部控制,使企业得到更好、更迅速的发展。利益相关者以股东为首,要求企业利益与股东利益相协调,可以避免公司内部发生分歧和纠纷,提高公司的管理效率,有助于企业迅速做出决策,提高企业的价值。相关者利益最大化目标要求企业不断加强与企业债权人之间的关系,保证企业有稳定的资金来源。充分考虑到风险与收益之间的关系,有效地控制风险,做到风险与收益的均衡。

除此之外,相关者利益最大化的目标还要求企业重视普通员工的利益。员工是企业的基础。企业良好的工作环境有助于员工传承企业的文化,为企业的创新提供动力,是企业成功的关键因素。同时,企业还应与政府机关保持良好的关系,关心客户的利益,加强与企业供应商的合作,为客户提供质量优良的产品。

相关者利益最大化的目标协调了企业与各利益相关者之间的关系,有利于企业长期稳定发展。这个目标是一个多角度、多层次的体系,不仅关注企业本身,还保障了股东、债权人、职工等相关者的权益,体现了合作共赢的理念,实现了企业与社会的合作共赢。这不仅有利于企业价值的实现,在一定程度上也实现了社会价值。

1.3 财务管理职能

财务管理职能是指企业在所有财务管理工作运行过程中的功能。随着社会经济的高速发展,企业加强了对自身生产经营的管理,但企业财务管理职能仍然需要不断发展和完善。企业具体的财务管理职能包括:财务预测、财务决策、财务计划、财务预算、财务控制、财务分析、财务考核等七个部分。

1.3.1 财务预测

财务预测是指根据企业生产经营等财务活动的相关历史资料,通过对财务活动涉及的销售、成本、现金流量、利润等方面的数据进行有效的预测，从而正确制定企业的决策和生产经营规划。财务预测通常是对企业未来的财务活动相关项目需要的资金、耗费的成本以及企业的盈利水平等进行预测，具体包括对项目投资前景的预测、资金需求量的预测、销售收入的预测、成本费用的预测、利润的预测等。

财务预测的方法主要包括定性预测方法和定量预测方法。定性预测方法是指运用个人的知识和经验进行推理判断，得到对未来的趋势性结论的方法。定性预测一般是对某个事物的描述性表达，比较粗略。定量预测方法是指运用数字模型来预测某些重要变量未来值的方法。定量预测一般用精确数据描述，相对更加准确。

财务预测可以对相关历史数据、市场调研的结果等方面进行分析，预测市场的未来趋势；对财务活动的生产成本、销售成本等各项成本进行预测，达到对成本的有效控制，制定正确的成本管理策略；预测企业的现金流入与现金流出，预测生产经营策略的经济效益。企业进行必要的财务预测，可以更好地规避风险，有助于企业未来的生产经营决策。

1.3.2　财务决策

财务决策是指对财务活动的所有可能方案进行分析和比较，从中选择最佳方案的过程。财务决策是对财务预测得出的结果进行分析，从而确定合理可行的方案。财务预测是一个复杂的过程，它的标准是多元的，所以往往需要企业决策者综合分析多个影响因素和评判标准，最终做出合理的财务决策。

财务决策的方法同样分为定性财务决策和定量财务决策两类。定性财务决策是指通过对事物的特点进行考虑，综合利用人类的知识、经验和智慧，从而进行决策的方法，比如专家会议法、头脑风暴法等。定量财务决策是指通过分析事物之间的数量关系进行决策，常用的方法有本量利分析法、数学微分法、线性规划法等。

财务决策是企业财务管理工作的核心，只有准确、科学的决策，才能使企业有效地面对各种复杂环境的挑战。企业财务决策的成功关系到企业的生存和发展，能够推动企业工作朝着正确的方向前进。

1.3.3　财务计划

财务计划是根据企业财务决策得出的结果，对企业的财务活动进程进行规划，是企业财务管理具体量化的目标。财务计划是企业财务管理的主要依据，主要的表现形式是各种指标和各类表格。一般由企业最高管理层根据财务决策的结果制定一系列的指标，下达到企业各个部门，各部门根据下达的指标编制各种预算表格，交由财会部门以及相关负责人审批，最终由相关部门执行。确定财务计划指标的方法通常包括平衡法、定额法等。

具体的财务计划的编制方式包括四种：第一种是固定计划，是指按照计划期内企业某一固定的经营水平而编制的财务计划；第二种是弹性计划，是指按照计划期内若干经营水平编制的具有伸缩性的财务计划；第三种是滚动计划，是指运用不断延续的方式，使计划期始终保持一定长度的财务计划；最后一种是零基计划，是指对计划期内的指标以零为起点，考虑各个指标的水平而编制的财务计划。

良好的财务计划可以使企业的生产经营目标更为明确具体，能够作为考核企业各部门业绩的标准，有利于企业的生存和发展。

1.3.4 财务预算

财务预算是根据财务预测和财务计划所得出的各种结果和信息，在预算期内计算出各种指标的过程。财务预算主要包括现金预算、预计资产负债表、预计利润表以及预计现金流量表等。其中，现金预算是财务预算的核心，它反映了企业在一定时期内的现金流入和现金流出的情况。财务预算的编制方法通常包括固定预算与弹性预算、增量预算与零基预算、定期预算与滚动预算等。

财务预算是企业预算体系的重要组成部分，在企业的生存和发展过程中发挥着重要的作用。财务预算能够全面地权衡和分配企业各部门的工作，使企业财务决策的目标更为具体，推动企业财务目标的实现；企业可以将财务预算的结果作为评价企业经营情况的标准，将企业实际业绩完成数与财务预算结果进行比较，计算出实际数与预算数的偏差，找出出现偏差的原因，进行相应的调整，最终顺利实现企业的财务目标。

1.3.5 财务控制

财务控制是指根据已知、可利用的信息，按照一定的方法和程序，对企业资金的使用以及收益的获取进行干预和调节，使企业财务目标顺利实现的过程。根据控制的内容，可以将财务控制分为一般控制和应用控制；根据财务控制的功能，可以分为预防性控制、侦查性控制、纠正性控制、指导性控制以及补偿性控制；根据控制的时间顺序，可以分为事前控制、事中控制和事后控制；根据财务控制的对象，可以分为收支控制和现金控制等。

财务控制的方法通常包括前馈控制、过程控制、反馈控制等。企业进行财务控制的措施一般包括预算控制、运营分析控制和绩效考评控制。财务控制以企业的不同部门、不同岗位所涉及的财务活动为控制对象，控制企业日常的现金流量，对企业财务活动所处的环境进行调节，防止财务资源在质量上发生偏差，促进企业资源的合理配置。对企业财务收支过程进行控制，其结果可以作为考核的标准，便于企业根据业绩进行奖惩。

1.3.6 财务分析

财务分析是指通过收集和整理企业财务报告中的数据信息，采用一定的方法和程序，对企业财务状况、经营成果以及现金流量进行系统分析和评价的过程。

企业可以采用趋势分析法进行财务分析。趋势分析法是指将两期或连续几期财务报告的相同指标进行比较，确定这些指标的增减变动，从而对企业财务状况和经营成果进行评价的方法。也可以通过比率分析法进行财务分析。比率分析法是指通过财务报表中某两项数值的比率来反映企业财务状况和经营成果的方法。还可以采用因素分析法，也叫作因素替换法，是指通过统计指标体系分析现象总变动中各个因素影响程度的一种分析方法，包括连环替代法、差额分析法等。

企业的财务分析对象有主体和客体之分。主体包括企业的投资人、债权人、政府机构、职工以及管理者等，不同的主体进行财务分析的目的不同。客体包括企业的经营活动、筹资活动，以及投资活动等。通过财务分析，可以为财务信息使用者提供有助于他们决策的信息，对企业过去、现在和未来的发展进行评价和分析。

1.3.7 财务考核

财务考核是指将报告期指标的实际完成数与规定的考核指标进行比较，确定有关责任单位和个人完成情况的过程。财务考核的形式多种多样，具体包括绝对指标考核、相对指标考核、按指标完成百分比考核、评分考核以及采用多种指标进行综合考核等。企业可以通过财务考核对企业内部各部门和职工的工作业绩进行相应的奖励或惩罚，有助于贯彻企业的责任制，是企业员工激励机制的重要措施。财务考核主要针对企业内部的工作，有助于企业更好地履行财务计划，贯彻按劳分配的原则，加强企业的财务管理工作，提高企业的综合实力。

1.4 财务管理体制

企业的财务管理体制将企业的责任和权限分配到各层级，制定了企业各层次、各部门的制度，确保企业财务管理工作的正常运行。企业的财务管理体制包括：集权型财务管理体制、分权型财务管理体制以及集权与分权相结合型财务管理体制。

1.4.1 集权型财务管理体制

集权型财务管理体制是指企业的决策权集中掌握在企业总部财务部门，由企业总部集中对企业的财务工作进行管理和决策，再由其他部门执行企业总部下达的命令。在集权型财务管理体制下，其他部门没有参与决策的权利，只能严格执行企业总部的决策，企业内部的财务和管理制度均由企业总部集中控制和管理。

采用集权型财务管理体制，企业决策由总部来制定和执行，有利于企业根据其战略要求对资源进行合理配置，促进企业实现资源共享；集权型财务管理体制也充分展示了企业"一体化"管理模式的优势，能更好地控制和规范企业各部门的财务活动；企业总部控制着整个企业的财务工作，有利于降低企业的财务和经营风险。然而，集权型财务管理体制也存在着一定的局限性：可能会因为总部对下属部门经营活动的信息掌握不全面，而出现企业总部下达的决策低效甚至无效的结果；企业总部管理权限高度集中，不利于调动企业其他部门的经营积极性，削弱了企业下属部门工作的灵活性和创造性，不利于企业的长远发展。

1.4.2 分权型财务管理体制

分权型财务管理体制是指将企业管理和决策的权力分散到企业的各个下属部门和单位，各部门或单位具有对其所属工作的决定权。在分权型财务管理体制下，各所属单位对其工作进行直接管理，企业总部对各个单位的工作进行间接管理。这种体制适用于经营范围较大的企业。

采用分权型财务管理体制，企业的各个部门和单位有权决定和控制自己的经营活动，负责人更了解底层工作的情况，有利于对市场的需求和变化进行及时和有效的决策；将企业的决策权分散到各个部门，分散了企业的经营和财务风险；调动了企业各部门工作的积极性和灵活性，有利于激发企业的创造性。然而，分权型财务管理体制也存在着缺点：权力过于分散，可能会导致企业工作难以协调进行，各部门或单位可能会为了追求自身的利益而忽略甚至损害企业整体利益。

1.4.3　集权与分权相结合型财务管理体制

集权与分权相结合型财务管理体制将集权型与分权型两种财务管理体制的优势相结合，企业重大活动的决策权掌握在企业总部，企业日常财务活动的决策权分散到各个下属部门或单位。企业选择财务管理体制的核心，在于对集权与分权的有效选择，而集权与分权相结合型财务管理体制吸收了集权型财务管理体制和分权型财务管理体制的优点，避免了各自的缺点。采用集权与分权相结合型财务管理体制，制定统一的内部制度，企业总部依据企业各个部门的经营特点向各个部门分配管理权限，由各个部门自主管理和控制各自的财务活动，有利于调动其工作的积极性；企业总部对其他权限进行统一管理，以企业的发展战略和要求为目标，严格制定和部署重大事项的决策。基于以上特点，集权与分权相结合型财务管理体制具有较大的优越性。

从我国目前的企业发展情况来看，集权与分权相结合型的财务管理体制要求对企业的重大事项进行集权管理，对企业的日常经营进行分权管理。具体实践如下。

集权与分权相结合型财务管理体制的具体实践中，进行集权管理的重大事项包括：制度制定权，筹资、融资权，投资权，用资、担保权以及收益分配权等。集中制度制定权是指企业总部根据自身的发展战略和目标要求，制定统一的内部管理制度，企业其他部门或单位遵守并执行企业的内部制度，并且可以根据各自的生产经营特点进行补充。集中筹资、融资权要求由企业总部集中筹集资金，能够在一定程度上降低企业的筹资风险，筹集到的资金提供给企业其他部门或者单位使用；企业总部可以对各部门使用资金情况进行了解，并评价各部门的使用资金情况是否合理。集中投资权规定，为了减少企业的投资风险，实现企业的效益，各单位拥有一定程度的投资权，超过其限额部分的投资权归企业总部所有，企业总部可以审查各单位投资项目的收益是否符合预期。集中用资、担保权要求企业总部对企业资金的安全使用进行集中管理，严格审查资金的收入与支出，履行必要的报批手续。企业的担保权归企业总部所有，各部门或单位无权为其他企业提供担保。集中收益分配权规定，企业总部要制定明确统一的收益分配制度，对于企业的利润，按照法律法规和会计制度进行有序分配，各个部门的利润分配应向企业总部进行备案。

进行分散管理的日常经营事项包括：经营自主权、人员管理权、业务定价权，以及费用开支审批权等。分散经营自主权是指除了重大事项要向企业总部报备外，其他经营活动的事项均由各部门负责人控制和管理，在规定的时间向企业总部汇报即可；分散人员管理权是指除了财务主管人员应由企业总部派遣或者由各部门挑选并经总部批准外，企业总部对其他人员的任用一般不干预，均可由各部门负责人聘请或辞退；分散业务定价权是指因为各部门或单位的财务活动均不相同，所以业务定价可以根据各自的经营业务特点进行拟定；分散费用开支审批权要求各部门、单位在遵守财务制度的基础上，由各自负责人审批相关的费用支出。

1.5 财务管理环境

财务管理环境是指影响企业财务活动和内部管理的所有条件的总和。任何企业都是在一定的环境中产生、生存和发展的，企业的各种财务活动也离不开财务环境。不同时期、不同国家、不同行业的企业面对着不同的财务管理环境，只有适应了财务管理环境，才能更好地应对财务管理环境的变化，促进企业的生存和发展。企业财务管理环境主要包括技术环境、经济环境、金融环境和法律环境。

1.5.1 技术环境

财务管理的技术环境是指实现企业财务管理的技术手段和技术条件，是影响企业财务管理过程和效率的外部因素之一。现如今，各行各业的新技术飞速发展，对人们的生活方式以及企业的市场需求都产生了重大的影响。技术环境对企业财务管理的影响是多角度、多层次的，企业相关技术的进步会刺激市场对企业生产产品和提供服务的需求，为企业创造发展机会，还会对企业的发展战略和决策造成重大的影响。一个企业的经济增长与企业技术发明的成果有关，企业获取的利润与投入的技术研发费用有关。

科学技术的发展，比如大数据、自动化技术的成熟，人工智能的广泛应用，都对企业的发展产生重大的影响，促进企业会计信息对各使用者的共享，便于他们做出有效的决策，促使企业财务管理活动更加灵活、高效。所以，面对日新月异的技术发展，进步越快的企业对技术的变革就越要重点分析。企业或组织必须高度关注自身技术的研发和创新，积极地分析企业技术的变化，牢牢抓住市场机遇；关注政府对技术创新发布的相关政策和规制，及时地采取相关策略进行技术创新，以便形成自己的竞争优势。

1.5.2 经济环境

财务管理的经济环境的范围是十分广泛的，具体的因素包括经济体制、经济发展水平、经济周期、经济政策以及通货膨胀状况等。

（1）经济体制

从经济上看，我国实行社会主义市场经济的经济体制，即在以公有制为主体、多种所有制经济共同发展的条件下运行的市场经济。在社会主义市场经济体制下，社会主义制度与市场经济体制相结合，就是将公有制与市场经济相结合，企业将生产资料为其所有来创造财富。另外，非公有制经济也是社会主义市场经济的重要组成部分。非公有制经济具有很强的灵活性，对市场的变化具有很强的适应性，在经济发展中发挥着重要的作用，所以，对非公有制经济要鼓励、支持和引导。

（2）经济发展水平

不同国家的经济发展水平是不同的。通常来说，经济发展水平越高，财务管理的水平也越高，所以为了衡量各个国家的财务管理水平，我们可以根据国家经济发展水平的不同，将它们分为发达国家、发展中国家以及不发达国家。多数发达国家的经济发展及财务管理水平在世界上处于领先地位；许多发展中国家经济增长位居世界前列，产业结构持续优化，国际影响力也进一步提升，企业财务管理水平提高较快，但也可能存在着财务管理目标不清晰、方法简单等问题；多数不发达国家经济发展及财务管理水平低，发展缓慢。综上，企业的财务管理应该以本国的经济发展水平为基础，以宏观经济发展目标为导向，努力实现企业的经营目标。

（3）经济周期

经济周期是指在市场经济条件下，经济的发展与运行具有一定的波动性，一般经历复苏、繁荣、衰退和萧条几个阶段的循环。我国的社会主义市场经济有相似的波动过程。一般而言，在经济发展的复苏阶段，社会经济加速发展，企业可以采取适当增加厂房、设备等固定资产以及增加存货、开发新产品、增加劳动力等策略；在经济发展的繁荣阶段，国民收入水平提高，企业可以采取扩大生产规模、提高产品的价格、增加存货和劳动力等措施；在经济发展的衰退阶段，市场经济从繁荣走向萧条，是一个过渡时期，经济开始从顶峰下滑，企业可以采取停止生产规模的扩张、减少投资、出售多余设备、停产不利产品、停止扩招雇员等措施；在经济发展的萧条阶段，国民收入水平急速下降，企业可以采取重新建立投资标准、放弃次要利益、削减存货、裁减雇员等措施。社会经济发展会经历这几个时期的循环，所以需要企业人员在面对经济发展不同时期的波动时采取不同的应对策略。

（4）经济政策

经济政策是国家或政府为了达到充分就业、价格水平稳定、经济快速增长、国际收支平衡等宏观经济政策的目标，而制定的解决经济问题的指导原则和措施。国家发布的经济政策对企业财务管理的影响是重大的，不同的经济政策对企业财务管理的影响也不同。例如，国家发布的财税政策会影响企业的投资决策；关于会计制度的政策会影响企业会计要素的确认和计量，影响企业的财务状况、经营成果以及现金流量等。所以，企业要时刻关注国家发布的经济政策，把握经济政策的导向，从而促进企业以及社会经济的持续健康发展。

（5）通货膨胀状况

市场发生通货膨胀，将对企业的方方面面产生很大的影响，会造成企业利润虚增，刺激企业的资金需求，增大企业筹资难度，增加企业筹资成本。此时，需要政府采取政策，如采取紧缩型财政政策：减少政府购买和投资、增税以及减少转移支付等。同时，企业需要分析市场通货膨胀的影响，以便于采取一定的措施减轻。例如，企业可以调整自身的财务政策，减少资金流失等。

1.5.3　金融环境

（1）金融工具

金融工具是指形成一方的金融资产并形成其他方的金融负债或权益的工具。

金融工具可以根据其发展进程，分为基础金融工具和衍生金融工具两类。例如，股票、债券是基础金融工具，期货、期权是衍生金融工具。

金融工具也可以按照发行和流通的场所，分为货币市场证券和资本市场证券。货币市场证券是指政府、企业、金融机构等为筹集短期资金而发行的、到期日在一年以内的有价证券，如国库券、短期债券等。资本市场证券是指政府或企业发行的、到期日在一年以上（不含一年）的有价证券，如普通股、优先股等。

金融工具按照收益性的特点,分为固定收益债券、权益证券以及衍生证券。

在金融市场中,利用金融工具进行交易,能够灵活地转变成现金以供企业周转使用,也能给持有人带来一定的经济利益。但是,购买金融工具也会面对一定的市场风险和信用风险,这就需要企业谨慎选择。

(2) 金融市场

金融市场是指资金供应者和资金需求者双方通过信用工具进行交易而融通资金的市场。金融市场对宏观经济具有调节作用;金融市场是资金的"蓄水池",能够帮助企业将资金聚集起来,实现资本积累;金融市场能够将资源进行合理配置和有效利用。一个完整的金融市场应当包括:资金供应者和资金需求者,比如政府、金融机构、居民等,是金融市场的基本因素;信用工具,例如各种股票、债券、借款合同等交易对象;信用中介,如银行、证券商等充当资金供求的中介。

金融市场可以按照不同的角度进行分类。按照地理范围可以分为地方性金融市场、全国性金融市场和国际性金融市场;按照经营场所可分为有形金融市场和无形金融市场;按照融资交易期限可分为资本(长期资金)市场和货币(短期资金)市场;按照金融市场的功能可分为发行市场和流通市场(发行市场也称一级市场,是指发行金融工具的市场;流通市场也称二级市场,是指已经发行的、在流通中的金融工具交易的市场);按照融资对象可分为资本市场、外汇市场和黄金市场;按照交易金融工具的属性可分为基础性金融市场和金融衍生品市场(基础性金融市场是指以股票、债券以及商业票据等基础性金融商品为交易对象的金融市场;金融衍生品市场是指以远期合同、期货合约及期权合同等金融衍生品为交易对象的金融市场)。

① 货币市场。货币市场也称短期资金市场,是进行短期金融资产交易的市场。货币市场交易活跃度高,交易活动数量巨大;交易活动期限较短,大致在一年以内(含一年);在货币市场,面对较低的风险,享有较低的收益;货币市场具有很强的流动性,能够调节和融通短期资金,促进短期资金的快速周转,保持金融资产的流动性;货币市场能够充分利用企业的闲置资金,将闲置资金转变成流通货币,满足企业的用资需求,市场信息流动迅速,吸引越来越多的投资者参与。

货币市场的参与者具体包括:资金需求者,可以通过货币市场交易满足他们日常生产经营活动的资金需要;资金供应者,他们拥有闲置资金,通过货币市场将他们的闲置资金充分利用;交易中介,为交易活动双方服务从而收取手续费或差价,如一些商业银行等;政府,主要针对短期政府债券的需求和供给;还有个人等。

② 资本市场。资本市场也称长期资金市场,是进行中长期(超过一年)金融资产交易的市场。货币市场中资金的借贷量很大,市场价格不稳定,变动幅度很大。相比于货币市场,资本市场交易活动的融资期限较长,一般超过一年,有的甚至长达几十年;和货币市场不同,资本市场具有较高的风险,也享有较高的收益;资本市场流动性较差,可以用于满足企业长期资金需求。

资本市场可分为一级市场和二级市场。一级市场是发行市场,是指将证券首次发行或出售形成的市场。二级市场是流通市场,是指在证券发行后,证券继续在市场中买卖流通形成的市场。

典型的资本市场类型包括债券市场、股票市场、期货市场以及外汇市场。债券市场以各种债券为交易对象,利用债券发行取得资金,资本市场中其他参与者购买发行的债券以获取收益;股票市场以股票为交易对象,公司通过发行股票取得资金,参与者购买发行的股票,获得股息、红利等形式的收入;期货市场以商品期货或者金融期货为交易对象;外汇市场以货币为交易对象,利用货币进行国际投资和贸易,以此获得收益。

1.5.4 法律环境

财务管理的法律环境是指企业与其他企业或单位发生经济关系时涉及的法律因素的总和。企业必须遵守的法律法规主要包括《中华人民共和国公司法》《中华人民共和国民法典》《企业财务通则》《企业会计准则》以及税法等。企业的财务活动是在一定的法律环境下进行的,会受到相关法律法规的保护和约束;同时,法律环境对企业各方面的影响是广泛的,它影响着企业内部治理、筹资投资活动、收益分配等方面。例如,《中华人民共和国公司法》《中华人民共和国民法典》影响着企业的筹资活动,《中华人民共和国公司法》《中华人民共和国证券法》影响着企业的投资活动等。

企业必须依法设立,除了必须遵守《中华人民共和国公司法》之外,合伙企业的设立必须遵守《中华人民共和国合伙企业法》;个人独资企业的设立必须遵守《中华人民共和国个人独资企业法》;中外合资企业的设立必须遵守《中华人民共和国外商投资法》和《中华人民共和国中外合作经营企业法》等,明确企业设立的条件、程序等。企业的法律环境还包括税法,税法是国家制定的用以调整国家与纳税人之间在征纳税方面的权利及义务关系的法律规范的总称,是国家税收在法律方面的表现形式,所有企业均有依法纳税的义务和责任。企业的财务活动同样要遵守法律法规以及行业会计制度。比如,《企业会计准则》由财政部制定,在2006年2月15日由财政部令第33号发布,自2007年1月1日起施行,具体由基本准则、具体准则、应用指南和解释组成,以基本准则为指导,明确了企业进行财务活动必须遵守的原则,有利于规范企业的财务活动。

1.6 财务管理与财务会计之间的联系与区别

1.6.1 财务管理与财务会计之间的联系

财务管理与财务会计是企业发展中的两个重要的部分,二者在一定程度上相互联系,相互依存。财务管理与财务会计的信息都源自企业的经济活动。财务会计中通过分析企业的生产经营情况,完善企业的资产负债表、利润表、现金流量表以及所有者权益变动表等报表,反映企业的财务状况、经营成果及现金流量情况。财务管理中通过利用财务会计提供的会计信息,对企业的财务活动进行预测和分析,制定明确的目标,最终做出正确的决策。同时,财务会计中也需要反过来关注财务管理的变动,时刻了解企业财务管理的目标和决策。只有财务会计与财务管理协调进行,才能提高企业的经济效益,增加企业自身的价值,实现企业的财务管理目标,最终使企业健康发展。

1.6.2 财务管理与财务会计之间的区别

首先,财务管理与财务会计的概念不同。财务会计是当代企业会计的一个重要组成部分,运用簿记系统的专门方法,以通用的会计原则为指导,对企业资金运动状况进行反映和控制,旨在为投资者、债权人提供会计信息的对外报告。财务会计核算和监督企业的经济活动,对企业的交易或事项进行确认、计量和报告。财务管理是企业管理的一个重要组成部分,是组织企业财务活动、处理财务关系的一项经济管理工作。财务管理对企业财务活动进行控制、决策及评价。

其次,财务管理与财务会计的职能不同。财务会计的基本职能是核算和监督,同时它也拥有预测经济前景、参与经济决策、评价经营绩效等拓展职能;财务管理的职能可以概括为财务预测、财务决策、财务计划、财务预算、财务控制、财务分析及财务考核等七个职能。

最后,财务会计的核算依据国家统一会计制度或会计政策并结合企业具体情况来执行;而财务管理则依据国家政策,在法律允许的范围内,根据管理者的意图来执行。

思 考 题

① 企业在进行财务管理时,应遵循哪些原则?
② 将股东财富最大化作为财务管理的目标,有哪些利弊?
③ 财务管理的职能有哪些?
④ 技术环境对企业财务管理会产生怎样的影响?
⑤ 财务管理与财务会计有何区别、联系?

第 2 章

财务管理基础理论

学习目标

① 理解货币时间价值的概念和相关计算方法。
② 掌握风险报酬的概念及相关计算方法。
③ 理解资产收益的含义,掌握资产收益率的类型及资本资产定价模型。
④ 理解本量利分析的含义,掌握本量利分析在经营决策中的应用。

2.1 货币时间价值

2.1.1 货币时间价值概述

(1) 货币时间价值的概念

货币时间价值是指货币经历一定时间的投资和再投资所增加的价值,也称为资金时间价值。货币时间价值是指在不存在风险和通货膨胀的前提下,一定量的资金在不同时点上的价值量的差额。货币之所以有时间价值,是因为所有者放弃现在使用资金的权利,将其用于投资。货币时间价值可以用绝对数表示,也可以用相对数表示,即以利息额或利息率来表示。例如,今年存到银行里100元,利率[1]为10%,那么明年银行存款就变为$100×(1+10\%)=110$(元),也就是明年的110元等于今天的100元;而后年就变成了$110×(1+10\%)=121$(元),即后年的121元等于今天的100元,这就是货币的时间价值。

(2) 货币时间价值的影响因素

① 资金的使用时间。在单位时间的资金增值率一定的条件下,资金使用时间越长,则资金的时间价值越大;使用时间越短,则资金的时间价值越小。

---

[1] 本书中"利率"若无特别说明,均指年利率。

② 资金数量的大小。在其他条件不变的情况下，资金数量越大，资金的时间价值就越大；反之，资金的时间价值则越小。

③ 资金投入和回收的特点。在总资金一定的情况下，前期投入的资金越多，资金的负效益越大；反之，后期投入的资金越多，资金的负效益越小。在资金回收额一定的情况下，离现在越近的时间回收的资金越多，资金的时间价值就越大；反之，离现在越远的时间回收的资金越多，资金的时间价值就越小。

④ 资金周转的速度。资金周转越快，在一定的时间内等量资金的时间价值越大；反之，资金的时间价值越小。

2.1.2 复利终值和现值

（1）复利终值

复利终值就是以复利计算的本利和，通常用在整笔投资的财富累积成果的计算上面。投资一笔钱，经过若干年后，包括本金、利息或资本利得会累积成多少钱？而现在的一笔钱可以购买若干物品，在若干年之后，因为通货膨胀，届时约要花费多少钱，才能购买同样数量的物品？这些都可以用复利终值来计算。

因此，计算复利终值就是计算若现在一次存入银行一笔钱，将来可以获得多少钱。

我们假定把 1 元钱存入银行，每年按照 10% 的利率计算：

第一年年末：$1\times(1+10\%)=1.1$（元）；

第二年年末：$1\times(1+10\%)\times(1+10\%)=1\times(1+10\%)^2=1.21$（元）；

第三年年末：$1\times(1+10\%)\times(1+10\%)\times(1+10\%)=1\times(1+10\%)^3=1.331$（元）；

……

第 n 年年末：$1\times(1+10\%)\times(1+10\%)\times(1+10\%)\times\cdots=1\times(1+10\%)^n$（元）。

所以，复利终值的计算公式为：

$$F=P(1+i)^n=P(F/P,i,n)$$

式中，F 表示复利终值；P 表示现值；i 表示利率；n 表示持有期限。$(1+i)^n$ 表示复利终值系数，也可用 $(F/P,i,n)$ 表示。

【例 2-1】 计算存款本利和：1 000 元存银行，4 年期定存利率 5%，到期一次领取本息。

【解】 本利和为：

$1\,000\times(1+5\%)^4\approx 1\,216$（元）

其中，1 000 元是本金，216 元为以 5% 复利计算得到的 4 年的利息。

我们也可以通过查阅复利终值系数表来计算：

年利率为 5% 的 4 年期的复利终值系数约为 1.216，则有：

$F=1\,000\times(1+5\%)^4=1\,000\times(F/P,5\%,4)\approx 1\,000\times 1.216=1\,216$（元）

【例 2-2】 估算整笔投资到期可累积的目标额：把今年的年终奖金 10 万元拿去投资基金，若平均投资报酬率为 12%，5 年以后可累积的金额。

【解】 通过复利终值系数表可知，利率为 12% 时计息 5 年的复利终值系数约为 1.762，则有：

$F=100\,000\times(1+12\%)^5\approx 100\,000\times 1.762=176\,200$（元）

（2）复利现值

复利现值是复利终值的逆运算，它是指今后某一特定时间收到或付出一笔款项，按折现率(i)所计算的现在时点价值。

复利现值的计算公式可以通过终值的计算公式推导得出。通过复利终值计算已知：
$$F=P(1+i)^n=P(F/P,i,n)$$
我们可以得到：
$$P=\frac{F}{(1+i)^n}=F\times\frac{1}{(1+i)^n}$$

式中的$(1+i)^n$和$\frac{1}{(1+i)^n}$分别为复利终值系数和复利现值系数，可分别用符号$(F/P,i,n)$和$(P/F,i,n)$表示。

【例 2-3】 某项投资 4 年后可得收益 40 000 元，年利率 6%，计算其现值应为：
$$P=F\times\frac{1}{(1+i)^n}=40\ 000\times\frac{1}{(1+6\%)^4}\approx 31\ 680(元)$$
或查复利现值系数表计算如下：
$$P=F(P/F,6\%,4)\approx 40\ 000\times 0.792=31\ 680(元)$$

2.1.3 年金现值

年金是指一定时期内每期相等金额的收付款项。例如，分期偿还贷款、发放养老金、租金、利息等均表现为年金的形式。年金按照收付时点和方式的不同可以分为普通年金、预付年金、递延年金和永续年金四种。

（1）普通年金现值

普通年金是指在每期期末收到或支付相等金额的年金形式，又称为后付年金。

假设 A 代表年金数额，i 代表利息率，n 代表计息期数，P 代表年金现值，则普通年金现值的计算过程可以通过图 2-1 加以说明。

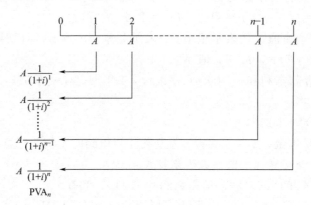

图 2-1 普通年金现值示意图

由图 2-1 可知，普通年金现值的计算公式为：
$$P=A\frac{1}{(1+i)^1}+A\frac{1}{(1+i)^2}+\cdots+A\frac{1}{(1+i)^{n-1}}+A\frac{1}{(1+i)^n}$$
$$=A\sum_{t=1}^{n}\frac{1}{(1+i)^t}$$

式中，P 为普通年金现值（即图 2-1 中的 PVA_n）；A 为年金；i 为折现率；n 为期数；$\sum_{t=1}^{n}\dfrac{1}{(1+i)^t}$ 通常称为"年金现值系数"，记作 $(P/A,i,n)$，具体的年金现值系数可以通过查阅年金现值系数表得知。所以普通年金现值的计算公式也可以表示为：

$$P=A(P/A,i,n)$$

【例 2-4】 某投资项目于 2019 年初动工，假设当年投产，从投产之日起每年可得收益 40 000 元。按年利率 6% 计算，则预期 10 年收益的现值为：

$P=A(P/A,6\%,10)\approx 40\ 000\times 7.360\ 1=294\ 404(元)$

（2）预付年金现值

预付年金是指在每期期初收到或支付相等金额的年金形式，又称为先付年金。图 2-2 为预付年金现值示意图。

预付年金现值的计算公式为：

$P=A+A(1+i)^{-1}+A(1+i)^{-2}+\cdots+A(1+i)^{-(n-1)}$

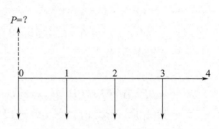

图 2-2 预付年金现值示意图

上式为首项是 A，公比是 $(1+i)^{-1}$ 的等比数列前 n 项和，根据等比数列求和公式得到：

$$P=\dfrac{A[1-(1+i)^{-n}]}{1-(1+i)^{-1}}$$
$$=A\left[\dfrac{1-(1+i)^{-(n-1)}}{i}+1\right]$$

式中，$\dfrac{1-(1+i)^{-(n-1)}}{i}+1$ 是预付年金现值系数，可记作 $[(P/A,i,n-1)+1]$。

因此预付年金现值的计算公式可表示为：

$$P=A[(P/A,i,n-1)+1]$$

【例 2-5】 李先生采用分期付款方式购商品房一套，每年年初付款 15 000 元，分 10 年付清。若银行利率为 6%，该项分期付款相当于一次现金支付多少？

【解】 $P=A[(P/A,i,n-1)+1]$
$=15\ 000\times[(P/A,6\%,9)+1]$
$\approx 15\ 000\times(6.801\ 7+1)$
$=117\ 025.5(元)$

（3）递延年金现值

递延年金是指最初若干期没有收付款，而随后若干期有等额的系列收付数额的年金。图 2-3 展示了递延年金的收付形式，我们通常采用 m 来表示递延期数。从图中可以看出，前面三期没有发生收付，即 $m=3$，从第四期期末开始连续收付 4 次，所以 $n=4$。区分好递延期数及收付期数时，我们就可以来计算递延年金的现值。

递延年金现值的计算方法有两种：

第一种方法：假设递延期间也进行收付，计算出 $m+n$ 期的年金现值，扣除实际未进行收付的递延期间内的年金现值，即可求出结果。

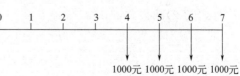

图 2-3 递延年金收付示意图

计算公式为：
$$P=A[(P/A,i,m+n)-(P/A,i,m)]$$

第二种方法：将递延年金看成 n 期的普通年金，从而求出递延期末的现值，再将该现值调整到第一期的期初。计算公式为：
$$P=A(P/A,i,n)(P/F,i,m)$$

所以图 2-3 中递延年金现值的计算方法如下：

方法一：
$$\begin{aligned}P&=A[(P/A,i,m+n)-(P/A,i,m)]\\&=1\,000\times[(P/A,10\%,7)-(P/A,10\%,3)]\\&\approx1\,000\times(4.868\,4-2.486\,9)\\&=2\,381.5(元)\end{aligned}$$

方法二：
$$\begin{aligned}P&=A(P/A,i,n)(P/F,i,m)\\&=1\,000\times(P/A,10\%,4)\times(P/F,10\%,3)\\&\approx1\,000\times3.169\,9\times0.751\,3\\&\approx2\,381.5(元)\end{aligned}$$

(4) 永续年金现值

永续年金是指无限期定额收付的年金。它的现值计算公式可以通过普通年金现值计算公式导出。
$$P=A\times\frac{1-(1+i)^{-n}}{i}$$

当 $n\to+\infty$ 时，$(1+i)^{-n}$ 的极限为零，故上式可写成：
$$P=\frac{A}{i}$$

【例 2-6】 某学校拟建立一项永久性的奖学金，每年计划颁发 2 000 元奖学金。若利率为 10%，则现在应存入多少钱？

【解】 $P=A/i=2\,000/10\%=20\,000(元)$

2.1.4 年金终值

(1) 普通年金终值

图 2-4 为普通年金终值计算示意图，由图可知，普通年金终值（表示为 F 或 FVA_n）的计算公式为：
$$F=A(1+i)^0+A(1+i)^1+A(1+i)^2+\cdots+A(1+i)^{n-2}+A(1+i)^{n-1} \qquad (2\text{-}1)$$

将式(2-1)两边同时乘上 $(1+i)$ 得：
$$F(1+i)=A(1+i)^1+A(1+i)^2+A(1+i)^3+\cdots+A(1+i)^{n-1}+A(1+i)^n \qquad (2\text{-}2)$$

将式(2-2)减去式(2-1)，得：
$$\begin{aligned}Fi&=A(1+i)^n-A(1+i)^0\\&=A[(1+i)^n-1]\end{aligned}$$
$$F=A\left[\frac{(1+i)^n-1}{i}\right]$$

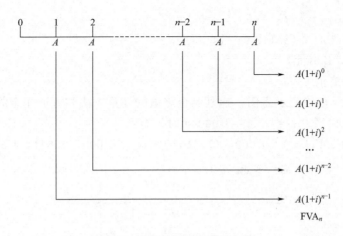

图 2-4 普通年金终值计算示意图

式中，$\dfrac{(1+i)^n-1}{i}$ 称为年金终值系数，记作 $(F/A,i,n)$。

所以普通年金终值的计算公式可表示为：

$$F=A(F/A,i,n)$$

【例 2-7】 张先生每年年末存入银行 1 000 元，连存 5 年，年利率 10％。则 5 年期满后，张先生可得本利和是多少？

【解】 第五年年末的终值 = 1 000×(1+10％)^0 = 1 000(元)；
第四年年末的终值 = 1 000×(1+10％)^1 = 1 100(元)；
第三年年末的终值 = 1 000×(1+10％)^2 = 1 210(元)；
第二年年末的终值 = 1 000×(1+10％)^3 = 1 331(元)；
第一年年末的终值 = 1 000×(1+10％)^4 = 1 464.1(元)。
五年期满后可得本利和为 6 105.1 元。
或直接按普通年金终值计算公式计算，五年期满后可得本利和：

$$F=1\,000\times\dfrac{(1+10\%)^5-1}{10\%}=1\,000\times 6.105\,1=6\,105.1(\text{元})$$

(2) 预付年金终值

图 2-5 为预付年金终值的示意图，预付年金终值的计算公式为：

$$F=A(1+i)^1+A(1+i)^2+\cdots+A(1+i)^n$$
$$=A\left[\dfrac{(1+i)^{n+1}-1}{i}-1\right]$$

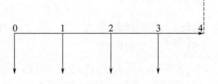

图 2-5 预付年金终值示意图

式中，$\dfrac{(1+i)^{n+1}-1}{i}-1$ 是预付年金终值系数，它是在普通年金终值系数的基础上，期数加 1、系数减 1 所得的结果，通常记作 $[(F/A,i,n+1)-1]$。

【例 2-8】 为给儿子上大学准备资金，王先生连续六年于每年年初存入银行 3 000 元，年利率为 5％，则第六年年末的本利和应为多少？

【解】 $F=A[(F/A,i,n+1)-1]$

$$= 3\,000 \times [(F/A,5\%,7)-1]$$
$$\approx 3\,000 \times (8.142\,0 - 1)$$
$$= 21\,426(元)$$

(3) 递延年金终值

图 2-6 为递延年金终值示意图，递延年金终值的计算方法和普通年金终值类似：
当 $m=3$, $i=10\%$, $n=4$, $A=1\,000$ 元时，有：
$$F = A(F/A,i,n) = 1\,000 \times (F/A,10\%,4) = 1\,000 \times 4.641 = 4\,641(元)$$

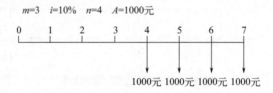

图 2-6 递延年金终值示意图

2.1.5 年偿债基金和年资本回收额

(1) 年偿债基金

年偿债基金是指为了在约定的未来某一时点清偿某笔债务或积聚一定数额的资金而必须分次等额提取的存款准备金，即为了使年金终值达到一定金额而在每年末应收付的年金数额。年偿债基金也就是普通年金终值公式中的 A。

根据普通年金终值计算公式 $F = A\dfrac{(1+i)^n - 1}{i}$ 可知：

$$A = F \dfrac{i}{(1+i)^n - 1}$$

式中，$\dfrac{i}{(1+i)^n - 1}$ 是普通年金终值系数的倒数，被称为偿债基金系数，记作 $(A/F,i,n)$。

【例 2-9】 王先生计划在五年后还清 20 000 元债务，从现在起每年年末等额存入银行一笔款项。当银行存款利率为 10% 时，每年需要存入多少元？

【解】 $A = 20\,000 \times \dfrac{1}{(F/A,10\%,5)} \approx 20\,000 \times \dfrac{1}{6.105} \approx 20\,000 \times 0.163\,8 = 3\,276(元)$

因此，在银行利率为 10% 时，每年存入 3 276 元，5 年后可得到 20 000 元，还清债务。

(2) 年资本回收额

年资本回收额是指在约定年限内等额回收初始投入资本或清偿所欠债务的金额。年资本回收额的计算其实也就是已知普通年金现值 P，求年金 A。

【例 2-10】 假设以 10% 的利率借款 10 000 元，投资于某个寿命为 10 年的项目，每年至少要收回多少现金才是有利的？

【解】 根据普通年金现值的计算公式可知：

$$P = A(P/A,i,n) = A \times \dfrac{1-(1+i)^{-n}}{i}$$

$$A = P \times \dfrac{i}{1-(1+i)^{-n}}$$

$$= 10\,000 \times \frac{10\%}{1-(1+10\%)^{-10}}$$
$$\approx 10\,000 \times 0.162\,7$$
$$= 1\,627(元)$$

因此，每年至少要收回 1 627 元，才能还清贷款本利。

2.1.6 利率计算方法

(1) 现值或终值系数已知的利率计算

查阅相对应的系数表，如果能直接在表中找到相对应的数据，那么对应的利率就是所求的利率；但如果在表中无法直接查到对应的数值，这时可以使用内插法来计算所求的利率。假设所求的利率为 i，i 在系数表中所对应的现值（或终值）系数为 A，A_1、A_2 为现值（或终值）系数表中与 A 相邻的系数，i_1、i_2 为 A_1、A_2 相对应的利率。它们之间存在着下列关系：

$$\frac{i-i_1}{i_2-i_1}=\frac{A-A_1}{A_2-A_1}$$

从而解得：

$$i=i_1+\left(\frac{A-A_1}{A_2-A_1}\right)(i_2-i_1)$$

也可以按照下式进行计算：

$$\frac{i_2-i}{i_2-i_1}=\frac{A_2-A}{A_2-A_1}$$

从而解得：

$$i=i_2-\left(\frac{A_2-A}{A_2-A_1}\right)(i_2-i_1)$$

【例 2-11】 现在向银行存入 1 000 元，在年利率为多少时才能保证在今后 10 年中每年得到 150 元？

【解】 $\dfrac{P}{A}=\dfrac{1\,000}{150}\approx 6.667$

查阅年金现值系数表，当年利率为 8% 时，系数为 6.710；当年利率为 9% 时，系数为 6.418。所以我们所求年利率应在 8%～9% 之间，假设所求利率超过 8%，则可用内插法计算：

利率		年金现值系数	
8%		6.710	
? } X% } 1%		6.667 } 0.043 } 0.292	
9%		6.418	

$$\frac{X}{1}=\frac{0.043}{0.292}$$

$$X\approx 0.147$$

则年利率 $i\approx 8\%+0.147\%=8.147\%$。

(2) 一年多次计息时的实际利率

年利率有名义利率和实际利率之分。

名义利率，是指每年计息次数超过一次时的年利率。

实际利率，是指在一年内实际所得利息总额与本金之比。

显然，当且仅当每年计息次数为一次时，名义利率与实际利率相等。当每年计息次数为 $m(m>1)$ 时，如果名义利率为 r，则每次计息的周期利率为 $\dfrac{r}{m}$。

名义利率和实际利率之间存在着这样的关系：

$$i = \left(1 + \frac{r}{m}\right)^m - 1$$

式中，i 表示实际利率；r 表示名义利率；m 表示一年内的计息次数。

【例 2-12】 用 1 000 元进行投资，时间为 10 年，年利率为 6%，每季度计息一次，求年实际利率。

【解】 依题意得：$m=4$，$r=6\%$。年实际利率为：

$$i = \left(1 + \frac{6\%}{4}\right)^4 - 1 \approx 6.14\%$$

（3）通货膨胀情况下的实际利率

当存在通货膨胀的情形时，央行或其他提供资金借贷的机构所公布的利率是未调整通货膨胀因素的名义利率，即名义利率中包含通货膨胀率。所以实际利率是指剔除通货膨胀率后储户或投资者得到利息回报的真实利率。

假设本金为 1 000 元，实际利率为 5%，通货膨胀率为 2%，则在不考虑通货膨胀因素时，一年后的本利和为：

$$1\,000 \times (1+5\%) = 1\,050(元)$$

如果考虑通货膨胀因素，由于通货膨胀导致货币贬值，一年后的本利和为：

$$1\,050 \times (1+2\%) = 1\,071(元)$$

年利息为：

$$1\,000 \times (1+5\%) \times (1+2\%) - 1\,000 = 1\,000 \times [(1+5\%)(1+2\%) - 1]$$

即名义利率 $=(1+5\%)(1+2\%)-1$，所以 $1+$名义利率 $=(1+5\%)(1+2\%)$。

用公式表示名义利率与实际利率之间的关系：

$$1+名义利率 = (1+实际利率) \times (1+通货膨胀率)$$

从而得到实际利率的计算公式为：

$$实际利率 = \frac{1+名义利率}{1+通货膨胀率} - 1$$

从公式中我们可以看出，如果通货膨胀率大于名义利率，那么实际利率为负数。

2.2　风险与收益

2.2.1　资产收益额和收益率

（1）资产收益的含义和表述方式

资产收益，是指资产的价值在一定时期的增值，它是凭借所占有的资产取得的收益。资产作为收益源泉，有以下两种形式：资金所有者通过存款方式进行间接投资从而取得存款利息；资金所有者将其用于生产性投资，成为生产资料所有者从而获得股息红利或直接经营收入。一般情况下，有两种表述资产收益的方式：

第一种是收益额。资产收益额是以绝对数来表示资产价值的增值量。资产的收益额通常来源于两个部分：一是一段时间内资产的现金净收入；二是期末资产的价值（或市场价格）相对于期初资产的价值（或市场价格）的升值。前者多为利息、红利或股息收益，后者则称为资本利得。

第二种是报酬率，又被称为资产收益率。资产收益率是以相对数来表示资产价值的增值率。资产的收益率通常是以百分比表示的，是资产增值量与期初资产价值（或价格）的比值。资产收益率也包括两个部分：一是利息收益率；二是资本利得收益率。

（2）资产收益率的类型

资产收益率类型有实际收益率、预期收益率、必要收益率。

① 实际收益率是指已实现或确定可以实现的利息（股息）率与资本利得收益率之和。在存在通货膨胀的情况时，应当扣除通货膨胀率的影响，才能得到真实的收益率，它反映出投资者在通货膨胀的条件下真正获得的收益率，从而为投资者提供评估投资收益的依据。计算实际收益率的公式如下：

$$实际收益率 = 名义收益率 - 通货膨胀率$$

② 预期收益率也称为期望收益率、期望报酬率、预期报酬率，是指在不确定的条件下，预测的某资产未来可能实现的收益率。预期收益率用于投资风险和回报之间的权衡，指导投资者选择最佳投资组合。预期收益率大于或等于投资人要求的必要报酬率时，投资可行；预期收益率小于投资人要求的必要报酬率时，投资不可行。预期收益率的计算公式：

$$预期收益率 = \sum_{i=1}^{n}(R_i P_i)$$

式中，R_i 表示情况 i 出现时的收益率；P_i 表示情况 i 可能出现的概率。

【例 2-13】 大华企业有 A、B 两个投资项目，表 2-1 为大华企业两个投资项目的收益率及其概率分布情况，试计算两个项目的期望收益率。

表 2-1 项目 A 与项目 B 的收益率及概率分布情况

项目实施情况	该种情况出现的概率		投资收益率/%	
	项目 A	项目 B	项目 A	项目 B
好	0.3	0.2	20	15
一般	0.5	0.6	10	20
差	0.2	0.2	5	−15

【解】 根据公式计算项目 A 和项目 B 的期望收益率为：

项目 A 的期望收益率 = 20%×0.3+10%×0.5+5%×0.2 = 12%

项目 B 的期望收益率 = 15%×0.2+20%×0.6+（−15%）×0.2 = 12%

③ 必要收益率也称必要报酬率、最低必要报酬率或最低要求的收益率，表示投资者对某资产合理要求的最低收益率。必要收益率 = 无风险收益率 + 风险收益率。

a. 无风险收益率。无风险收益率也称无风险利率，它是指可以确定可知的无风险资产的收益率，它的大小由纯粹利率（资金的时间价值）和通货膨胀补贴两部分组成。

一般情况下，为了方便起见，通常用短期国库券的利率近似地代替无风险收益率。

b. 风险收益率。风险收益率是指某资产持有者因承担该资产的风险而要求的超过无风险利率的额外收益率，它等于必要收益率与无风险收益率之差。

风险收益率衡量了投资者将资金从无风险资产转移到风险资产而要求得到的额外补偿，它的大小取决于以下两个因素：一是风险的大小；二是投资者对风险的偏好。

2.2.2 资产的风险及其衡量

（1）风险的概念

风险是预期结果的不确定性，不仅包括负面效应的不确定性，还包括正面效应的不确定性。风险是客观存在的，但是我们可以通过投资组合来降低风险。按风险是否可以分散，我们将风险分为系统风险和非系统风险。

① 系统风险，又称市场风险、不可分散风险，是指由于政治、经济及社会环境等企业外部某些因素的不确定性而产生的风险。它的主要特点是由综合的因素导致，这些因素是个别公司或投资者无法通过多样化投资予以分散的。

② 非系统风险，又称公司特有风险、可分散风险。它是指由于经营失误、消费者偏好改变、劳资纠纷、新产品试制失败等因素影响了个别公司所产生的个别公司的风险。特点：它只发生在个别公司中，由单个的特殊因素所引起。由于这些因素的发生是随机的，因此可以通过多样化投资来分散。

（2）风险衡量

对于投资活动来说，风险和机会是并存的。风险不仅可以带来超出预期的损失，也可能带来超出预期的收益。所以，我们从投资报酬的可能性着手来对风险进行衡量。

首先我们来看单项资产的风险与报酬。

① 概率。概率是用来表示随机事件发生可能性大小的数值。随机事件的概率是 0 与 1 之间的一个数。所有可能结果的概率之和为 1。同样地，我们也可以为每种投资的可能结果赋予概率。

② 预期值。随机变量的各个取值以相应的概率为权重的加权平均数，叫作随机变量的预期值（数学期望或均值），它反映随机变量取值的平均化。

该值表示投资结果的集中趋势，即最可能出现的结果。该值越大，表明该项目可创造的收益越高。

$$\bar{K} = \sum_{i=1}^{n}(K_i P_i)$$

式中　$\bar{K}$——期望报酬率；
　　　K_i——第 i 种可能结果的报酬率；
　　　P_i——第 i 种可能结果的概率；
　　　n——可能结果的个数。

【例 2-14】 某公司有两个投资项目。A 项目是一个高科技项目，该领域竞争很激烈，如果经济发展迅速并且该项目搞得好，取得较大市场占有率，利润会很大，否则利润很小甚至亏本。B 项目是生产一种老产品并且是必需品，销售前景可以准确预测出来。假设未来的经济情况只有三种：繁荣、正常、衰退。表 2-2 为与 A 项目和 B 项目有关的概率分布和期望报酬率。

表 2-2 A 项目与 B 项目在各类需求下的期望报酬率

经济情况	发生概率	A 项目在各类需求下的期望报酬率/％	B 项目在各类需求下的期望报酬率/％
繁荣	0.3	90	20
正常	0.4	15	15
衰退	0.3	−60	10
合计	1.0		

根据表 2-2 的数据，我们可以计算 A、B 两个项目的期望报酬率：

$\bar{K}_A = 0.3 \times 90\% + 0.4 \times 15\% + 0.3 \times (-60\%) = 15\%$

$\bar{K}_B = 0.3 \times 20\% + 0.4 \times 15\% + 0.3 \times 10\% = 15\%$

③ 离散程度。通过计算发现，两个项目的期望报酬率相同。为了准确度量风险的大小，我们可以计算 A、B 两个项目期望报酬率的离散程度。

常用方差和标准差表示随机变量离散程度。方差和标准差都可以衡量预期收益的风险，它们都是从绝对量的角度衡量风险的大小。方差和标准差越大，风险也越大，适用于期望报酬率相同的决策方案风险程度的比较。

a. 方差。定义：用来表示随机变量与期望值之间离散程度的一个量，它是离差平方的平均数。

计算公式：

$$\sigma^2 = \sum_{i=1}^{n}(K_i - \bar{K})^2 P_i$$

b. 标准差。求出方差的算术平方根，即得到标准差：

$$\sigma = \sqrt{\sum_{i=1}^{n}(K_i - \bar{K})^2 P_i}$$

式中 σ——期望报酬率的标准差。

标准差是各种可能的报酬率偏离期望报酬率的综合差异，该指标反映投资报酬率偏离期望报酬率的绝对程度。

σ 越大，说明离散程度越大，风险也就越大。

总结一下求标准差的步骤：

第一步：计算期望报酬率；

第二步：把期望报酬率与每一结果相减，得到每一种可能结果与期望报酬率的差异；

第三步：计算每一差异的平方，再乘以相应的概率，并把这些乘积汇总，得到概率分布的方差；

第四步：求算术平方根，得到标准差。

对于 [例 2-14]，A 项目的标准差为：

$\sigma = \sqrt{\sum_{i=1}^{n}(K_i - \bar{K})^2 P_i}$

$= \sqrt{(90\% - 15\%)^2 \times 0.3 + (15\% - 15\%)^2 \times 0.4 + (-60\% - 15\%)^2 \times 0.3}$

$\approx 58.09\%$

B 项目的标准差为：

$$\sigma = \sqrt{\sum_{i=1}^{n}(K_i - \bar{K})^2 P_i}$$
$$= \sqrt{(20\% - 15\%)^2 \times 0.3 + (15\% - 15\%)^2 \times 0.4 + (10\% - 15\%)^2 \times 0.3}$$
$$\approx 3.87\%$$

通过计算，我们发现 A 项目的标准差更大，说明其报酬率的离散程度更大，即无法实现期望报酬率的可能性更大。

④ 变异系数（标准离差率）。标准差是一个绝对值，只能用来比较期望报酬率相同的各项投资的风险程度，而不能用来比较期望报酬率不同的各项投资的风险程度。为此需要计算变异系数，即标准差与期望报酬率的比值。变异系数反映了不同投资方案或项目间相对风险的大小，或每单位收益面临的风险的大小。

变异系数的计算公式为：

$$V = \frac{标准差}{均值} \times 100\% = \frac{\delta}{\bar{K}} \times 100\%$$

该指标反映投资项目风险的相对大小，用该指标对期望报酬率不同的投资项目进行风险比较。V 越大，项目的风险程度越大。

对于 [例 2-14]，计算 A、B 两个项目的变异系数：

A 项目的变异系数为：

$$V_A = \frac{\delta_A}{\bar{K}_A} \times 100\% \approx \frac{58.09\%}{15\%} \times 100\% \approx 387.27\%$$

B 项目的变异系数为：

$$V_B = \frac{\delta_B}{\bar{K}_B} \times 100\% \approx \frac{3.87\%}{15\%} \times 100\% = 25.8\%$$

A 项目的变异系数约为 387.27%，B 项目的变异系数约为 25.8%，从此角度来看，A 项目的风险约是 B 项目风险的 15 倍。变异系数度量了单位报酬的风险，同时反映了风险与报酬，因此在处理两个或多个具有显著不同期望报酬率的投资项目时，它是一个更好的度量指标。

（3）风险应对

风险应对是指在确定了企业经营活动中存在的风险，并分析出风险概率及其风险影响程度的基础上，根据风险性质和企业对风险的承受能力而采取的防止或减少灾害、事故发生以及所造成的经济及社会损失的行动。企业风险应对策略有四种基本类型：风险规避、风险降低、风险分担、风险承受。

① 风险规避。风险规避是指通过采取主动放弃或加以改变的方式来降低或消除风险的策略。具体方法包括退出市场、拒绝与信用不好的交易对象进行交易、外包某项工人健康安全风险较高的工作、停止生产可能有潜在安全隐患的产品、禁止员工访问某些网站等。

② 风险降低。风险降低就是指企业在权衡成本、效益之后，准备采取适当的控制措施降低风险或者减轻损失，将风险控制在承受度之内的策略。

③ 风险分担。风险分担是指企业为避免承担风险损失，有意识地将可能产生损失的活动或与损失有关的财务后果转移给其他方的一种风险应对策略，包括风险转移和风险对冲。

企业通常采取业务分包、购买保险等方式和适当的控制措施，将风险控制在风险承受度之内。

④ 风险承受。风险承受是指企业对所面临的风险采取接受的态度，从而承担风险带来的后果。企业对于因风险管理能力不足而未能辨认出的风险只能承受；对于辨认出的风险，也可能由于以下几种原因而采取风险承受策略：缺乏能力进行主动管理，对这部分风险只能承受；没有其他备选方案；从成本效益考虑，风险承受是最适宜的方案。

(4) 证券组合的收益和风险

① 证券组合的风险。一种证券的风险由两部分组成：可分散风险和不可分散风险。可分散风险可以通过证券组合来消除；而不可分散风险由市场变动产生，不能通过证券组合消除，其大小可以通过 β 系数衡量。

② 证券组合的报酬：

风险报酬（收益）率公式：

$$R_R = bV$$

投资报酬率可表示为：

$$K = R_f + R_R = R_f + bV$$

式中　K——投资报酬率；

R_f——无风险报酬率；

R_R——风险报酬率；

V——风险程度（变异系数）；

b——风险报酬系数，指一单位风险要求的收益（报酬）补偿，由投资者主观确定（经验数据）。

确定风险报酬系数的方法：

根据以往同类项目加以确定；

由公司领导或公司组织有关专家确定；

由国家有关部门组织专家确定。

对于 [例 2-14]，若 A 项目的风险报酬系数为 4%，B 项目的风险报酬系数为 5%，无风险报酬率为 10%，计算两项目的投资报酬率：

A 项目的投资报酬率：

$$K_A = R_f + b_A V_A \approx 10\% + 4\% \times 387.27\% \approx 25.49\%$$

B 项目的投资报酬率：

$$K_B = R_f + b_B V_B \approx 10\% + 5\% \times 25.8\% = 11.29\%$$

③ 投资组合的风险报酬率：

a. 投资组合的风险报酬率等于组合中各单项资产报酬率的加权平均值。计算公式如下：

$$r_p = \sum_{i=1}^{n} r_i A_i$$

式中，r_i 为各单项资产报酬率；A_i 为权重。

b. 资产组合的 β 系数。资产组合的 β 系数是所有单项资产 β 系数的加权平均数，权重为各种资产在资产组合中所占的比重。

$$\beta_p = \sum_{i=1}^{n} W_i \beta_i$$

式中，β_i 为各单项资产 β 系数；W_i 为权重。

β 系数的实质：衡量某一种资产或资产组合的市场风险，反映了某一资产收益率相对于市场投资组合收益率变动的程度。β 系数越大，资产的系统风险就越大。

④ 主要资产定价模型：

资本-资产定价模型（CAPM）：资产组合的必要收益率＝无风险收益率＋风险收益率。即：

$$K = R_f + \beta(K_m - R_f)$$

式中 K——某种证券的必要收益率；

R_f——无风险收益率；

K_m——市场上所有证券的平均收益率；

β——证券组合的 β 系数。

计算资产组合的期望收益时，可以先用 CAPM 分别计算各种证券的期望收益，然后加权平均，也可以先分别计算加权平均的 β_p 系数，然后再用 CAPM，计算结果相同。

CAPM 模型假定非系统风险可以完全被分散掉，只留下系统风险，这只在完全的资本市场上才有。若资本市场存在不完善情况，就会妨碍投资者进行有效率的分散化，这样就存在系统风险，用 CAPM 计算的报酬率就要向上作调整。

【例 2-15】 甲公司持有 A、B、C 三种股票，在由上述股票组成的证券投资组合中，各股票所占的比重分别为 50％、30％和 20％，其 β 系数分别为 2.0、1.0、0.5。市场收益率为 15％，无风险收益率为 10％。

相关指标计算如下：

甲公司证券组合的 β 系数＝50％×2.0＋30％×1.0＋20％×0.5＝1.4

甲公司证券组合的风险收益率＝1.4×(15％－10％)＝7％

甲公司证券组合的必要收益率＝10％＋7％＝17％

投资 A 股票的必要收益率＝10％＋2.0×(15％－10％)＝20％

2.3 成本性态分析

成本性态分析是指在成本性态分类的基础上，按一定的程序和方法，将全部成本最终区分为固定成本、变动成本和混合成本三大类，并建立相应的成本函数模型。

2.3.1 固定成本

固定成本是指总额在一定时期及一定产量范围内，不直接受业务量变动的影响而保持固定不变的成本。固定成本总额不因业务量的变动而变动，但单位固定成本（单位业务量负担的固定成本）会与业务量的增减呈反向变动。图 2-7 为固定成本习性模型示意图。

固定成本按其支出额是否可以在一定时期内改变而分为约束性固定成本和酌量性固定成本。

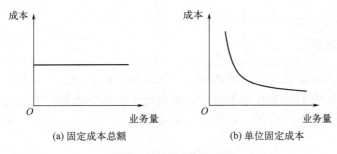

图 2-7　固定成本习性模型

约束性固定成本是指不受企业管理者短期决策行为影响的那部分固定成本。这类成本反映的是形成和维持企业最基本生产经营能力的成本，如厂房、机器设备的折旧费，管理人员薪金等。这类成本具有很强的约束性。

酌量性固定成本是指受企业管理者短期决策行为影响，可以在不同时期改变其数额的那部分固定成本，包括广告费、新产品开发费、职工培训费和经营租赁费等内容。这类成本的发生可以增强企业的竞争能力，但其发生额服从于企业的经营方针。

2.3.2　变动成本

变动成本是指在特定的业务量范围内，总额会随业务量的变动而成正比例变动的成本。变动成本总额因业务量的变动而成正比例变动，但单位变动成本（单位业务量负担的变动成本）不变。图 2-8 为变动成本习性模型示意图。

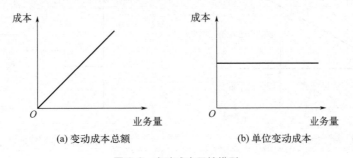

图 2-8　变动成本习性模型

变动成本也可以区分为两大类：技术性变动成本和酌量性变动成本。

技术性变动成本是指单位成本由客观因素决定、消耗量由技术因素决定的变动成本。例如，生产某型号柴油机需要外购配套的油嘴、油泵等部件，在外购价格一定的条件下其成本就属于受技术影响的、与柴油机产量呈正比例关系的技术性变动成本。这类成本的实质是利用生产能力进行生产所必须发生的成本。若企业不生产产品，则从理论上讲，其技术性变动成本便为零。

酌量性变动成本是指单耗由客观因素决定、其单位成本受企业管理部门决策影响的变动成本。如在质量能够得以保证、单耗不变的前提下，企业可以在不同地区或不同供货单位采购到价格水平不同的某种原材料，其成本消耗就属于酌量性变动成本。这类成本的显著特点是其单位变动成本的发生可由企业管理部门决定。

2.3.3 混合成本

混合成本就是"混合"了固定成本和变动成本的成本。一方面，它们要随业务量的变化而变化；另一方面，它们的变化又不能与业务量的变化保持着纯粹的正比例关系。混合成本兼有固定与变动两种性质，可进一步细分为半变动成本、半固定成本、延期变动成本和曲线变动成本。

（1）半变动成本

半变动成本，是指在一定初始基数的基础上随着产量的变动而成正比例变动的成本。这类成本的特点是：它通常有一个初始量（即基数），一般不变，类似于固定成本；在此基础上，产量增加了，成本也会成正比例增长。这部分成本类似于变动成本。例如企业发生的设备维修费，在企业没有生产时，也要发生起码的设备保养支出，但随业务量的增加，维护修理费用又会相应地增加。半变动成本的成本习性模型如图2-9所示。

（2）半固定成本

半固定成本，是指总额会随产量呈阶梯式变动的成本。其特点是：在一定业务量范围内其成本不随业务量的变动而变动，类似于固定成本；当业务量突破这一范围，成本就会跳跃上升，并在新的业务量变动范围内固定不变，直到出现另一个新的跳跃为止。将此变化反映在坐标图上，其成本随业务量的增长呈现出阶梯状增长趋势。企业化验员、质检员的工资等就属于这类成本。半固定成本的成本习性模型如图2-10所示。

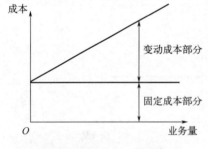

图 2-9 半变动成本习性模型

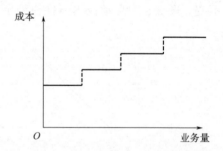

图 2-10 半固定成本习性模型

（3）延期变动成本

延期变动成本，是指其总额在一定产量范围内固定不变，一旦超过这一特定产量范围，便会随产量成正比例增长的成本。其特点为：在某一产量以下表现为固定成本，超过这一产量即成为变动成本。例如，企业支付给职工的工资在正常产量情况下是不变的，属于固定成本性质，但当产量超过正常水平后，则需根据超产数量支付加班费或超产奖金。延期变动成本的成本习性模型如图2-11所示。

（4）曲线变动成本

曲线变动成本，是指成本总额与业务量之间表现为非线性联系的成本。这类成本通常有一个初始量，相当于固定成本；在这个初始量的基础上，成本随业务量变动，但不存在线性关系，在坐标图上表现为一条抛物线。按照曲线斜率的不同变动趋势，这类混合成本可进一步分为递增型混合成本和递减型混合成本。曲线变动成本的成本习性模型如图2-12所示。

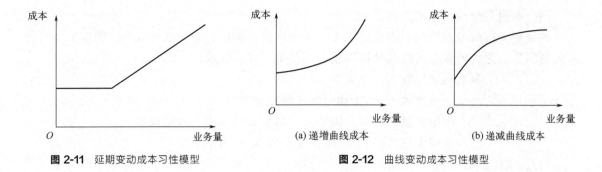

图 2-11 延期变动成本习性模型　　图 2-12 曲线变动成本习性模型

2.4 本量利分析与应用

2.4.1 本量利分析概述

（1）本量利分析的基本含义

本量利分析是一种方法，用于研究产品价格、业务量、单位变动成本、固定成本总额、销售产品的品种结构等因素的相互关系，以做出关于产品结构、产品定价、促销策略以及生产设备利用等决策的一种方法。它基于成本性态分析和变动成本法，运用数学模型和图文，对成本、利润、业务量与单价等因素之间的依存关系进行分析，发现变动的规律性，为企业进行预测、决策、计划和控制等活动提供支持。本量利分析主要包括盈亏临界点分析、各因素变动分析和敏感性分析。

（2）本量利分析的基本假设

在本量利分析中，成本、业务量和利润之间的数量关系是建立在一系列假设基础上的。一般来说，本量利分析主要基于以下四个假设。

① 总成本由固定成本和变动成本两部分组成。

这要求企业所发生的全部成本按其性态区分为变动成本和固定成本，并且变动成本总额和业务量成正比例变动。

② 销售收入和业务量成完全线性关系。

这要求销售收入必须随业务量的变化而变化，两者之间应保持完全线性关系。这表明当销售量在相关范围内变化时，产品单价不会发生变化。

③ 产销平衡。

本量利分析的核心是分析收入与成本之间的对比关系。产量的变动对固定成本和变动成本都可能产生影响，这种影响也会影响到收入与成本之间的对比关系。所以，从销售数量的角度进行本量利分析时，就必须假设产销关系是平衡的。

④ 产品产销结构稳定。

假设同时生产、销售多种产品的企业，其销售产品的品种结构不变。因为在产销多种产品的情况下，保本点会受到多种产品贡献和产销结构的影响，只有在产销结构不变的基础上进行的保本分析才是有效的。

(3) 本量利分析的基本关系式

本量利分析所考虑的相关因素，主要包括销售量、单价、单位变动成本、固定成本、息税前利润等。这些因素之间的关系可以用下列基本公式来反映：

利润＝销售收入－总成本
　　＝销售收入－（变动成本＋固定成本）
　　＝销售量×单价－销售量×单位变动成本－固定成本
　　＝销售量×（单价－单位变动成本）－固定成本

通过上述公式，我们可以清楚本量利之间的数量关系，它包含五个相互联系的变量。当给定其中四个变量的时候，我们就可以求出最后一个变量。这里我们需要注意的是：成本是广义的，既包括付现成本，也包括非付现成本；既包括制造成本，也包括营业费用、管理费用。

(4) 本量利分析的优缺点

本量利分析的优点包括：可以广泛应用于规划企业经济活动和营运决策等方面；简便易行、通俗易懂且容易掌握；可以对保本点进行分析，提供未来期间为防止发生亏损而应完成的最小极限业务量信息，并衡量企业未来经营的安全程度和目标利润。

其缺点在于仅考虑单因素变化的影响，是一种静态分析方法，且对成本性态较为依赖。

2.4.2 盈亏平衡分析

盈亏平衡分析研究生产、经营一种产品达到不盈不亏时的产量或收入的决策问题。这个不盈不亏的平衡点称为盈亏平衡点。显然，当产量（或销量）低于这个产量（或销量）时，则发生亏损；超过这个产量（或销量）时，则获得盈利。通常情况下，盈亏平衡分析包括单一产品的盈亏平衡分析和产品组合的盈亏平衡分析。

(1) 单一产品盈亏平衡分析

盈亏平衡分析的关键是盈亏平衡点的确定。盈亏平衡点（又称保本点），是指企业达到保本状态的业务量或金额，即企业一定时期的总收入等于总成本（利润为零）时的业务量或金额。单一产品的盈亏平衡分析通常可以采用公式法和图示法。

① 公式法。单一产品的盈亏平衡点可以分为盈亏平衡点的销售量（业务量）与盈亏平衡点的销售额。其计算公式分别为：

$$盈亏平衡点的销售量 = \frac{固定成本}{单价 - 单位变动成本} = \frac{固定成本}{单位边际贡献}$$

$$盈亏平衡点的销售额 = 单位销售价格 \times 盈亏平衡点的销售量$$

或

$$盈亏平衡点的销售额 = \frac{固定成本}{1 - 变动成本率}$$

$$盈亏平衡点的销售额 = \frac{固定成本}{边际贡献率}$$

如果企业的业务量等于盈亏平衡点的业务量，企业处于保本状态；如果企业的业务量高于盈亏平衡点的业务量，企业处于盈利状态；如果企业的业务量低于盈亏平衡点的业务量，企业处于亏损状态。

【例 2-16】 某企业生产和销售单一产品，该产品的单位售价为 50 元，单位变动成本为

30元,固定成本为5 000元,试确定该企业的盈亏平衡点。

【解】 盈亏临界点的销售量为:
$$5\,000/(50-30)=250(件)$$

盈亏临界点销售额:
$$250\times50=12\,500(元)$$

② 图示法。在进行本量利分析时,不仅可以通过数据计算出达到盈亏平衡状态时的销售量与销售额,还可以通过绘制本量利关系图的方法来进行分析。使用图来形象、直观地描述本量利关系,这种图就称为本量利关系图。按照数据的特征和使用目的分类,本量利关系图包括传统式、边际贡献式和利量式三种形式。

a. 传统式本量利关系图。传统式本量利关系图,是最基本、最常见的本量利关系图。传统式本量利关系图绘制方法:

第一步,在直角坐标系中,以横轴表示销售量,以纵轴表示成本或销售收入;

第二步,在纵轴上找出固定成本数值,即以(0,固定成本数值)为起点,绘制一条与横轴平行的固定成本线;

第三步,以(0,固定成本数值)为起点,以单位变动成本为斜率,绘制总成本线;

第四步,以坐标原点(0,0)为起点,以单位销售价格为斜率,绘制销售收入线;

第五步,求出总成本线和销售收入线的交点,就是盈亏平衡点销售量(业务量)。

传统式本量利关系图如图 2-13 所示。

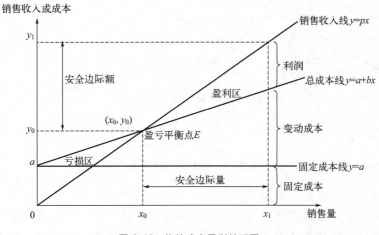

图 2-13 传统式本量利关系图

b. 边际贡献式本量利关系图。边际贡献式本量利关系图可以表示边际贡献的数值。企业的销售收入随销售量成正比例增长。这些销售收入首先用于补偿产品自身的变动成本,剩余额是边际贡献。边际贡献随销量增加而扩大,当其达到固定成本值时,企业处于盈亏临界(或平衡)状态,即保本状态;当边际贡献超过固定成本后,企业进入盈利状态。边际贡献式本量利关系图如图 2-14 所示。

c. 利量式本量利关系图。利量式本量利关系图是一种以横轴代表业务量(销售量或销售收入),纵轴代表利润或边际贡献,能直观反映业务量与边际贡献、固定成本及利润之间关系的图形。利量式本量利关系图如图 2-15 所示,图中 cm 代表单位边际贡献。

业务量既可以用销售量表示,也可以用销售收入(即销售额)反映。如果是销售量,利

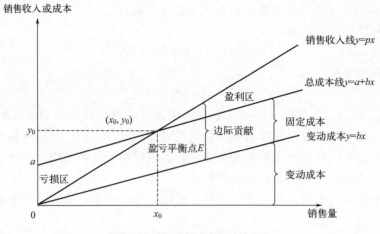

图 2-14 边际贡献式本量利关系图

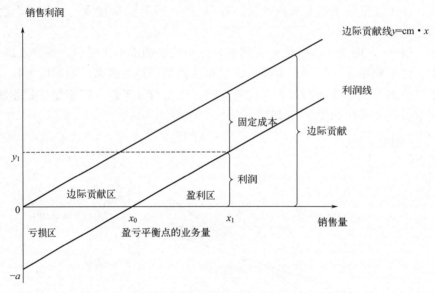

图 2-15 利量式本量利关系图

润线的斜率是单位边际贡献;如果是销售额,则利润线的斜率是边际贡献率。此外,在边际贡献大于零的条件下,当销售量为零时企业将发生最大的亏损,其数额等于固定成本。

该图能清晰地反映业务量变动对利润的影响,具有简单明了的优点;它的不足之处在于不能显示业务量变动对成本的影响。

(2) 产品组合盈亏平衡分析

在实际运营中,企业可能拥有多种产品,各种产品的销售单价、单位变动成本、固定成本不一样,从而造成各种产品的边际贡献或边际贡献率不一致。因此,对多种产品进行盈亏平衡分析,在遵循单一产品的盈亏平衡分析的基础上,应根据不同情况采用相应的具体方法。目前进行多种产品盈亏平衡分析的方法包括加权平均法、联合单位法、分算法、主要产品法等。

① 加权平均法。加权平均法,是指先掌握每一种单一产品的边际贡献率,再按各种产品销售额的比重进行加权平均,从而计算出综合边际贡献率,确定多产品组合的盈亏平衡点。其主要计算步骤如下。

步骤 1：

$$综合边际贡献率(加权平均边际贡献率)$$
$$= \sum(各产品的边际贡献率 \times 各产品的销售收入比重)$$
$$= (\sum 各产品的边际贡献)/(\sum 各产品的销售收入)$$
$$= 1 - 综合变动成本率$$

式中：

$$综合变动成本率(加权平均变动成本率)$$
$$= \sum(各产品的变动成本率 \times 各产品的销售收入比重)$$
$$= (\sum 各产品的变动成本)/(\sum 各产品的销售收入)$$

步骤 2：

$$(综合)盈亏平衡点的销售额 = 固定成本总额/综合边际贡献率$$
$$= 固定成本总额/(1-综合变动成本率)$$

步骤 3：

某产品盈亏平衡点的销售额＝综合盈亏平衡点的销售额×该产品的销售收入比重

步骤 4：

$$产品盈亏平衡点的业务量 = 该产品盈亏平衡点的销售额/该产品的单价$$

② 联合单位法。联合单位是指以固定实物比例（产品销量比）构成的一组产品。联合单价是指一个联合单位的全部收入（每组产品的单价），而联合单位变动成本是指一个联合单位的全部变动成本（每组产品的变动成本）。其计算公式为：

$$联合盈亏平衡点的业务量 = 固定成本总额/(联合单价 - 联合单位变动成本)$$

某产品盈亏平衡点的业务量＝联合盈亏平衡点的业务量×一个联合单位中包含的该产品的数量

③ 分算法。分算法的计算方法是先分配固定成本，不同的成本有如下不同的分法；最后每一种产品按单一品种的方法计算盈亏平衡点。

专属固定成本：直接计入产品成本。

公共性固定成本：按分配标准（如销售额，边际贡献，工时，产品重量、长度、体积等）在各产品之间进行分配，最常用的标准为边际贡献（因固定成本需要由边际贡献来补偿）。

2.4.3 目标利润分析

目标利润分析是在本量利分析方法的基础上，计算为获得目标利润所需达到的业务量、收入和成本的一种利润规划方法。该方法应反映市场的变化趋势、企业战略规划目标以及管理层需求等。其计算公式为：

$$目标利润 = (单价 - 单位变动成本) \times 销售量 - 固定成本$$
$$实现目标利润销售量 = (固定成本 + 目标利润)/(单价 - 单位变动成本)$$
$$实现目标利润销售额 = (固定成本 + 目标利润)/边际贡献率 = 实现目标利润销售量 \times 单价$$

2.4.4 敏感性分析

(1) 敏感性分析的含义

敏感性分析是指通过分析，预测投资方案主要因素的变化对经济评价指标的影响，从中找出敏感因素，并确定其敏感程度。敏感因素分析是指基于本量利关系的利润敏感分析，主要就是分析有关参数发生多大变化会使盈利转为亏损、各参数变化对利润变化的影响程度，以及各因素变动时我们应该如何调整、应对，以保证原目标利润的实现。

（2）各因素对利润的影响程度

各相关因素变化都会引起利润的变化，但其影响程度各不相同。当该因素的量值发生很小的变化，会对评价指标产生很大的影响时，我们就称该因素为敏感因素，反之称之为不敏感因素。反映各因素对利润敏感程度的指标为利润的敏感系数，其计算公式为：

$$敏感系数=利润变动百分比/因素变动百分比$$

【例2-17】 某企业生产和销售某单一产品，计划年度内有关数据预测如下：销售量10 000件，单价30元，单位变动成本20元，固定成本20 000元。假设销售量、单价、单位变动成本和固定成本都分别增长了10%，试计算各因素的敏感系数。

【解】 预计的目标利润＝（30－20）×10 000－20 000＝80 000（元）

① 销售量的敏感程度：

销售量＝10 000×（1＋10%）＝11 000（件）

利润＝（30－20）×11 000－20 000＝90 000（元）

利润变动百分比＝（90 000－80 000）÷80 000×100%＝12.5%

销售量的敏感系数＝12.5%÷10%＝1.25

可见，当销售量增长1%时，利润就会增长1.25%。

② 销售单价的敏感程度：

销售单价＝30×（1＋10%）＝33（元）

利润＝（33－20）×10 000－20 000＝110 000（元）

利润变动百分比＝（110 000－80 000）÷80 000×100%＝37.5%

销售单价的敏感系数＝37.5%÷10%＝3.75

可见，当销售单价增长1%时，利润就会增长3.75%，单价对利润的影响程度很大。

③ 单位变动成本的敏感程度：

单位变动成本＝20×（1＋10%）＝22（元）

利润＝（30－22）×10 000－20 000＝60 000（元）

利润变动百分比＝（60 000－80 000）÷80 000×100%＝－25%

单位变动成本的敏感系数＝－25%÷10%＝－2.5

由此可见，单位变动成本对利润的影响是呈反向变动的。当单位变动成本增加1%，利润将会减少2.5%。

④ 固定成本的敏感程度：

固定成本＝20 000×（1＋10%）＝22 000（元）

利润＝（30－20）×10 000－22 000＝78 000（元）

利润变动百分比＝（78 000－80 000）÷80 000×100%＝－2.5%

固定成本的敏感系数＝－2.5%÷10%＝－0.25

由此可见，固定成本对利润的影响也是呈反向变动的，固定成本每上升1%，利润将减少0.25%。

就本例而言，影响利润的诸多因素中，敏感因素依次为：

① 销售单价，敏感系数为3.75；

② 单位变动成本,敏感系数为-2.5;
③ 销售量,敏感系数为1.25;
④ 固定成本,敏感系数为-0.25。

其中,敏感系数为正值的,表明它与利润同向增减;敏感系数为负值的,表明它与利润反向增减。

2.4.5 边际分析

我们把研究一种可变因素的数量变动会对其他可变因素的变动产生多大影响的方法,称为边际分析方法。在企业的营运管理中,通常运用边际分析方法来进行本量利分析以及敏感性分析。边际分析方法主要包括边际贡献分析和安全边际分析两种类型。

(1) 边际贡献分析

边际贡献是指销售收入减去变动成本后的差额。其基本表达式为:

边际贡献=销售收入-变动成本总额=销售量×单位边际贡献=销售收入×边际贡献率

计算单位产品边际贡献(简称单位边际贡献)的表达式如下:

单位边际贡献=单价-单位变动成本=单价×边际贡献率

边际贡献是产品扣除自身变动成本后给企业所作的贡献。它首先用于补偿企业的固定成本,如果还有剩余,才形成利润;如不足以补偿固定成本,则产生亏损。

边际贡献率是指边际贡献在销售收入中所占的百分比,表示每1元销售收入中边际贡献所占的比重。其基本表达式为:

边际贡献率=(边际贡献总额/销售收入)×100%=(单位边际贡献/单价)×100%

与边际贡献率相对应的概念是"变动成本率",即变动成本在销售收入中所占的百分率。表达式为:

变动成本率=(变动成本/销售收入)×100%=(单位变动成本/单价)×100%

【例 2-18】 某企业生产 A 产品,售价为 60 元/件,单位变动成本为 24 元,固定成本为 60 000 元,当年产销量为 10 000 件。试计算单位边际贡献、边际贡献总额、边际贡献率及利润。

【解】 单位边际贡献=单价-单位变动成本=60-24=36(元)

边际贡献总额=产销量×单位边际贡献=10 000×36=360 000(元)

边际贡献率=36÷60×100%=60%

利润=360 000-60 000=300 000(元)

(2) 安全边际分析

安全边际,是指实际或预计的销售额(量)与盈亏平衡点销售额(量)的差额,表明销售额(量)下降多少而企业仍不至于亏损。通过安全边际分析,我们可以衡量企业在盈亏平衡的前提下,能够承受因销售量(销售额)下降带来的不利影响的程度和企业抵御营运风险的能力。安全边际分析主要包括安全边际和安全边际率两个指标。计算公式如下:

安全边际=实际或预计销售额(销售量)-盈亏平衡点销售额(销售量)

安全边际率=安全边际÷实际或预计销售额(销售量)×100%

盈亏平衡作业率是指保本业务量占实际或预计销售业务量的百分比。盈亏平衡作业率与安全边际率存在下列关系:

$$\text{盈亏平衡作业率} + \text{安全边际率} = 1$$

安全边际主要用于衡量企业承受营运风险的能力，它是一个安全区间。安全区间越大，风险越小。所以，实际或预计销售额（销售量）大于盈亏平衡点销售额（销售量）时，差距越大，安全边际或安全边际率的数值越大，企业发生亏损的可能性越小，抵御营运风险的能力越强，盈利能力越大。

【例 2-19】 某产品实际销售量为 5 000 件，单价为 30 元，单位变动成本为 12 元，固定成本总额为 36 000 元，则该产品的安全边际率为多少？

【解】 保本销售量＝36 000÷（30－12）＝2 000（件）

安全销售量＝5 000－2 000＝3 000（件）

所以可知：

安全边际率＝（3 000÷5 000）×100％＝60％

思 考 题

① 如何理解货币的时间价值？
② 风险报酬有哪些计算方法？
③ 市场风险与可分散风险有什么区别？
④ β 系数用来衡量什么性质的风险？

证券估值

学习目标

① 理解证券的种类、特点。
② 掌握不同证券估值的价值评估方法。

3.1 证券估值概述

3.1.1 证券的相关概念

证券是指发行人为筹集资金而发行的、表示其持有人对发行人直接或间接享有股权或债权并可转让的书面凭证,包括债券、股票、新股认购权利证书、投资基金证券及其他各种派生的金融工具。证券具有期限性、流动性、收益性和风险性。证券按其收益特征可分为以下三类。

(1) 固定收益证券

固定收益证券是指能够提供固定现金流量的证券。例如,公司债券的发行人承诺每年向债券持有人支付固定的利息。有些债券的利率是浮动的,但也约定明确的计算方法。例如,某公司债券约定按国库券利率上浮三个百分点计算并支付利息。固定收益证券是公司筹资的重要形式。固定收益证券的收益与发行人的财务状况相关程度低,除非发行人破产或违约,否则证券持有人将按约定数额取得收益。

(2) 权益证券

权益证券的典型例子是普通股股票。股票发行人事先不对持有者作出支付承诺,收益的多少通常与公司经营的业绩和公司净资产的价值相关,具有不确定性。权益证券是公司筹资的最基本形式,其投资收益和投资风险通常高于固定收益证券。

(3) 衍生证券

衍生证券是在传统的固定收益证券和权益证券等原生资产基础上衍生出来的,其价值依赖于原生资产价格。主要包括：远期合约、期货合约、互换合约和期权合约等。伴随着金融创新，新型衍生证券不断出现。衍生证券是公司进行套期保值和投机获利的工具，但对于投机获利，公司应谨慎行事。

3.1.2 证券估值的相关概念

证券估值是对证券的价值进行评价和估算的过程，对市场参与者进行筹资、投资决策具有重要指导作用。只有买卖双方均认可证券的价格，交易才能进行。证券估值是财务管理中一个十分重要的问题，它可以提高市场的透明度和公正性，促进市场的公平竞争和健康发展。

证券估值同时包括债券估值和股票估值。债券和股票是市场中常见的金融证券，是企业筹资和投资的重要方式。当企业决定发行证券进行筹资时，需通过证券估值来确定发行价格。当企业的证券被高估时，企业可以通过发行新股或债券来融资，从而降低融资成本；相反，当一个企业的证券被低估时，企业可能会选择回购股份或减少债务，以提高股权的稳定性。投资者购买证券时也需通过证券估值确认购买价格：当一个证券被低估时，投资者可以选择购买该证券，以获取超额收益；相反，当一个证券被高估时，投资者可能会选择卖出该证券，以规避风险。

3.2 债券估值

3.2.1 债券的概念

债券是由企业、金融机构或政府为筹集资金而发行的一种有价证券，发行者承诺在约定的时间支付一定比例的利息，并在到期时偿还本金，是相关主体对外进行债务融资的主要方式之一。债券的基本要素包括以下三个。

（1）债券面值

债券面值即债券的票面价值，是指债券发行人借入并承诺于债券到期时偿付持有人的本金数额，也是发行人按期支付利息的计算依据。

（2）票面利率

票面利率是指债券利息与债券面值的比率，是发行人承诺以后按时支付给债券持有人报酬的计算标准。

（3）期限

期限是指债券发行日与到期日之间的时间间隔。

3.2.2 债券的估值方法

债券价值主要通过其未来创造的现金流来体现。债券未来的现金流包括利息与本金，将二者按照一定的期限进行折现即得到未来现金流量现值，即为债券当前价值。

债券价值的计算公式为：

$$V = \frac{I}{1+R_d} + \frac{I}{(1+R_d)^2} + \cdots + \frac{I}{(1+R_d)^n} + \frac{M}{(1+R_d)^n}$$

$$= \sum_{t=1}^{n} \frac{I}{(1+R_d)^t} + \frac{M}{(1+R_d)^n}$$

$$= I \times (P/A, R_d, n) + M \times (P/F, R_d, n)$$

$$I = 每年的利息额 = 票面利率 \times 面值$$

式中，V 代表债券价值；R_d 代表债券的市场利率，是计算债券现金流量现值的折现率，也是债券投资者要求的必要报酬率；M 为债券面值，是债券到期时需支付的数额；n 为债券的到期期限，通常以年来计算；I 为债券利息，通常为年利息额。对于半年付息债券，I 为年息额的一半。如果公司发行的是零息债券，那么 I 为 0；如果是浮动利率债券，则 I 是变动的。

【例3-1】 某公司打算购买甲公司发行的债券，该债券面值为 1000 元，票面利率为 6%，每年计算并支付一次利息，期限为 5 年，当前市场利率为 8%。当该债券市场价格为多少时，该公司才会购买该债券？

【解】 $V = 1\,000 \times 6\% \times (P/A, 8\%, 5) + 1\,000 \times (P/F, 8\%, 5) = 927(元)$

当债券价格低于或等于 927 元时，该公司可以购买该债券。

【例3-2】 某公司计划发行 4 年期带息债券，面值为 1 000 元，票面利率为 6%，每半年付息一次，到期一次偿还本金，市场利率为 7%。该债券的价格为多少时，投资者会购买该债券？

【解】 该债券为半年付息一次，利息为 30($= 1\,000 \times 6\% \times 1/2$)元，半年期的市场利率为 4%($= 8\% \div 2$)。

$V = 1\,000 \times 3\% \times (P/A, 4\%, 8) + 1\,000 \times (P/F, 4\%, 8) \approx 931.99(元)$

当债券价格低于或等于 931.99 元时，投资者才会购买。

【例3-3】 某公司发行面值为 1 000 元、期限为 5 年的零息债券，到期按面值偿还，当时市场利率为 8%。当其价格为多少时，投资者会购买？

【解】 $V = 1\,000 \times (P/F, 8\%, 5) \approx 680.6(元)$

当该债券的价格低于或等于 680.6 元时，投资者会购买该债券。

3.2.3 债券投资的优缺点

（1）债券投资的优点

① 本金安全性高。相对于股票投资来说，债券投资风险比较小。政府债券有国家财力的支持，本金的安全性非常高，通常将其视为无风险债券。公司债券的持有者相对于公司股票的持有者享有优先求偿权，当公司面临破产清算时，优先于股东分得公司资产，其本金损失的可能性较小。

② 收入稳定性强。债券发行时标有的固定利息率可以确保债券持有者按时收到固定利息，因此，在正常情况下债券投资可以获得比较稳定的收入。

③ 市场流动性好。政府及大公司发行的债券可在金融市场上快速出售，不必等到到期日变现，资金流动性更好。

(2) 债券投资的缺点

① 通货膨胀风险较大。通货膨胀会导致货币的实际购买力下降，从而降低债券投资的实际收益率。债券的面值和利息率在发行时就已确定，如果投资期间通货膨胀率高于债券的票面利率，债券的本金和利息会被侵蚀，那么债券的实际收益为负。

② 没有经营管理权。投资于债券只能按时获得收益，无法对发行债券的公司施加控制。

③ 需要承受利率风险。利率风险是指利率的变动导致债券的价格和收益率发生变动的风险。一般来说，利率和债券价格成反向变化关系，即利率上升时，债券价格下跌。如果投资者在利率上升时卖出原先购买的债券，可能会出现亏损。

3.3 股票估值

3.3.1 股票的概念

股票是股份有限公司为筹集资金而发行给各个股东作为持股凭证，并借以取得股息和红利的一种有价证券。股票投资是公司进行证券投资的一个重要部分，它是我国股票市场发展的重要一环。股票包括以下 3 个构成要素。

(1) 股票价值

投资者投资股票的目的是获取经济利益，股票在持有期间会产生现金流，主要包括每期获得的股利和出售股票时产生的收入。为了将股票价格与价值相区别，学界将股票的价值称为股票的内在价值。

(2) 股票价格

股票价格是指金融市场中买卖双方的交易价格，分为开盘价、收盘价、最高价和最低价。股票价格不稳定，会受到各种因素影响。

(3) 股利

当公司实现盈利并且管理层有意愿将利润分配给股东时，股东才可能获得股利。股利一般有两种支付方式：股息和红利。

3.3.2 股票的类别

股票有两种基本类型：普通股和优先股。

普通股股东是公司的所有者，他们有发言权和表决权，根据公司经营效益分红，在公司的经营管理、盈利及财产的分配上享有普通权利，具有在满足所有债权偿付要求及优先股股东的收益与求偿要求后对企业盈利和剩余财产的索取权。普通股是构成公司资本的基础，是股票的一种基本形式，也是发行量最大、最为重要的股票。

优先股股票是一种处于公司债券和普通股票之间的混合性证券，它为企业提供一种相对低成本、相对低风险的资本融资方式。优先股的股东对公司资产、利润分配等享有优先权，其风险较小，但是优先股股东对公司事务无表决权（一般来说，对公司的经营没有参与权）。优先股不能退股，只能通过优先股的赎回条款被公司赎回。优先股有固定的股息，且可以优先于普通股股东领取股息（不受公司业绩好坏影响）。当公司破产或解散进行财产清算时，优先股股东对公司剩余财产有先于普通股股东的要求权。

3.3.3 优先股的估值

优先股每期有固定的股息支付义务，这一点类似于债券。因此可以利用债券的估值方法来对优先股进行估值。假设优先股每期支付的股利为 D，n 年后被公司以每股 P 元赎回，股东要求的报酬率为 R，则优先股的价值为：

$$V = D \times (P/A, R, n) + P \times (P/F, R, n)$$

式中，V 代表优先股的价值。

当优先股股利按季度支付时，其价值计算公式如下：

$$V = D \times (P/A, R/4, 4n) + P \times (P/F, R/4, 4n)$$

式中，符号含义同前。

企业发行的优先股在多数情况下不会到期（除非企业破产），这样的优先股估值可以进一步简化为永续年金的估值，即：

$$V = D/R$$

【例 3-4】 甲公司的优先股每季度每股分红 4 元，10 年后，甲公司必须以每股 100 元的价格回购这些优先股，股东要求的必要报酬率为 7%，则该优先股当前的市场价值是多少？

【解】 $V = 4 \times (P/A, 7\%/4, 10 \times 4) + 100 \times (P/F, 7\%, 10) \approx 78.9（元）$

【例 3-5】 甲公司对外发行的优先股每季度支付股利 3 元，年必要报酬率为 12%，则该公司优先股的价值是多少？

【解】 $V = \dfrac{3}{12\% \div 4} = 100（元）$

3.3.4 普通股的估值

由于普通股未来产生的现金流取决于公司的股利政策，所以未来现金流具有不确定性。普通股投资者的现金收入来源于持有期间获得的现金股利以及出售股票时的变现收入。以 $D_1, D_2, \cdots, D_n$ 表示普通股各期股利收入，以 P_n 表示出售股票时取得的收入，必要报酬率为 R，则股票当前的价值为：

$$V = \frac{D_1}{1+R} + \frac{D_2}{(1+R)^2} + \cdots + \frac{D_n}{(1+R)^n} + \frac{P_n}{(1+R)^n}$$

$$= \sum_{t=1}^{n} \frac{D_t}{(1+R)^t} + \frac{P_n}{(1+R)^n}$$

如果股票投资者打算永久持有公司股票，那么在计算股票价值时就不必考虑出售股票的收入，股票价值全部取决于未来股利的折现值，此时，普通股的价值为：

$$V = \frac{D_1}{1+R} + \frac{D_2}{(1+R)^2} + \frac{D_3}{(1+R)^3} + \cdots = \sum_{t=1}^{+\infty} \frac{D_t}{(1+R)^t}$$

【例 3-6】 甲公司持有一只股票，预期未来 3 年每年每股可获得现金股利 5 元，5 年后该只股票的预期售价为每股 30 元，要求的回报率为 15%，则该股票目前的价值是多少？

【解】 $V = \dfrac{5}{1+15\%} + \dfrac{5}{(1+15\%)^2} + \dfrac{5}{(1+15\%)^3} + \dfrac{30}{(1+15\%)^3} \approx 31.14(元)$

当公司正常发展时，会有无穷期的现金股利，因此对股票进行估值时，需要对未来的现金股利做一些假设，才能进行估值。这些假设可以是：

（1）股利稳定不变

在每年股利稳定不变的情况下，若投资者准备长期持有公司股票，股票的估值模型可简化为：

$$V = \dfrac{D}{1+R} + \dfrac{D}{(1+R)^2} + \dfrac{D}{(1+R)^3} + \cdots = \dfrac{D}{R}$$

【例 3-7】 甲公司采用固定股利政策，每年发放每股现金股利 3 元，必要报酬率为 10%，则该只股票的价值是多少？

【解】 $V = \dfrac{D}{R} = \dfrac{3}{10\%} = 30(元)$

（2）股利固定增长

如果一只股票的现金股利在基期股利 D_0 的基础上以年增长率 g 不断增长，则股票的估值模型为：

$$V = \dfrac{D_0(1+g)}{1+R} + \dfrac{D_0(1+g)^2}{(1+R)^2} + \cdots + \dfrac{D_0(1+g)^n}{(1+R)^n} + \cdots$$

$$= \sum_{t=1}^{+\infty} \dfrac{D_0(1+g)^t}{(1+R)^t} = \dfrac{D_0(1+g)}{R-g}$$

$$V = \dfrac{D_1}{R-g}$$

【例 3-8】 瑞华公司计划购买金立公司股票，该股票最近一期支付的股利为每股 2 元，预计以后年度以 3% 的增长率稳定增长。瑞华公司经评估分析后要求获得 8% 报酬率，才会购买金立公司股票。该股票的价格为多少时可以购买？

【解】 $V = \dfrac{2 \times (1+3\%)}{8\% - 3\%} = 41.2(元)$

当金立公司的每股股票价格低于或等于 41.2 元时，瑞华公司可以购买。

3.3.5 股票投资的优缺点

（1）股票投资的优点

① 可以获得比较高的报酬。虽然金融市场中股票价格波动较大，但从长期来看，优质股票的价格仍呈现上升走向，如果能够做出正确的投资决策，一般都能够获得丰厚的投资收益。

② 可以降低购买力风险。普通股的股利是不固定的，随着股份公司收益的变化而变化。在通货膨胀率较高时，市场整体的物价上涨导致公司盈利增加，股利也会随之增加，因此，相对于债券的固定报酬，普通股能有效降低购买力风险。

③ 拥有一定的控制权。持有公司普通股的股东可以参加公司的生产经营决策。

（2）股票投资的缺点

① 风险高。普通股股东对公司资产和盈利的求偿权在债权人和优先股股东之后。

② 普通股的价格不稳定。股票价格会受到政治因素、经济因素、投资者喜好、企业的发展情况和风险等众多因素的影响，所以价格不稳定，这使得股票投资具有较高的风险。

③ 普通股的收入不稳定。普通股股利的多少取决于企业的经营状况和财务状况，无法像债券一样每期取得固定收益。

思 考 题

① 什么是证券？主要有哪几种？
② 债券投资的优缺点有哪些？
③ 股票投资的优缺点有哪些？

第4章 预算管理

学习目标

① 了解预算管理的特征和作用。
② 了解预算管理的分类。
③ 掌握预算的编制方法。
④ 理解预算编制的实例。
⑤ 了解预算组织管理的执行、分析与考核。

4.1 预算管理概述

4.1.1 预算管理的特征

预算管理是指国家为了确保企业资金规范运行而进行的一系列调节、控制及监督的过程。通过对未来一定时期内企业的生产经营活动进行全面预测，用表格的形式展示预算的金额，科学地分配企业各种资源和资金，以企业的战略目标为导向，指导企业的经营活动，从而促进企业目标的实现。

预算管理的特征体现在：

① 预算管理的内容和作用对象广泛，并且预算管理发生在企业生产经营活动的整个过程，对企业全局的发展具有指导、考核和监督的作用；
② 预算管理的目的是实现企业的战略目标；
③ 预算管理对企业财务活动进行了具体的规划，预算量化具有可执行性；
④ 企业进行预算管理，促进企业各部门员工团结协作，实现资源有效利用，促进企业协调发展。

4.1.2 预算管理的作用

预算管理具有以下三个作用。

(1) 预算管理具有规划的作用

在预算管理的过程中，企业的各个单位或部门会设置各种预算指标，各部门的工作会朝着这些预算指标井然有序地进行，明确了工作方向，有利于将企业资源合理配置，提高资源的利用效率。通过对经济活动的具体规划，控制企业经济实际活动的过程，最终实现企业的战略目标。因此，预算管理具有规划的作用。

(2) 预算管理具有协调的作用

通过预算管理，企业各部门之间的协同工作变得频繁起来，部门或单位之间的沟通加强，密切合作，工作协调进行，朝着共同的目标前进，提高了各自的工作效率，也使得资源配置得到了优化，增强了企业整体的工作效率。各部门之间只有协调一致，才能最大限度地实现企业整体目标。

(3) 预算管理具有绩效评估的作用

企业预算可以作为业绩完成的标准。各个部门可以将预算作为基础，将实际完成数与预定数作对比，评价是否实现了企业的经营目标。预算也可以用于判定职工工作的积极性，并以此结果作为奖勤罚懒、评估优劣的依据。

4.1.3 预算管理的分类

(1) 按照性质分类

按预算管理的性质，企业预算可分为投资预算和生产经营预算。

投资预算是指在可行性研究的基础上，对企业的固定资产的购置、更新改造、改扩建等编制的预算。投资预算会涉及何时投资、投资资金数量、投资回报率等问题。

生产经营预算是指与企业日常业务直接相关的基本生产经营活动的预算，包括销售预算、生产预算、现金流量预算等。

(2) 按照时间分类

按预算指标覆盖的时间长短，企业预算可分为短期预算和长期预算。

短期预算即年度预算，是指预算期在1年以内（含1年）的预算，如季度预算、月度预算等。现金预算属于短期预算。短期预算也可以进一步分为经营预算及财务预算。

长期预算是指预算期超过1年的预算。企业在预算管理的过程中，通常采用短期预算与长期预算相结合的方式。

(3) 按照内容分类

根据内容不同，企业预算可分为经营预算、专门决策预算和财务预算。

经营预算也叫业务预算，是指对企业生产、销售等日常业务活动进行的一系列预算。具体包括采购预算、生产预算、销售预算、费用预算、人力资源预算等。

专门决策预算是指企业重大的、不经常发生的、需要根据特定决策编制的预算，如资本支出预算等。专门决策预算是对决策的进一步预算，直接反映相关决策的结果。

财务预算是指与企业资金收支、财务状况或经营成果等有关的预算。具体包括现金预算

（资金预算）、预计资产负债表等。财务预算是企业预算的重要组成部分，总结了经营预算和专门决策预算的结果。财务预算是全面预算体系的最后环节。

4.1.4 预算管理体系

企业的各种预算形成了一个相互联系的整体——全面预算体系，由经营预算、专门决策预算和财务预算三大预算组成，如图 4-1 所示。

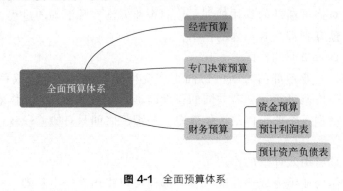

图 4-1 全面预算体系

4.2 预算编制方法

企业进行预算编制，通过自下而上、自上而下的"两上两下"的流程，能够使企业基层人员的意见被企业中高层知悉，企业中高层的政策也可以落实到企业基层，促进整个企业的协调发展。企业常见的预算编制方法通常包括增量预算法与零基预算法、固定预算法与弹性预算法、定期预算法与滚动预算法，具体如下。

4.2.1 增量预算法与零基预算法

按照编制预算的出发点不同，编制预算的方法可以分为增量预算法和零基预算法。

（1）增量预算法

增量预算法，又称调整预算法，是指以基期成本费用水平为基础，结合预算期经济活动业务量水平及有关影响成本因素的变动情况，通过调整原有费用而编制预算的方法。增量预算法是一种传统的预算方法，以过去的费用发生水平为基础。采用增量预算法，应当假设企业进行合理的经济活动，企业相关业务的现金流入与支出水平是合理的。

采用增量预算法，企业预算编制相对轻松，工作量较少；可以避免企业各部门的工作产生巨大波动；增量预算相对稳定，财务系统操作简单，促进企业协调发展。然而，增量预算法存在一定的局限性：增量预算法假设企业所有的经济活动以相同的形式进行，不利于企业创新；不能促进企业降低成本费用，不能有效控制无效成本费用的发生，造成浪费。

（2）零基预算法

零基预算法，是指以零为起点，不考虑以前各期的成本费用，从实际需要出发，分析预算期经济活动的合理性，综合、平衡编制费用预算的方法。零基预算法不是根据前期的数额确定的,零基预算的基础是 0,预算期的数额是根据预算期业务活动的必需性来确定资金量的。

零基预算法的优点表现在:一是零基预算以零为编制起点,增加了企业预算管理的透明度,各项成本费用的用途明了,能够更好地控制企业的经济活动,规范企业的财务管理行为,提高企业预算管理水平;二是企业采用零基预算法编制预算的过程中,增加了企业的创造性,提高了企业基层单位工作的积极性;三是企业采用零基预算法,会进行成本-效益分析,促进企业资金的有效利用;四是采用零基预算法,不会受到往期业务活动的影响,具有灵活性。

零基预算法的局限性在于:以零为编制基础,企业一切工作从"零"做起,工作量较大,成本费用较高;预算编制的准确性受数据准确程度影响较大。

4.2.2　固定预算法与弹性预算法

按照业务量基础的数量特征的不同,可将预算编制的方法分为固定预算法和弹性预算法。

(1) 固定预算法

固定预算法又称静态预算法,是指在编制预算时,只根据预算期内正常的、最有可能实现的某一业务量(如企业产量、销售量、作业量等)水平为固定基础,不考虑可能发生的变动的预算编制方法。

采用固定预算法进行预算编制,易于理解,相对简单。但是固定预算法以一个固定的业务量水平为基础,不考虑预算期内可能发生的变动,适应能力较差。当这个固定的业务量与实际发生的业务量相差较大时,就失去了可比性。例如,一个企业某年度实际生产了 5 000 000 吨原料,预计业务量为 2 500 000 吨,企业给生产部门的预算费用为 50 000 元,实际业务量超出了预算业务量,固定预算法下的费用预算仍为 50 000 元,这显然失去了可比性。

(2) 弹性预算法

弹性预算法又称动态预算法,是指在成本性态分析的基础上,分析企业业务量、成本和利润之间的关系,按照预算期内可能发生的不同业务量水平而编制预算的方法。此方法适用于企业预算中随业务量变化而变化的支出,如利润预算、成本预算等。

企业采用弹性预算法,能够为不同的业务量水平编制预算数据,可以计算出在任何实际业务量水平下的预测成本费用,有助于财务人员严格控制成本,进行有效的成本管理。弹性预算法编制预算的准确性,在很大程度上取决于成本性态分析的可靠性。

企业应用弹性预算法,编制弹性预算的步骤如下:

第一步,选择并确定企业经济活动的计量单位,如机器工时、单位消耗量等;

第二步,预测并确定经济活动在预算期内的业务量水平的范围,一般可采用正常生产能力的 70%~110%,或者以业务量历史最低值和历史最高值为限;

第三步,根据成本性态和业务量之间的关系,将生产成本区分为固定成本和变动成本两类,分别确认与业务量之间的关系;

第四步,计算预算期内不同业务量水平下的预测值,形成弹性预算。

与固定预算法相比,弹性预算法的主要优点是能够适应预算期内不同的业务量水平,扩大了预算范围,更符合企业实际经营情况,促进企业更为客观地考核和评价。弹性预算法的主要缺点为：编制工作量较大；同时，市场变动等诸多因素会影响弹性预测的准确性。

弹性预算法又分为公式法和列表法两种具体方法。

① 公式法。公式法是利用总成本性态模型预测并计算预算期的成本费用，从而编制成本费用预算的方法。成本费用与业务量之间的数量关系可表示为：

$$y=a+bx$$

式中　y——预算成本总额；
　　　a——预算固定成本；
　　　b——单位变动成本；
　　　x——预计业务量水平。

【例 4-1】 某公司机床维修费与机床运行时间密切相关。经过测算，预算期内的固定机床维修费为 300 元，单位工时的变动维修费为 2 元，预计预算期的机床运行工时为 4000 小时。试在公式法下，测算预算期的机床维修费用总额。

【解】 利用公式"$y=a+bx$"得出：

$y=a+bx=300+2\times 4\,000=8\,300(元)$

【例 4-2】 某企业经过分析发现，某种产品的制造费用与人工工时密切相关，采用公式法编制的制造费用预算表如表 4-1 所示。

表 4-1　某企业制造费用预算表（公式法）

业务量范围：400～700（人工工时）		
项目	固定费用/（元/月）	变动费用/（元/人工工时）
运输费用		0.3
电力费用		1.5
材料费用		0.2
修理费用	80	0.9
油料费用	100	0.3
折旧费用	250	
人工费用	150	
合计	580	3.2

备注：当业务量超过 650 人工工时后，修理费用中固定费用增加到 100 元

在本例中，利用公式法测算制造费用，当业务量在 400～650 人工工时的范围内时，$y=580+3.2x$，如业务量为 500 人工工时，制造费用预算为 $580+3.2\times 500=2\,180(元)$；当业务量在 >650～700 人工工时的范围内时，$y=600+3.2x$，如业务量为 680 人工工时，制造费用预算为 $600+3.2\times 680=2\,776(元)$。

企业采用公式法进行弹性预算编制，便于计算任何业务量水平的预算成本，编制预算的工作量相对较小；和固定预算法相比，适应能力及可比性比较强。

然而，公式法也存在一定的缺点：公式法并非适用于所有情况，如对于阶梯成本和曲线成本不能直接运用公式法，需要用数学方法修正为直线，再运用公式法进行测算；工作量比较大，需要对每个成本费用进行详细分解，还可能存在对于不同业务量水平范围的成本费用项目，其固定费用或单位变动费用不一致的情况。

② 列表法。列表法是指企业通过列表的方式，将业务量范围划分为若干个不同的等级，

按照不同的业务量水平编制预算的方法。

企业采用列表法进行预算编制,首先需要划分出若干个不同的等级,分别计算各项数值,列入表格之中。相比于公式法,列表法可以预测任何业务量下的成本,阶梯成本和曲线成本不必经过数学方法修正即可测算。列表法的局限性在于,可能会运用到插值法计算预算成本,相对比较复杂。

【例 4-3】 根据表 4-1,该企业采用列表法编制的某年 9 月份制造费用预算情况,如表 4-2 所示。

表 4-2 某企业制造费用预算表(列表法)

业务量/人工工时	400	450	550	650	700
占正常生产能力的百分比/%	70	80	90	100	110
变动成本:					
运输费用/元	120	135	165	195	210
电力费用/元	600	675	825	975	1 050
材料费用/元	80	90	110	130	140
合计/元	800	900	1 100	1 300	1 400
混合成本:					
修理费用/元	440	485	575	665	710
油料费用/元	220	235	265	295	310
合计/元	660	720	840	960	1 020
固定成本:					
折旧费用/元	250	250	250	250	250
人工费用/元	150	150	150	150	150
合计/元	400	400	400	400	400
总计/元	1 860	2 020	2 340	2 660	2 820

在表 4-2 中,分别列示了业务量水平分别为 400、450、550、650、700(人工工时)的情况。如果固定预算法是按 650 人工工时编制的,成本总额为 2 660 元。在实际业务量为 600 人工工时的情况下,不能用 2 660 元去评价实际成本的高低,也不能按业务量变动的比例调整后的预算成本 2 455($\approx$ 2 660×600÷650)元去考核实际成本,因为并不是所有成本都同业务量呈同比例关系。

采用弹性预算法,可以根据各项成本费用与业务量的不同关系,采用不同的方法确定预算成本。实际业务量为 600 人工工时,固定成本不变,为 400 元,变动成本可以用预算期实际工时乘以单位业务量计算,即总变动成本为 1 200(=600×0.3+600×1.5+600×0.2)元。混合成本需要采用插值法计算:

业务量为 600 人工工时,处在 550~650 人工工时之间,修理费用应该在 575~665 元之间,假设实际业务的预算修理费用为 x,则:

(600−550)÷(650−550)=(x−575)÷(665−575)

解得 x=620 元。

同理,油料费用应该在 265~295 元之间,假设实际业务的预算油料费用为 y,则:

(600−550)÷(650−550)=(y−265)÷(295−265)

解得 $y=280$ 元。

所以，600 人工工时的预算成本为：

$(0.3+1.5+0.2)\times 600+620+280+400=2\ 500$（元）

4.2.3 定期预算法与滚动预算法

按照预算期的时间特性不同，可将预算编制方法分为定期预算法和滚动预算法。

（1）定期预算法

定期预算法，是指以固定不变的会计期间作为预算期的编制方法。固定的会计期间一般采用日历年度，预算期间与会计期间相适应，这样便于对比，能够对预算期的经营情况进行分析和评价。但是，以固定的会计期间为预算期，企业经营者们制定的决策往往针对本期，而忽略了其他会计期间，缺乏长远打算，可能导致企业的短期行为，不利于企业的长远发展；固定预算期不能随着企业面临的实际情况变化而调整，当在某预算期内企业的生产经营活动发生重大变化时，预算会有滞后性。

（2）滚动预算法

滚动预算法，也叫连续预算法，是指根据上一期的预算完成情况，调整和编制下一期的预算，并将编制预算的时期逐期连续滚动，向前推移，使预算总是保持一定的时间幅度。

滚动预算法适用于规模大、工期长的企业业务项目。滚动预算法的周期一般分为短期和中期。短期通常为 1 年，以季度或月份（如图 4-2 所示）为滚动频率，每经过 1 个季度或月份，为了使预算周期保持不变，需要在期末增加 1 个季度或月份，逐期向后滚动。中期通常以年为滚动频率。

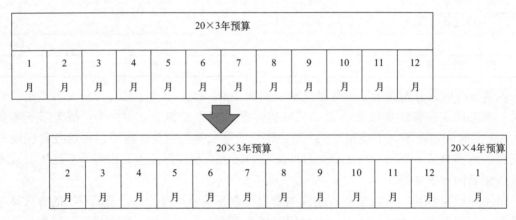

图 4-2 逐月滚动预算

除了以季度或月份为滚动频率外，滚动预算法还有一种同时以季度和月份为滚动频率的方法——混合滚动（图 4-3）。

采用滚动预算法，企业的预算是连续的，使企业管理者对未来一定期间的生产经营活动有一定的预见和考虑，充分利用了预算的指导和控制作用，从动态预算中把握企业的未来。滚动预算法能随时间的推移加以调整，使企业预算与实际情况相适应。滚动预算法的缺点：滚动预算的频率较高，工作量较大，预算编制工作比较繁重。为了适当简化预算的编制工作，可以以季度为滚动频率。

20×3年预算					
一季度			二季度	三季度	四季度
1月	2月	3月	预算总数	预算总数	预算总数

20×3年预算					20×4年预算
二季度			三季度	四季度	一季度
4月	5月	6月	预算总数	预算总数	预算总数

图 4-3　混合滚动

4.3　预算编制实例

4.3.1　经营预算的编制

（1）销售预算

销售预算是指在销售预测的基础上，企业对预算期内的销售活动进行规划的一种经营预算。销售预算是企业预算工作的起点，是预算工作的基础。

【例 4-4】　表 4-3 展示了某公司 20×3 年的销售预算情况（不考虑增值税）。

表 4-3　某公司 20×3 年度销售预算

项目	第一季度	第二季度	第三季度	第四季度	全年
预计销售量/件	100	150	200	180	630
预计单价/元	2 800	2 800	2 800	2 800	2 800
销售收入/元	280 000	420 000	560 000	504 000	1 764 000
预计现金收入：					
上年应收账款/元	62 000				62 000
收回的第一季度销售收入/元	168 000	112 000			280 000
收回的第二季度销售收入/元		252 000	168 000		420 000
收回的第三季度销售收入/元			336 000	224 000	560 000
收回的第四季度销售收入/元				302 400	302 400
现金收入合计/元	230 000	364 000	504 000	526 400	1 624 400

销售预算主要是对预计销售量、预计单价及预计销售收入等项目进行测算，销量及单价是根据市场行情、企业生产能力等因素预计的，销售收入等于销量与单价的乘积，还包括预计现金收入的计算，例如第一季度的现金收入包括两部分，即上年应收账款在本年第一季度

收到的货款以及本季度销售中可能收到的货款。(本例中,每季度销售收入的60%于本季度收到,另外的40%于下季度收到。)

(2) 生产预算

生产预算是指对企业预算期内经营活动的生产规模进行预测的一种经营预算。生产预算是企业在销售预算的基础上编制的,直接材料预算和产品成本预算可以根据此进行预算。生产预算的主要内容包括预计销售量、预计期初产成品存货、预计期末产成品存货以及预计生产量。

【例4-5】 表4-4所示为某公司20×3年度的生产预算情况。

表4-4 某公司20×3年度生产预算

项目	第一季度	第二季度	第三季度	第四季度	全年
预计销售量/件	100	150	200	180	630
加:预计期末产成品存货/件	15	20	18	20	20
合计/件	115	170	218	200	650
减:预计期初产成品存货/件	10	15	20	18	10
预计生产量/件	105	155	198	182	640

企业的生产和销售并不一直同步,所以,企业为了满足销售需要,通常会设置一定量的存货。本例中,预计销售量来自销售预算,期末产成品存货的数量通常按下期销售量的一定比例确定(本例中为10%)。并假设年初有产成品存货10件,年末留存20件。表中其他数据由以下公式得出:

$$预计期末产成品存货=下季度销售量×10\%$$
$$预计期初产成品存货=上季度期末产成品存货$$
$$预计生产量=预计销售量+预计期末产成品存货-预计期初产成品存货$$

(3) 直接材料预算

直接材料预算是规划预算期内直接材料采购业务的一种经营预算。直接材料预算以生产预算为编制基础。企业直接材料预算的主要内容有:单位产品的材料用量、生产需用量、预计期初和期末存量、预计材料采购量等。

【例4-6】 表4-5所示为某公司20×3年度直接材料预算情况。

表4-5 某公司20×3年度直接材料预算

项目	第一季度	第二季度	第三季度	第四季度	全年
预计生产量/件	105	155	198	182	640
单位产品材料用量/(kg/件)	10	10	10	10	10
生产需用量/kg	1 050	1 550	1 980	1 820	6 400
加:预计期末存量/kg	310	396	364	400	400
减:预计期初存量/kg	300	310	396	364	300
预计材料采购量/kg	1 060	1 636	1 948	1 856	6 500
单价/(元/kg)	80	80	80	80	80
预计采购金额/元	84 800	130 880	155 840	148 480	520 000
预计现金支出:					
上年应付账款/元	23 500				23 500

续表

项目	第一季度	第二季度	第三季度	第四季度	全年
支付的第一季度采购款/元	42 400	42 400			84 800
支付的第二季度采购款/元		65 440	65 440		130 880
支付的第三季度采购款/元			77 920	77 920	155 840
支付的第四季度采购款/元				74 240	74 240
合计/元	65 900	107 840	143 360	152 160	469 260

本例中，预计生产量的数据来自企业的生产预算，假设单位产品材料用量为10kg/件，生产需用量是预计生产量与单位产品材料用量的乘积；年初材料存货量假定为300kg，年末材料存货量假定为400kg，各季度期末材料存量根据下季度生产需用量的一定比例确定（本例中为20%），各季度期初材料存量等于上季度的期末材料存量，预计各季度材料采购量=生产需用量+预计期末存量-预计期初存量。预计采购金额等于预计材料采购量与单价的乘积（假设单价为80元/kg）。每个季度的现金支出包括上期应付账款和本期应支付的采购货款（假设比例为50%）。

（4）直接人工预算

直接人工预算是反映和规划预算期内人工工时消耗和开支的经营预算。以生产预算为编制基础，主要内容有预计生产量、单位产品工时、人工总工时、每工时人工成本和人工总成本等项目。

【例4-7】 表4-6所示为某公司20×3年度直接人工预算情况。

表4-6 某公司20×3年度直接人工预算

项目	第一季度	第二季度	第三季度	第四季度	全年
预计生产量/件	105	155	198	182	640
单位产品工时/(工时/件)	10	10	10	10	10
人工总工时	1 050	1 550	1 980	1 820	6 400
每工时人工成本/元	60	60	60	60	60
人工总成本/元	63 000	93 000	118 800	109 200	384 000

预计生产量的数据来自企业生产预算，单位产品工时和每工时人工成本分别假设为10工时/件和60元，人工总工时是预计生产量与单位产品工时的乘积，人工总成本是人工总工时与每工时人工成本的乘积。

（5）制造费用预算

制造费用预算通常由变动制造费用预算和固定制造费用预算两部分组成。变动制造费用预算以生产预算为编制基础。

【例4-8】 表4-7所示为某公司20×3年度制造费用预算表。

表4-7 某公司20×3年度制造费用预算 单位：元

项目	第一季度	第二季度	第三季度	第四季度	全年
变动制造费用：					
间接人工（单位成本：20元/件）	2 100	3 100	3 960	3 640	12 800

续表

项目	第一季度	第二季度	第三季度	第四季度	全年
间接材料（单位成本：15元/件）	1 575	2 325	2 970	2 730	9 600
修理费（单位成本：20元/件）	2 100	3 100	3 960	3 640	12 800
水电费（单位成本：10元/件）	1 050	1 550	1 980	1 820	6 400
小计	6 825	10 075	12 870	11 830	41 600
固定制造费用：					
修理费	1 000	1 140	1 500	1 500	5 140
折旧	10 000	10 000	10 000	10 000	40 000
管理人员工资	11 900	13 100	11 000	11 000	47 000
保险费	1 550	1 710	1 900	2 700	7 860
财产税	600	600	600	600	2 400
小计	25 050	26 550	25 000	25 800	102 400
合计	31 875	36 625	37 870	37 630	144 000
减：折旧	10 000	10 000	10 000	10 000	40 000
现金支出	21 875	26 625	27 870	27 630	104 000

本例中，各项变动制造费用由预计生产量（见表4-6）与各变动单位成本的乘积得到，固定制造费用与生产量无关，是逐项预计得到的，最后算出现金支出。另外，可以根据制造费用预算表中的数据计算工时费用率，如：

变动制造费用工时费用率＝41 600÷6 400＝6.5（元/工时）

固定制造费用工时费用率＝102 400÷6 400＝16（元/工时）

（6）产品成本预算

产品成本预算，是销售预算、生产预算、直接材料预算、直接人工预算、制造费用预算的汇总。产品成本预算的主要内容是产品的单位成本和总成本。产品的单位成本来自企业的直接材料预算、直接人工预算和制造费用预算。生产量、期末存货量来自生产预算，销售量来自销售预算，单位成本乘以产品数量等于成本。

【例4-9】表4-8所示为某企业20×3年度产品成本预算表。

表4-8 某企业20×3年度产品成本预算

项目	单位产品成本			生产成本/元（640件）	期末存货成本/元（20件）	销货成本/元（630件）
	单价/(元/kg)	单耗/(kg/件)	成本/(元/件)			
直接材料	80	10	800	512 000	16 000	504 000
直接人工	60	10	600	384 000	12 000	378 000
变动制造费用	6.5	10	65	41 600	1 300	40 950
固定制造费用	16	10	160	102 400	3 200	100 800
合计			1 625	1 040 000	32 500	1 023 750

（7）销售及管理费用预算

销售费用预算是指为了实现企业的销售活动所发生的各项支出的预算。销售费用预算以销售预算为基础进行编制，应和销售预算相结合，是涉及销售人员工资、广告费、包装费、运输费、保管费及折旧等费用的预算。管理费用是指企业行政管理部门为组织和管理生产经营活动而发生的各种费用，涉及管理人员薪金、公司经费、工会经费、董事会费、咨询费、诉讼费、业务招待费、办公费、差旅费、福利费等。随着企业规模的扩大，在编制管理费用预算时，要做到费用合理化。

【例 4-10】 表 4-9 所示为某公司 20×3 年度销售及管理费用预算表。

表 4-9　某公司 20×3 年度销售及管理费用预算

项目	金额/元
销售费用：	
销售人员工资	30 000
广告费	55 000
包装费、运输费	30 000
保管费	27 000
折旧	10 000
管理费用：	
管理人员薪金	40 000
福利费	8 000
保险费	6 000
办公费	14 000
折旧	15 000
合计	235 000
减：折旧	25 000
每季度支付现金	52 500

4.3.2　专门决策预算的编制

专门决策预算又称特种决策预算，是指企业为不经常发生的长期投资项目或者一次性专门业务所编制的预算。专门决策预算也是编制资金预算和预计资产负债表预算的依据。编制专门决策预算的依据，是项目财务可行性分析资料以及企业筹资决策资料。

【例 4-11】 表 4-10 所示为某公司 20×3 年度专门决策预算表。

表 4-10　某公司 20×3 年度专门决策预算

项目	第一季度	第二季度	第三季度	第四季度	全年
投资支出预算/元	500 000	—	—	700 000	1 200 000
借入长期借款/元	300 000	—	—	700 000	1 000 000

4.3.3　财务预算的编制

(1) 资金预算

资金预算是反映预算期内预计现金收入与现金支出情况的预算。企业资金预算以经营预算和专门决策预算为编制基础。资金预算包含可供使用现金、现金支出、现金余缺、现金筹措与运用等内容。

【例 4-12】 表 4-11 所示为某企业 20×3 年度资金预算表。

表 4-11 某企业 20×3 年度资金预算　　　　　　　　　　　　单位：元

项目	第一季度	第二季度	第三季度	第四季度	全年
期初现金余额	80 000	31 975	30 260	30 630	80 000
加：现金收入	230 000	364 000	504 000	526 400	1 624 400
可供使用现金	310 000	395 975	534 260	557 030	
减：现金支出					
直接材料	65 900	107 840	143 360	152 160	469 260
直接人工	63 000	93 000	118 800	109 200	384 000
制造费用	21 875	26 625	27 870	27 630	104 000
销售及管理费用	52 500	52 500	52 500	52 500	210 000
所得税费用	15 000	10 000	23 000	22 000	70 000
购买设备费用	500 000			700 000	1 200000
股利				95 000	95 000
现金支出合计	718 275	289 965	365 530	1 158 490	2 532 260
现金余缺	−408 275	106 010	168 730	−601 460	
现金筹措与运用：					
借入长期借款	300 000			700 000	1 000 000
取得短期借款	190 000				190 000
归还短期借款		26 000	89 000		
短期借款利息	4 750	4 750	4 100	1 875	15 475
长期借款利息	45 000	45 000	45 000	66 000	201 000
期末现金余额	31 975	30 260	30 630	30 665	30 665

本例中，第一季度期初现金余额预计为 80 000 元，下一季度的期初现金余额等于上一季度的期末现金余额，全年的期初现金余额指的是第一季的期初现金余额；现金收入来自销售预算；可供使用现金是期初现金余额与现金收入的合计；现金支出项目中的直接材料、直接人工、制造费用、销售及管理费用、购买设备费用的数据来自前述有关预算，所得税费用、股利等现金支出的数据来自另行编制的专门预算。长期、短期借款年利率分别为 12%、10%。

本例中，理想的每期期末现金余额是 30 000 元。企业资金不能满足企业经营活动需求时，可以取得短期借款，假设借款金额必须是 10 000 的整数倍。假设新增借款在每季期初，归还借款在每季期末（假设先归还短期借款，归还金额为 1 000 元的整数倍）。该公司上年年末的长期借款余额为 1 200 000 元，所以，前三季度的长期借款利息均为 45 000[=(1 200 000＋300 000)×12%÷4]元，第四季度的长期借款利息=(1 200 000＋300 000＋700 000)×12%÷4=66 000(元)。

第一季度的长期借款利息为 45 000 元，理想的现金余额是 30 000 元，第一季度的现金余缺是 −408 275 元。该公司上年年末不存在短期借款，设第一季度取得的短期借款为 x

元,可列出:

$$-408\,275+300\,000+x-x\times10\%\div4-45\,000=30\,000$$

解得:$x\approx187\,974.36$ 元。第一季度需要取得 190 000 元的短期借款,支付 4 750($=190\,000\times10\%\div4$)元的借款利息,期末现金余额$=-408\,275+300\,000+190\,000-4\,750-45\,000=31\,975$(元)。

第二季度的现金余缺是 106 010 元,还需要支付 4 750 元的短期借款利息和 45 000 元的长期借款利息,期末现金余额为 56 260($=106\,010-4\,750-45\,000$)元。本期可以还款 26 000 元。期末现金余额为 30 260($=56\,260-26\,000$)元。

第三季度的现金余缺是 168 730 元,利息支出为 49 100[$=(190\,000-26\,000)\times10\%/4+45\,000$]元,最多可以归还短期借款:$168\,730-49\,100-30\,000=89\,630$(元)。由于还款金额必须是 1 000 元的整数倍,所以,可以归还短期借款 89 000 元,期末现金余额$=168\,730-49\,100-89\,000=30\,630$(元)。

第四季度的现金余缺是$-601\,460$ 元,利息支出为 67 875[$=(190\,000-26\,000-89\,000)\times10\%\div4+(45\,000+700\,000\times12\%\div4)$]元,第四季度的现金余缺$+$长期借款$=-601\,460+700\,000=98\,540$(元),大于 97 875 元,不需要短期借款。期末现金余额为 30 665($=-601\,460+700\,000-67\,875$)元。

(2) 预计利润表

预计利润表反映企业预算期的预计经营成果。通过编制预计利润表,可以了解企业预算期的盈利水平。编制预计利润表的依据是各经营预算、专门决策预算和资金预算。

【例 4-13】 表 4-12 所示为某公司 20×3 年的利润预算表。

表 4-12 某公司 20×3 年度利润预算

项目	金额/元
销售收入	1 764 000
销售成本	1 023 750
毛利	740 250
销售及管理费用	235 000
利息	216 475
利润总额	288 775
所得税费用	70 000
净利润	218 775

其中,销售收入来自销售预算;销售成本来自产品成本预算;毛利是前两项的差额;销售及管理费用来自销售及管理费用预算;利息来自资金预算;利润总额为毛利减去销售及管理费用再减去利息的净额;所得税费用项目是在利润规划时估计的,最终用利润总额减去所得税费用得出净利润。

(3) 预计资产负债表

预计资产负债表是反映企业预算期期末财务状况的报表。编制预计资产负债表需要结合企业各项经营预算、专门决策预算、资金预算和预计利润表等,可以判断企业财务状况是否稳定,编制预计资产负债表是编制全面预算的终点。

【例 4-14】 表 4-13 所示为某公司 20×3 年的预计资产负债表。

表 4-13　某公司 20×3 年度预计资产负债表　　　　　　　　　单位：元

资产	年初余额	年末余额	负债和股东权益	年初余额	年末余额
流动资产：			流动负债：		
货币资金	80 000	30 665	短期借款	0	75 000
应收账款	62 000	201 600	应付账款	23 500	74 240
存货	40 250	64 500	流动负债合计	23 500	149 240
流动资产合计	182 250	296 765	非流动负债		
非流动资产：			长期借款	1 200 000	2 200 000
固定资产	400 000	335 000	非流动负债合计	1 200 000	2 200 000
在建工程	1 000 000	2 200 000	负债合计	1 223 500	2 349 240
非流动资产合计	1 400 000	2 535 000	股东权益：		
			股本	200 000	200 000
			资本公积	50 000	50 000
			盈余公积	75 000	96 877.5
			未分配利润	33 750	135 647.5
			股东权益合计	358 750	482 525
资产合计	1 582 250	2 831 765	负债和股东权益合计	1 582 250	2 831 765

本例中，货币资金来源于表 4-11 中现金的年初和年末余额；应收账款的年初余额 62 000 元来自表 4-3 中的上年应收账款，年末余额 201 600（=504 000－302 400）元。存货包括直接材料和产成品：直接材料年初余额=300×80=24 000（元），年末余额=400×80=32 000（元）；产成品成本年初余额=（20+630－640）×1 625=16 250（元），年末余额=20×1 625=32 500（元）。存货年初余额=24 000+16 250=40 250（元），年末余额=32 000+32 500=64 500（元）；固定资产的年末余额 335 000（=400 000－65 000）元；在建工程的年末余额 2 200 000（=1 000 000+1 200 000）元；固定资产、在建工程年初余额预计分别为 400 000 元和 1 000 000 元；短期借款本年的增加额为 75 000（=190 000－26 000－89 000）元；应付账款的年初余额 23 500 元来源于表 4-5 中的上年应付账款，年末余额为 74 240（=148 480－74 240）元；长期借款本年的增加额 1 000 000 元来源于表 4-10，短期借款、长期借款的年初余额来源于该公司上年年末的资产负债表；未分配利润本年的增加额为 101 897.5 元（=本年的净利润 218 775 元－本年的股利 95 000 元－本年计提的法定盈余公积 21 877.5 元）；股东权益各项目的期初余额均来源于该公司上年年末的资产负债表；股本和资本公积的余额不变。该公司没有计提任意盈余公积，计提的法定盈余公积=218 775×10％=21 877.5（元），盈余公积的年末余额=75 000+21 877.5=96 877.5（元）。

4.4　预算的组织管理

4.4.1　预算执行

预算执行是指经过审查和批准的命令具体实施的过程。企业管理者下达预算的命令，各部门必须严格按照预算指标执行。预算执行是完成企业预算收支任务的关键，是整个预算管理工作的中心环节。预算执行一般分为预算控制和预算调整。

(1) 预算控制

预算控制，是指根据预算的标准，检查和监督企业的生产经营工作，使其不偏离预算标准的管理活动，包括对收入、支出、现金、生产等方面的预算。企业根据预算的收入与支出等标准控制企业内部的生产经营活动，能够保证企业各个部门实现其经营目标，实现资源有效利用，更有效地控制成本，强化对预算执行过程的监督工作，认真分析预算执行。

企业应该强化预算责任，严格控制预算，分解预算目标，以便使企业各部门、单位落实责任，促进企业战略目标的实现。企业应该利用各种财务报表来分析企业预算执行的进度，以便向有关部门汇报，建立健全凭证领用制度，严格执行企业规章制度，没有相关凭证、不符合企业规章制度的项目不允许执行。企业经营活动出现重大变化时，应该及时向有关部门汇报，分析原因，找出解决办法。同时，在预算执行的过程中，要进行风险管理，采取一定的措施来减少或规避风险。对员工进行培训，提高企业和员工的风险意识，并建立相应的奖惩机制，利用信息管理系统控制风险。

(2) 预算调整

预算经过批准后，一般不做调整。当企业发生重大变化时，如市场环境、经营条件、政策法规等发生重大变化时，需要调整企业的预算，否则将导致结果不准确，与实际情况产生重大偏差。预算调整事项强调对预算执行过程中重大的、不符合常规的事项进行重点调整；调整事项不能偏离企业的战略目标，并且在经济上必须是可行的、合理的；编制预算调整方案，严明预算调整的对象、方法和程序，阐述预算执行的具体情况、影响因素等。企业管理者对预算调整方案的执行进行审核分析，经分析与审核无误后，下达到企业各部门执行。

4.4.2 预算分析

企业预算分析是指在预算正式下达执行前，对预算指标的分析过程，是在预算执行前所进行的预算分析工作。企业应当建立预算分析制度，进行预算分析之前，企业应该根据其预算目标，明确分析的要求和目标，做好工作安排，以便有计划地开展预算分析工作；预算管理委员会开展预算分析执行会议，了解企业财务预算的执行情况，做好重要的基础工作，如收集关于生产经营、市场、政策等方面的相关资料，从中发现问题；开展预算分析工作，根据不同的情况，运用对比的方法，如比率分析法、比较分析法、因素分析法等方法，通过对比发现差异，找出形成差异的原因，不仅根据数量上和性质上的差异来了解预算执行的情况和趋势，更要深入企业基层去分析产生差异的原因。企业管理者应该充分分析产生差异的原因，根据预算执行中的薄弱环节，提出解决措施，改进相关部门的工作方法，提高企业的工作效率。

4.4.3 预算考核

预算考核是指企业对各单位或部门预算执行情况的评价。通过预算考核，企业可以对整体的预算管理进行考评；通过对比各种预算指标，能够考评企业的经营绩效，并对员工进行激励和约束。对企业来说，预算考核是一项综合考核。企业在进行预算考核时，预算管理委员会组织预算审计，发现并纠正执行预算的过程中存在的问题。企业内部审计机构形成审计报告，提交给预算管理委员会和董事会等机构，以便进行预算调整和预算考核。预算管理委员会根据预算执行情况对企业进行预算考核，主要是对企业绩效进行考核，建立健全预算考核制度，将考核结果纳入考核体系中，做到奖罚分明。

企业进行预算考核的目的是更好地实现企业战略和预算目标，所以应该对各预算执行单位的行为进行引导，避免企业的短期行为损害企业的整体利益。预算考核必须公开透明。企业可以按季度考核、半年度考核，或者进行不定期的考核，遇到特殊情况特殊处理。预算考核要有利于企业总体目标的实现和价值的最大化。

思考题

① 企业预算管理的特征有哪些？预算管理怎样分类？
② 企业的预算编制方法有哪些？如何理解这些编制方法？
③ 企业经营预算如何编制？
④ 企业财务预算如何编制？
⑤ 企业预算怎样执行、分析与考核？

第 5 章

筹资管理基础

学习目标

① 了解筹资的渠道与方式,以及筹资的种类。
② 掌握债务筹资的筹集方式及特点。
③ 掌握股权筹资的筹集方式及特点。
④ 掌握混合筹资的筹集方式及特点。

5.1 筹资管理概述

5.1.1 筹资的目的与要求

筹资活动是企业生存与发展的基本前提。没有资金,企业将难以生存,也不可能发展。企业筹资,是指企业为了满足经营活动、投资活动、资本结构管理和其他需要,运用一定的筹资方式,通过一定的筹资渠道,筹措和获取所需资金的一种财务行为。

(1) 企业筹资的目的

① 创立性筹资动机:企业为取得资本金并形成开展经营活动的基本条件而产生的筹资动机,如用于购置厂房设备、招聘人员等。

② 支付性筹资动机:企业为满足经营活动的正常波动需求,维持企业的支付能力而产生的筹资动机,如用于购买原材料产生的大额支付、员工工资的集中发放、银行借款的提前偿还、股东股利的发放等。

③ 扩张性筹资动机:企业为扩大经营规模或因对外投资需要而产生的筹资动机。具有良好发展前景、处于成长期的企业,往往会产生扩张性的筹资动机。扩张性筹资的直接结果,往往是企业资产总规模的增加和资本结构的明显变化。

④ 调整性筹资动机:企业为调整资本结构而产生的筹资动机。资本结构调整的目的在

于降低资本成本，控制财务风险，使企业价值最大化。企业产生调整性筹资动机的具体原因大致有两个：一是优化资本结构，合理利用财务杠杆效应；二是偿还到期债务，债务结构内部调整。

（2）企业筹资的要求

① 筹资与投资相结合，提高筹资效益。企业在筹资过程中，无论通过何种渠道、采用何种方式，都应预先确定资金的需要量，使筹资量与需要量相互平衡。同时还应考虑投资活动在时间上的需要，科学地测算企业未来资金流入量和流出量，确定合理的投放时机，防止因资金不足而影响生产经营活动的正常开展，也尽量避免因筹资过剩而造成资金闲置，降低资金效益。

② 合理选择筹资渠道和方式，力求降低资本成本。企业筹资的方式有多种，每一种方式又可通过多条渠道筹集资金，但不论采用什么方式、通过什么渠道筹集和占用资金，总要付出代价，因此，在筹资时必须对各种筹资方式、各条筹资渠道进行选择、比较，不断优化资金来源结构，力求使资本成本降至最低水平。

③ 适当安排自有资金比例，正确运用负债经营。企业全部资金包括自有资金和借入资金两部分，即所有者权益资金和负债资金。企业在筹资时，必须使自有资金与借入资金保持合理的结构关系，防止负债过多而增加财务风险，增加偿债压力，也不能因怕风险而放弃利用债务，造成自有资金的收益水平降低。

5.1.2 筹资管理的原则

企业筹资是企业的基本活动。企业要在严格遵守国家法律法规的基础上，分析影响筹资的各种因素，权衡资金的性质、成本和风险，合理选择筹资方式。

（1）合法性原则

合法性原则是指企业筹资要遵循国家法律法规，合法筹措资金。不论是直接筹资还是间接筹资，企业最终都通过筹资行为向社会获取了资金。企业的筹资活动不仅为自身的生产经营提供了资金来源，也会影响投资者的经济利益，影响着社会经济秩序。企业的筹资行为和筹资活动必须遵循国家的相关法律法规，依法履行法律法规和投资合同约定的责任，合法合规筹资，依法披露信息，维护各方的合法权益。

（2）合理性原则

合理性原则是指要根据生产经营及其发展的需要，合理安排资金需求。企业筹集资金，要合理预测、确定资金的需要量。筹资规模与资金需要量应当匹配一致，既要避免因筹资不足，影响生产经营的正常进行，又要防止筹资过多，造成资金闲置。

（3）及时性原则

及时性原则是指要合理安排筹资时间，适时取得资金。企业筹集资金，需要合理预测、确定需要资金的时间。要根据资金需求的具体情况，合理安排资金的筹集到位时间，使筹资与用资在时间上相衔接。既避免过早筹集资金形成的资金投放前的闲置，又防止取得资金的时间滞后，错过资金投放的最佳时间。

（4）效益原则

效益原则是指要充分利用各种筹资渠道，选择经济、可行的资金来源。企业所筹集的资金都要付出资本成本的代价，进而给企业的资金使用提出了最低报酬要求。不同筹资渠道和方式所取得的资金,其资本成本各有差异。企业应当在考虑筹资难易程度的基础上,针对不同来源资金的成本,认真选择筹资渠道,并选择经济、可行的筹资方式,力求降低筹资成本。

5.1.3 筹资渠道与方式

(1) 筹资渠道

筹资渠道是指企业筹措资金的方向与通道,体现着资金的来源与流量。现阶段我国企业筹集资金的渠道主要有以下几种。

① 国家财政资金。国家财政资金是指国家以财政拨款、财政贷款、国有资产入股等形式向企业投入的资金。它是我国国有企业的主要资金来源。

② 银行信贷资金。银行信贷资金是指商业银行和专业银行贷给企业使用的资金,是企业一项十分重要的资金来源。

③ 非银行金融机构资金。非银行金融机构是指各种从事金融业务的非银行机构,如信托投资公司、租赁公司等。非银行金融机构的资金实力虽然较银行小,但它们的资金供应比较灵活,而且可以提供多种特定服务。该渠道已成为企业资金的重要来源。

④ 其他企业和非营利组织资金。其他企业或非营利组织,如各种基金会、各社会团体等,在组织生产经营活动或其他业务活动中,有一部分暂时或长期闲置的资金。企业间的相互投资和短期商业信用,使其他企业资金也成为企业资金的一项重要来源。

⑤ 职工和民间资金。随着我国经济的发展,人民生活水平不断提高,职工和民间资金作为"游离"于银行及非银行金融机构的社会资金,可用于对企业进行投资。

⑥ 企业自留资金。企业自留资金是指企业内部形成的资金,包括从税后利润中提取的盈余公积和未分配利润,以及通过计提折旧费而形成的固定资产更新改造资金。这些资金的主要特征是无须通过一定的方式去筹集,而是直接由企业内部自动生成、转移。

⑦ 外商资金。外商资金是指外国投资者及我国香港、澳门、台湾地区投资者投入的资金。随着国际经济业务的拓展,利用外商资金已成为企业筹资的一个新的重要方式。

(2) 筹资方式

筹资方式是指企业筹措资金所采用的具体形式。如何选择合适的筹资方式并进行有效的组合,以降低成本、提高筹资效益,成为企业筹资管理的重要内容。目前我国企业的筹资方式主要有:吸收直接投资、发行股票、银行借款、发行债券、商业信用和融资租赁等。

5.1.4 筹资分类

企业筹集资金,按照不同的分类标准,可分为不同的筹资类别。

(1) 股权筹资、债务筹资及混合筹资

按企业所取得资金的权益特性不同,企业筹资分为股权筹资、债务筹资及混合筹资。

股权资本是股东投入的、企业依法长期拥有且能够自主调配运用的资本。在企业持续经营期间,投资者不得抽回股权资本,因而也称之为企业的自有资本。股权资本是企业从事生产经营活动和偿还债务的基本保证,是代表企业基本资信状况的一个主要指标。企业的股权资本通过吸收直接投资、发行股票、内部积累等方式取得。股权资本一般不用偿还本金,形成了企业的永久性资本,因而财务风险较小,但付出的资本成本相对较高。

债务资本是企业按合同向债权人取得的,在规定期限内需要清偿的债务。企业通过债务筹资形成债务资本,债务资本通过向金融机构借款、发行债券、融资租赁等具体方式取得。由于债务资本到期要还本金并支付利息,债权人对企业的经营状况不承担责任,因而债务资本具有较大的财务风险,但付出的资本成本相对较低。从经济意义上来说,债务资金是债权人对企业的一种投资,债权人依法享有企业使用债务资本所取得的经济利益,因而债务资本形成了企业的债权人权益。

混合筹资,同时具有股权与债务筹资性质。我国上市公司目前最常见的混合筹资方式是发行可转换债券和发行认股权证。

(2) 直接筹资与间接筹资

按是否借助于金融机构来获取社会资金,企业筹资分为直接筹资和间接筹资。

直接筹资,是企业直接与资金供应者协商融通资金的筹资活动。直接筹资不需要通过金融机构来筹措资金,是企业直接从社会取得资金的方式。直接筹资的方式主要有发行股票、发行债券、吸收直接投资等。直接筹资方式既可以筹集股权资金,也可以筹集债务资金。相对来说,直接筹资的筹资手续比较复杂,筹资费用较高;但筹资领域广,能够直接利用社会资金,有利于提高企业的知名度。

间接筹资,是企业借助于银行和非银行金融机构而筹集资金。间接筹资的基本方式是银行借款,此外还有融资租赁等方式。间接筹资形成的主要是债务资金,主要用于满足企业资金周转的需要。间接筹资手续相对比较简便,筹资效率高,筹资费用较低,但容易受金融政策的制约和影响。

(3) 内部筹资与外部筹资

按资金的来源范围不同,企业筹资分为内部筹资和外部筹资两种类型。

内部筹资是指企业通过利润留存而形成的筹资方式。内部筹资数额大小主要取决于企业可分配利润的多少和利润分配政策,一般无须花费筹资费用,从而降低了资本成本。

外部筹资是指企业向外部筹措资金而形成的筹资方式。

对处于初创期的企业,内部筹资的可能性是有限的;对处于成长期的企业,内部筹资往往难以满足需要。这就需要企业广泛地开展外部筹资,如发行股票、债券,取得商业信用、银行借款等。企业向外部筹资大多需要花费一定的筹资费用,从而提高了筹资成本。

(4) 长期筹资与短期筹资

按所筹集资金的使用期限不同,企业筹资分为长期筹资和短期筹资两种类型。

长期筹资是指企业筹集使用期限在1年以上(不含1年)的资金。长期筹资的目的主要在于形成和更新企业的生产和经营能力,或扩大企业生产经营规模,或为对外投资筹集资金。长期筹资通常采取吸收直接投资、发行股票、发行债券、长期借款、融资租赁等方式,所形成的长期资金主要用于购建固定资产、形成无形资产、进行对外长期投资、垫支流动资金、产品和技术研发等。从资金权益性质来看,长期资金可以是股权资金,也可以是债务资金。

短期筹资是指企业筹集使用期限在1年以内(含1年)的资金。短期资金主要用于企业的流动资产和资金日常周转,一般在短期内需要偿还。短期筹资经常利用商业信用、短期借款、保理业务等方式。

5.2 债务筹资

5.2.1 长期借款

长期借款是指企业向银行或非银行金融机构取得的、偿还期限在一年以上（不含一年）的借款。

(1) 长期借款的种类

按借款有无担保分为信用贷款和抵押贷款。信用贷款是指不要求借款企业以实物抵押作担保，仅凭借款企业的信誉或借款担保人的信誉所发放的贷款。抵押贷款是指要求借款企业以实物资产作抵押而取得的贷款。通常作为抵押品的实物资产主要是不动产，如房屋、机器设备、原材料、库存商品等。若借款企业到期无力归还贷款，银行则有权取消企业对抵押品的赎回权，并有权作出变现等处理，以所得款项还款。

按提供借款的机构分为政策性银行贷款、商业银行贷款、保险公司贷款等。政策性银行贷款一般由办理国家政策性贷款业务的银行向企业发放。如国家开发银行主要为满足企业承建国家重点建设项目的资金需要提供贷款；进出口信贷银行则为大型设备的进出口提供买方或卖方信贷。商业银行贷款是指由银行向企业提供的贷款。这类贷款主要为满足企业建设性项目的资金要求。企业对贷款有自我决策权。保险公司贷款是指由保险公司向企业提供的贷款，期限一般比银行贷款长，但利率高，对贷款对象的选择也较严格。此外，信托投资公司、财务公司等也向企业提供各种中长期贷款等。

按借款用途分为固定资产投资借款、更新改造借款、科技开发和新产品借款。

(2) 长期借款的条件

① 独立核算、自负盈亏、有法人资格。

② 经营方向和业务范围符合国家产业政策，借款用途属于银行贷款相关办法规定的范围。

③ 借款企业具有一定的物资和财产保证，担保单位具有相应的经济实力。

④ 具有偿还贷款的能力。

⑤ 财务管理和经济核算制度健全，资金使用效益和企业经济效益良好。

⑥ 在银行设有账户，办理结算。

具备上述条件的企业，可向银行申请取得长期借款。

(3) 长期借款合同的内容

借款合同是规定借贷当事双方权利和义务的契约，具有法律约束力。当事双方必须严格遵守合同条款，履行合同规定的义务。

借款合同的基本条款：①贷款种类；②借款用途；③借款金额；④借款利率；⑤借款期限；⑥还款资金来源及还款方式；⑦保证条款。

借款合同的限制条款：①定期提交财务报表；②保持存货储备量；③及时清偿债务，以防止受罚损失；④不准以资产作为其他承诺的担保或抵押；⑤不准贴现应收票据或出售应收账款，以避免或有负债等。

一般性保护条款是对企业资产的流动性及偿债能力等方面的要求条款,这类条款应用于大多数借款合同。主要内容有:

① 保持企业的资产流动性:要求企业持有一定最低额度的货币资金及其他流动资产,以保持企业资产的流动性和偿债能力,一般规定了企业必须保持的最低营运资金数额和最低流动比率数值;

② 限制企业非经营性支出:限制支付现金股利、购入股票和职工加薪的数额与规模,以减少企业资金的过度外流;

③ 限制企业资本支出的规模:控制企业资产结构中的长期性资产的比例,以减少企业日后不得不变卖固定资产以偿还贷款的可能性;

④ 限制企业再举债规模:防止其他债权人取得对企业资产的优先索偿权;

⑤ 限制企业的长期投资:企业不准投资于短期内不能收回资金的项目,不能未经银行等债权人同意而与其他企业合并等。

特殊性保护条款:这类条款是针对特殊情况而出现在部分借款合同中的条款,只有在特殊情况下才能生效。主要内容有:①要求企业的主要领导人购买人身保险;②借款的用途不得改变;③违约惩罚条款等。

(4) 长期借款筹资的特点

① 筹资速度快:与发行公司债券、融资租赁等其他债务筹资方式相比,银行借款的程序相对简单,所花时间较短,企业可以迅速获得所需资金。

② 资本成本较低:利用银行借款筹资,利息负担一般都比发行债券和融资租赁要低。而且,无须支付证券发行费用、租赁手续费用等筹资费用。

③ 筹资弹性较大:在借款之前,企业根据当时的资本需求与银行等贷款机构直接商定贷款的时间、数量和条件。在借款期间,若企业的财务状况发生某些变化,也可与债权人再协商,变更借款数量、时间和条件,或提前偿还本息。因此,借款筹资对企业而言具有较大的灵活性,短期借款更是如此。

④ 限制条款多:与发行公司债券相比较,银行借款合同对借款用途有明确规定,通过借款的保护性条款,对企业资本支出额度、再筹资、股利支付等行为有严格的约束,以后企业的生产经营活动和财务预算必将受到一定程度的影响。

⑤ 筹资数额有限:银行借款的数额往往受到贷款机构资本实力的制约,难以像发行公司债券、股票那样一次筹集到大笔资金,无法满足公司大规模筹资的需要。

5.2.2 发行公司债券

发行公司债券是企业筹集债务资金的重要途径。公司债券是指企业依照法定程序发行,约定在一定期限还本付息的有价证券。

(1) 发行条件

① 股份有限公司的净资产不低于人民币 3 000 万元,有限责任公司的净资产不低于人民币 6 000 万元;

② 累计债券余额不超过公司净资产的 40%;

③ 最近 3 年平均分配利润足以支付公司债券 1 年的利息;

④ 筹集的资金投向符合国家产业政策;

⑤ 债券的利率不超过国务院限定的利率水平;
⑥ 国务院规定的其他条件。

(2) 公司债券的种类

公司债券的种类很多,发行企业可根据需要和可能合理选择债券的种类。债券按是否记名,可分为记名债券和无记名债券;按能否转换为公司股票,可分为可转换债券和不可转换债券;按是否上市流通,可分为上市债券和非上市债券;按偿还期限的长短,可分为长期债券和短期债券;按支付利息的形式不同,可分为固定利息债券、浮动利息债券和贴息债券;按发行的保证条件不同,可分为抵押债券、担保债权和信用债券。

(3) 公司债券的发行价格

公司债券的发行价格是指发行企业将债券出售给投资者时所采用的价格,在金额上等于投资者购买债券时所支付的款项。影响债券发行价格的因素有以下四个:

① 债券面值。债券面值是影响债券发行价格的基本因素。面值越大,发行价格就越高;反之则越低。

② 债券利率。债券利率是在债券票面上标明的利率,它是发行公司按期支付给投资者的利息与票面金额的比率。一般来说,债券利率越高,发行价格就越高;反之则越低。

③ 市场利率。债券发行时的市场利率与债券利率往往是不相等的,因为债券利率是债券发行者在债券票面上标明的利率。市场利率和债券利率都影响债券的发行价格,但效果相反。市场利率高于债券利率,债券价格就低;市场利率低于债券利率,债券价格就高。

④ 债券期限。债券期限越长,投资者的投资风险就越大,债券的发行价格与面值的差额越大;债券的期限越短,投资者的投资风险就越小,债券的发行价格与面值的差额越小。所以,债券到期日越近,价格就越接近票面值。

由于以上因素的影响,公司债券的发行价格有溢价、折价和平价三种形式。溢价是指以高于债券票面金额的价格作为债券的发行价格;折价是指以低于债券票面金额的价格作为债券的发行价格;平价是指以债券的票面金额作为债券的发行价格。

(4) 发行公司债券筹资的特点

① 一次筹资数额大。

利用发行公司债券筹资能够筹集大额的资金,满足企业大规模筹资的需要。这是与银行借款、融资租赁等债务筹资方式相比,企业选择发行公司债券筹资的主要原因。

② 筹集资金的使用限制条件少。

与银行借款相比,发行债券筹集的资金在使用上具有相对灵活性和自主性。特别是发行债券所筹集的大额资金,能够用于流动性较差的长期资产上。从资金使用的性质来看,银行借款期限短,主要用于增加存货或增加小型设备等;若时间较长、额度较大,用于满足公司扩张、增加大型固定资产和基本建设投资的需求,多采用发行债券方式筹资。

③ 资本成本负担较高。

相对于银行借款筹资,发行公司债券的利息负担和筹资费用都比较高。债券不能像银行借款一样进行展期,加上大额的本金和较高的利息,在固定的到期日将会对公司现金流量产生巨大的压力。不过尽管公司债券的利息比银行高,但公司债券的期限长,利率相对稳定。在预计市场利率持续上升的金融市场环境下,发行公司债券筹资能够锁定资本成本。

④ 提高公司的社会声誉。

公司债券的发行主体有严格的资格限制。发行公司债券的主体往往是股份有限公司和有实力的有限责任公司。通过发行公司债券,一方面筹集了大量资金,另一方面也扩大了公司的社会影响。

5.2.3 融资租赁

融资租赁是由租赁公司按承租单位要求出资购买设备,在较长的合同期内提供给承租单位使用的融资信用业务,它是以融通资金为主要目的的租赁。融资租赁的主要特点是:

① 出租的设备根据承租企业提出的要求购买,或者由承租企业直接从制造商或销售商那里选定;

② 租赁期较长,接近于资产的有效使用期,在租赁期间双方无权取消合同;

③ 由承租企业负责设备的维修、保养;

④ 租赁期满,按事先约定的方法处理设备,包括偿还给租赁公司或续租,或企业留购。通常采用企业留购办法,即以很低的"名义价格"(相当于设备残值)买下设备。

(1) 融资租赁的基本形式

直接租赁是融资租赁的主要形式,即承租方提出租赁申请时,出租方按照承租方的要求选购设备,然后再出租给承租方。

售后回租是指承租方由于急需资金等各种原因,将自己资产出售给出租方,然后以租赁的形式从出租方原封不动地租回资产的使用权。在这种租赁合同中,除资产所有者的名义改变之外,其余情况均无变化。

杠杆租赁是指涉及承租人、出租人和资金出借人三方的融资租赁业务。一般来说,当所涉及的资产价值昂贵时,出租方自己只投入部分资金,通常为资产价值的 20%~40%,其余资金则通过将该资产抵押担保的方式,向第三方(通常为银行)申请贷款解决。然后,租赁公司将购进的设备出租给承租方,用收取的租金偿还贷款,该资产的所有权属于出租方。出租人既是债权人也是债务人,如果出租人到期不能按期偿还借款,资产所有权则转移给资金的出借者。

(2) 融资租赁的租金计算

① 租金的构成。融资租赁每期租金的多少,取决于以下三项因素:

a. 设备原价及预计残值,包括设备买入价、运输费、安装调试费、保险费等,以及该设备租赁期满后出售可得的市价;

b. 利息,指租赁公司为承租企业购置设备垫付资金所应收取的利息;

c. 租赁手续费,指租赁公司承办租赁设备所发生的业务费用和必要的利润。

② 租金的支付方式。租金的支付有以下三种分类方式:按支付间隔期长短,分为年付、半年付、季付和月付等方式;按期初和期末支付,分为先付和后付;按每次支付额是否等额,分为等额支付和不等额支付。实务中,承租企业与租赁公司商定的租金支付方式大多为后付等额年金。

③ 租金的计算。我国融资租赁实务中,租金的计算大多采用等额年金法。等额年金法下,通常要根据利率和贷款手续费率确定一个租费率,作为折现率。

【例 5-1】 某企业于某年 1 月 1 日从租赁公司租入一台设备,价值 60 万元,期限为 6 年,期满时预计残值 5 万元,归租赁公司。年利率为 8%,租赁手续费率每年 2%。租金每年年末支付一次,则每年租金多少元?

【解】 每年租金＝[600 000－50 000(P/F,10％,6)]/(P/A,10％,6)≈131 283(元)

(3) 融资租赁的筹资特点

① 无需大量资金就能迅速获得所需资产。

在资金缺乏情况下，通过融资租赁能迅速获得所需资产。融资租赁将"融资"与"融物"结合在一起，使企业在资金短缺的情况下引进设备成为可能。特别是对于中小企业、新成立企业而言，融资租赁是一条重要的融资途径。大型企业的大型设备、工具等固定资产，也常通过融资租赁方式解决对巨额资金的需求，如航空公司的飞机大多是通过融资租赁获取的。

② 债务风险小，财务优势明显。

融资租赁与购买时的一次性支出相比，能够免除一次性支付的负担，而且租金支出是未来的、分期的，企业无须一次融入大量资金偿还。还款时，租金可以通过项目本身产生的收益来支付。

③ 筹资的限制条件较少。

企业运用股票、债券、长期借款等筹资方式，都受到相关资格条件的限制，如足够的抵押品、银行贷款的信用标准、政府对发行债券的管制等。相比之下，融资租赁筹资的限制条件很少。

④ 租赁能延长资金融通的期限。

通常为购置设备而贷款的借款期限比该资产的物理寿命要短得多，而融资租赁的融资期却可接近其全部使用寿命；并且其金额随设备价款金额而定，无融资额度的限制。

⑤ 资本成本负担较高。

融资租赁的租金通常比银行借款或发行债券所负担的利息高得多，租金总额通常要比设备价值高出30％。尽管与借款方式相比，融资租赁能够避免到期一次性集中偿还的压力，但高额的固定租金也给各期的经营带来了负担。

5.3 股权筹资

股权筹资是企业最基本的筹资方式，它包括吸收直接投资、发行股票和利用留存收益等基本形式。

5.3.1 吸收直接投资

吸收直接投资，是企业按照"共同经营、共担风险、共享收益"的原则，吸收国家、法人、个人和外商资金的一种筹资方式。吸收直接投资是非股份制企业筹集资本的基本方式。采用吸收直接投资方式的企业，资本不分为等额股份，不必公开发行。吸收直接投资的实际出资中，注册资本部分形成实收资本；超过注册资本的部分属于资本溢价，形成资本公积。

(1) 吸收直接投资的出资方式

以货币资产出资是吸收直接投资中最重要的出资方式。企业有了货币资产，便可以获取其他物质资源，支付各种费用，满足企业创建开支和随后的日常周转需要。我国《公司法》规定：股东以货币出资的，应当将货币出资足额存入有限责任公司在银行开设的账户。

以实物出资是指投资者以房屋、建筑物、设备等固定资产，和材料、燃料、产品等流动资产所进行的投资。以实物出资应符合以下条件：①适合企业生产、经营、研发等活动的需要；②技术性能良好；③作价公平合理。以实物出资中，实物的作价可以由出资各方协商确定，也可以聘请专业资产评估机构评估确定。国有及国有控股企业接受其他企业的非货币资产出资，必须委托有资格的资产评估机构进行资产评估。

以土地所有权出资。土地使用权是指土地经营者对依法取得的土地在一定期限内有进行经营或其他活动的权利。企业吸收土地使用权投资时应符合以下条件：①适合企业生产、经营、研发等活动的需要；②地理、交通条件便利；③作价公平合理。

以工业产权出资。工业产权通常是指专有技术、商标权、专利权、非专利技术等无形资产。投资者以工业产权出资时应符合以下条件：①有助于企业研究、开发和生产出新的高科技产品；②有助于企业提高生产效率，改进产品质量；③有助于企业降低能源等各种消耗；④作价公平合理。吸收工业产权等无形资产出资的风险较大，因为以工业产权投资，实际上是把技术转化为资本，使技术的价值固定化，而技术具有强烈的时效性，会因其不断老化落后而导致实际价值不断减少甚至完全丧失。

以特定债权出资。特定债权，是指企业依法发行的可转换债券，以及按照国家有关规定可以转作股权的债权。在实践中，企业可以将特定债权转为股权的情形主要有：①上市公司依法发行的可转换债券；②金融资产管理公司持有的国有及国有控股企业债权；③企业实行公司制改建时，经银行以外的其他债权人协商同意，可以按照有关协议和企业章程的规定，将其债权转为股权；④根据《利用外资改组国有企业暂行规定》，国有企业的境内债权人将持有的债权转给外国投资者，企业通过债转股改组为外商投资企业；⑤按照《企业公司制改建有关国有资本管理与财务处理的暂行规定》，国有企业改制时，账面原有应付工资余额中应发职工工资部分，在符合国家政策、职工自愿的条件下，依法扣除个人所得税后可转为个人投资；未退还职工的集资款也可转为个人投资。

（2）吸收直接投资的筹资特点

① 能够尽快形成生产能力。

通过吸收直接投资不仅可以取得一部分账面资金，还能够直接获得所需的先进设备和技术，尽快形成生产经营能力。

② 容易进行信息沟通。

吸收直接投资的投资者比较单一，股权没有社会化、分散化，投资者还可以直接担任公司的管理职务，公司易于与投资者进行沟通。

③ 资本成本较高。

相对于股票筹资方式来说，吸收直接投资的资本成本较高。但与发行股票相比，吸收直接投资的手续比较简便，筹资费用较低。

④ 不易进行产权交易。

吸收直接投资的资本由于没有以证券为媒介，不利于产权交易，难以进行产权转让。

5.3.2 发行股票

股票是股份有限公司为筹措股权资本而发行的有价证券，是公司签发的证明股东持有公司股份的凭证。股票作为一种所有权凭证，代表着对发行公司净资产的所有权。股票只能由股份有限公司发行。

(1) 股票的种类

按股东权利和义务，股票分为普通股股票和优先股股票。普通股股票简称普通股，是公司发行的、代表股东享有平等的权利并承担同等的义务、不加特别限制的、股利不固定的股票。普通股是最基本的股票。优先股股票简称优先股，是公司发行的相对于普通股具有一定优先权利的股票。其优先权利主要表现在股利分配优先权和获取剩余财产优先权上，但参与公司决策管理等权利受到限制。

按有无记名，股票分为记名股票和无记名股票。记名股票是在股票票面上记载有股东姓名或将名称记入公司股东名册的股票；无记名股票不登记股东名称，公司只记载股票数量、编号及发行日期。《公司法》规定：公司向发起人、国家授权投资机构、法人发行的股票为记名股票；向社会公众发行的股票，可以是记名股票，也可以是无记名股票。

按票面是否标明金额，股票分为面值股票和无面值股票。面值股票是在票面上标明金额的股票。持有这种股票的股东，对公司享有的权利和承担的义务以其所持股票票面金额占公司发行在外的总面值的比例而定。无面值股票是不在票面上标明金额，但在票面上载明所占公司股本总额的比例或股份数的股票。无面值股票的股东对公司享有的权利和承担的义务，直接由股票标明的比例或股份而定。

(2) 股票的发行方式

① 公开发行。公开发行股票，是指股份公司通过中介机构向社会公众公开发行股票。采用募集设立方式成立的股份有限公司向社会公开发行股票时，必须由有资格的证券经营中介机构，如证券公司、信托投资公司等承销。上市公司公开发行股票，方式包括增发和配股两种。增发是指上市公司向社会公众发售股票的再融资方式；配股是指上市公司向原有股东配售股票的再融资方式。公开发行股票的发行范围广，发行对象多，易于足额筹集资本；公开发行股票还有利于提高公司的知名度，扩大其影响力。但公开发行方式审批手续复杂严格，发行成本高。

② 非公开发行。非公开发行股票是指股份公司只向少数特定对象发行股票，一般不需要中介机构承销。用发起设立方式成立和向特定对象发行新股方式的股份有限公司，向发起人和特定对象发行股票，采用直接将股票销售给认购者的自销方式。这种发行方式弹性较大，企业能控制股票的发行过程，节省发行费用；但发行范围小，不易及时足额筹集资本，发行后股票的变现性差。

(3) 股票的发行价格

股票的发行价格是指股份有限公司出售新股票的价格。在确定股票发行价格时，可以按平价发行，也可以溢价发行，但不得以低于票面金额的价格发行。上市公司股票的发行价格的高低受市场机制的影响较大，取决于公司的投资价值和供求关系的变化。

(4) 股票的上市交易

公司股票上市的目的是多方面的，主要包括：

① 便于筹措新资金。证券市场是一个资本商品的买卖市场，证券市场上有众多的资金供应者。同时，股票上市经过了政府机构的审查批准并接受严格的管理，执行股票上市和信息披露的规定，容易吸引社会资本投资者。另外，公司上市后，还可以通过增发、配股、发行可转换债券等方式进行再融资。

② 促进股权流通和转让。股票上市后便于投资者购买，提高了股权的流动性和股票的

变现力，便于投资者认购和交易。

③ 便于确定公司价值。股票上市后，公司股价有市价可循，便于确定公司的价值。对于上市公司来说，即时的股票交易行情就是对公司价值的市场评价。

股票上市对公司的不利影响主要有：上市成本较高，手续较严格；公司将负担较高的信息披露成本；信息公开的要求可能会暴露公司商业机密；股价有时会歪曲公司的实际情况，影响公司声誉；可能会分散公司的控制权，造成管理上的困难。

（5）发行普通股股票的筹资特点

① 两权分离，有利于公司自主经营管理。公司通过对外发行股票筹资，公司的所有权与经营权相分离，分散了公司控制权，有利于公司自主管理、自主经营。普通股筹资的股东众多，公司日常经营管理事务主要由公司的董事会和经理层负责。但公司的控制权分散，公司也容易被经理人控制。

② 资本成本较高。股票筹资比债务筹资的成本高，这是因为：

a. 对投资者来说，投资于普通股得不到固定的收益，而且除普通股依法转让以外不能要求收回本金，当公司发生亏损、破产、清算时还要以投资额比例承担有限责任，投资风险很大。因此，投资者通过普通股投资一般要求得到较高的收益率，这就增加了筹资公司的资本成本。

b. 股利由净利润支付，企业净利润是利润总额扣除企业所得税后的部分，筹资公司得不到抵减税款的好处。

c. 普通股的发行手续复杂，发行费用一般比其他筹资方式都高。

③ 能提高公司的社会声誉，促进股权流通和转让。用普通股筹资，股东的大众化为公司带来了广泛的社会影响。特别是上市公司，其股票的流通性强，有利于市场确认公司的价值。普通股筹资以股票作为媒介，便于股权的流通和转让，便于吸收新的投资者。

④ 不易及时形成生产能力。普通股筹资吸收的一般都是货币资金，还需要通过购置和建造固定资产等形成生产经营能力。相对于吸收直接投资方式来说，不易及时形成生产能力。

5.3.3 利用留存收益

企业通过合法有效经营所实现的税后利润，都属于企业的所有者。企业将本年度的利润部分甚至全部留存下来的原因很多，主要包括：

第一，法律法规从保护债权人利益和要求企业可持续发展等角度出发，限制企业将利润全部分配出去。《公司法》规定，企业每年的税后利润中必须提取10%的法定盈余公积金。

第二，企业基于自身的扩大再生产和筹资需求，也会将一部分利润留存下来。

（1）留存收益的筹资途径

盈余公积金，是指有指定用途的留存净利润，其提取基数是抵减年初累计亏损后的本年净利润。盈余公积金主要用于企业未来的经营发展，经投资者审议后也可以用于转增股本（实收资本）和弥补以前年度经营亏损。盈余公积金不得用于以后年度的对外利润分配。

未分配利润，是指未限定用途的留存净利润。未分配利润有两层含义：第一，这部分净利润本年没有分配给公司的股东或投资者；第二，这部分净利润未指定用途，可以用于企业未来经营发展、转增资本（实收资本）、弥补以前年度经营亏损、以后年度利润分配。

（2）利用留存收益筹资的特点

① 不用发生筹资费用。与普通股筹资相比较，利用留存收益筹资不需要发生筹资费用，成本较低，维持公司的控制权分布。利用留存收益筹资，不用对外发行新股或吸收新投资者，由此增加的权益资本不会改变公司的股权结构，不会稀释原有股东的控制权。

② 筹资数有限。留存收益的最大数额是企业当期的净利润和以前年度未分配利润之和，不像外部筹资那样一次性可以筹集大量资金。

5.4 混合筹资

5.4.1 优先股筹资

我国《公司法》没有关于优先股的规定。国务院在 2013 年 11 月 30 日发布了《国务院关于开展优先股试点的指导意见》，证监会在 2014 年 3 月 21 日发布了《优先股试点管理办法》（后经多次修订），这两项规定是我国目前关于优先股筹资的主要规范。按照我国《优先股试点管理办法》，上市公司可以发行优先股，非上市公众公司可以非公开发行优先股。本书重点探讨上市公司优先股的发行。

（1）上市公司发行优先股的一般条件

① 最近 3 个会计年度实现的年均可分配利润应当不少于优先股 1 年的股息。

② 最近 3 年现金分红情况应当符合公司章程及中国证监会的有关监管规定。

③ 报告期不存在重大会计违规事项。公开发行优先股，最近 3 年财务报表被注册会计师出具的审计报告应当为标准审计报告或带强调事项段的无保留意见的审计报告；非公开发行优先股，最近 1 年财务报表被注册会计师出具的审计报告为非标准审计报告的，所涉及事项对公司无重大不利影响或者在发行前重大不利影响已经消除。

④ 已发行的优先股不得超过公司普通股股份总数的 50%，且筹资金额不得超过发行前净资产的 50%，已回购、转换的优先股不纳入计算。

（2）上市公司公开发行优先股的特别规定

上市公司公开发行优先股，应当符合以下情形之一：

① 其普通股为上证 50 指数成分股；

② 以公开发行优先股作为支付手段收购或吸收合并其他上市公司；

③ 以减少注册资本为目的回购普通股的，可以公开发行优先股作为支付手段，或者在回购方案实施完毕后，可公开发行不超过回购减资总额的优先股；

④ 中国证监会核准公开发行优先股后不再符合第①项情形的，上市公司仍可实施本次发行。

上市公司公开发行优先股，应当在公司章程中规定以下事项：

① 采取固定股息率；

② 在有可分配税后利润的情况下必须向优先股股东分配股息；

③ 未向优先股股东足额派发股息的差额部分应当累积到下一会计年度；

④ 优先股股东按照约定的股息率分配股息后，不再同普通股股东一起参加剩余利润

分配；

⑤ 上市公司公开发行优先股的，可以向原股东优先发售；

⑥ 最近 36 个月内因违反工商、税收、土地、环保、海关法律、行政法规或规章，受到行政处罚且情节严重的，不得公开发行优先股；

⑦ 公司及其控股股东或实际控制人最近 12 个月内应当不存在违反向投资者作出的公开承诺的行为。

（3）其他规定

优先股发行价格和票面股息率应当公允、合理，不得损害股东或其他利益相关方的合法利益，发行价格不得低于优先股票面金额。

公开发行优先股的价格或票面股息率以市场询价或证监会认可的其他公开方式确定。非公开发行优先股的票面股息率不得高于最近两个会计年度的年均加权平均净资产收益率。

上市公司不得发行可转换为普通股的优先股。但商业银行可根据商业银行资本监管规定，非公开发行触发事件发生时强制转换为普通股的优先股，并遵守有关规定。

上市公司非公开发行优先股仅向规定的合格投资者发行，每次发行对象不得超过 200 人，且相同条款优先股的发行对象累计不得超过 200 人。发行对象为境外战略投资者的，还应当符合国务院相关部门的规定。

（4）交易转让及登记结算

优先股发行后可以申请上市交易或转让，不设限售期。公开发行的优先股可以在证券交易所上市交易。上市公司非公开发行的优先股可以在证券交易所转让，非上市公众公司非公开发行的优先股可以在全国中小企业股份转让系统转让，转让范围仅限合格投资者。交易或转让的具体办法由证券交易所或全国中小企业股份转让系统另行制定。

优先股交易或转让环节的投资者适当性标准应当与发行环节保持一致；非公开发行的相同条款优先股经交易或转让后，投资者不得超过 200 人。

中国证券登记结算公司为优先股提供登记、存管、清算、交收等服务。

（5）优先股的筹资成本

从投资者角度来看，优先股投资的风险比债券大。当企业面临破产时，优先股的求偿权低于债权人。在公司财务困难的时候，债务利息会被优先支付，优先股股利则在其次。因此，同一公司的优先股股东要求的必要报酬率比债权人的高。同时，优先股投资的风险比普通股低。企业面临破产时，优先股股东的求偿权优先于普通股股东。在公司分配利润时，优先股股息通常固定且优先支付，普通股股利只能最后支付。因此，同一公司的优先股股东要求的必要报酬率比普通股股东的低。

（6）优先股筹资的优缺点

① 优先股筹资的优点：与债券相比，不支付股利不会导致公司破产；没有到期期限，不需要偿还本金。

与普通股相比，发行优先股一般不会稀释股东权益。

② 优先股筹资的缺点：优先股股利不可以税前扣除，是优先股筹资的税收劣势；投资者购买优先股所获股利免税，是优先股筹资的税收优势。如果两者可以抵消，则使优先股股息率与债券利率趋于一致。

优先股的股利支付虽然没有法律约束，但是经济上的约束使公司倾向于按时支付其股利。因此，优先股的股利通常被视为固定成本，与负债筹资的利息没有什么差别，会增加公司的财务风险并进而增加优先股的成本。

与优先股类似,永续债作为具有一定权益属性的债务工具,也是一种混合筹资工具。虽然永续债具有一定的权益属性,但是其投资者并不能像普通股股东一样参与企业决策和股利分配。永续债持有者除公司破产等原因外,一般不能要求公司偿还本金,而只能定期获取利息。如果发行方出现破产重组等情形,从债务偿还顺序来看,大部分永续债偿还顺序在一般债券之后,普通股之前。

5.4.2 附认股权证债券筹资

(1) 认股权证的特征

认股权证是公司向股东发放的一种凭证,授权其持有者在一个特定期间以特定价格购买特定数量的公司股票。

① 认股权证与股票看涨期权的共同点:

a. 均以股票为标的资产,其价值随股票价格变动;

b. 均在到期前可以选择执行或不执行,具有选择权;

c. 均有一个固定的执行价格。

② 认股权证与股票看涨期权的区别:股票看涨期权执行时,其股票来自二级市场,而当认股权证执行时,股票是新发股票。认股权证的执行会引起股份数的增加,从而稀释每股收益和股价。股票看涨期权不存在稀释问题。标准化的期权合约,在行权时只是与发行方结清价差,根本不涉及股票交易。

股票看涨期权时间短,通常只有几个月。认股权证期限长,可以长达10年,甚至更长。布莱克-斯科尔斯模型假设没有股利支付,股票看涨期权可以适用。认股权证不能假设有效期限内不分红,5~10年不分红很不现实,不能用布莱克-斯科尔斯模型定价。

③ 发行认股权证的用途:在公司发行新股时,为避免原有股东每股收益和股权被稀释,给原有股东配发一定数量的认股权证,使其可以按优惠价格认购新股,或直接出售认股权证,以弥补新股发行的稀释损失。这是认股权证最初的功能。

作为奖励发给本公司的管理人员。所谓"奖励期权",其实是奖励认股权证,它与期权并不完全相同。有时,认股权证还作为奖励发给投资银行机构。

作为筹资工具,认股权证与公司债券同时发行,用来吸引投资者购买票面利率低于市场要求的长期债券。

(2) 附认股权证债券的筹资成本

附认股权证债券,是指公司债券附认股权证,持有人依法享有在一定期间按约定价格(执行价格)认购公司股票的权利,是债券加上认股权证的产品组合。通常,附认股权证债券可分为分离型与非分离型、现金汇入型与抵缴型。其中,分离型是指认股权证与公司债券可以分开,单独在流通市场上自由买卖;非分离型是指认股权证无法与公司债券分开,两者存续期限一致,同时流通转让,自发行至交易均合二为一,不得分开转让。非分离型附认股权证公司债券近似于可转债。现金汇入型指当持有人行使认股权利时,必须再拿出现金来认购股票;抵缴型则指公司债券票面金额本身可按一定比例直接转股,如现行可转换公司债的方式。把分离型、非分离型与现金汇入型、抵缴型进行组合,可以得到不同的产品类型。

下面以分离型附认股权证债券为例说明如何计算筹资成本。

【例 5-2】 A公司目前股价 25 元/股，预计公司未来股价可持续增长率为 6%。公司拟通过平价发行附认股权证债券筹集资金，债券面值为每份 1 000 元，期限 20 年，票面利率 8%；同时每份债券附送 20 张认股权证，认股权证在 10 年后到期，在到期前每张认股权证可以按 22 元的价格购买 1 股普通股。

附认股权证债券的筹资成本，可以用投资人的内含报酬率来估计。购买 1 张附认股权证债券的现金流量如下：

第 1 年年初，流出现金 1 000 元，用于购买债券和认股权证；

第 1 至第 20 年，每年利息流入 80 元；

第 10 年年末：

行权支出 = $22 \times 20 = 440$（元）

取得股票的市价 = $25 \times (1+6\%)^{10} \times 20 \approx 895.4$（元）

现金净流入 $\approx 895.4 - 440 = 455.4$（元）

第 20 年年末，取得归还本金 1 000 元。

投资者的期望报酬率，就是公司的税前资本成本。发行公司可承担这一较高的成本，以便及时取得所需资金。如果计算出的组合内含报酬率高于直接增发股份，发行公司就不会接受该方案。公司正是认为市场低估了自己的价值，才选择发行认股权证和债券组合。计算出的内含报酬率必须处在债务市场利率和税前普通股成本之间，才可以进行发行。

(3) 附认股权证债券筹资的优点和缺点

附认股权证债券筹资的主要优点是：发行附认股权证债券可以起到一次发行、二次融资的作用，而且可以有效降低融资成本。该债券的发行方主要是高速发展的小公司，这些公司有较高的风险，直接发行债券需要较高的票面利率。发行附认股权证债券，是以潜在的股权稀释为代价换取较低的利息。

附认股权证债券筹资的主要缺点是灵活性较差。相对于可转换债券，发行方一直都有偿还本息的义务，因无赎回和强制转股条款，从而在市场利率大幅降低时，发行方需要承担一定的机会成本。发行附认股权证债券的主要目的是发行债券而不是股票，是为了发债而附带期权。认股权证的执行价格，一般比发行时的股价高出 20%~30%。如果将来公司发展良好，股票价格会大大超过执行价格，原有股东也会蒙受较大损失。此外，附认股权证债券的承销费用通常高于债务融资。

5.4.3 可转换债券筹资

(1) 可转换债券的主要条款

可转换债券，是一种特殊的债券，它在一定期间依据约定的条件可以转换成普通股。可转换债券通常有以下主要条款：

可转换债券可以转换为特定公司的普通股。这种转换，在资产负债表上只是负债转换为普通股，并不增加额外的资本。认股权证与之不同，认股权会带来新的资本。这种转换是一种期权，证券持有人可以选择转换，也可选择不转换而继续持有债券。

可转换债券发行之时，明确了以怎样的价格转换为普通股，这一规定的价格就是可转换债券的转换价格（也称转股价格），即转换发生时投资者为取得普通股每股所支付的实际价格。转换价格通常比发行时的股价高出 20%~30%。

转换比率是债权人将一份债券转换成普通股可获得的普通股股数。可转换债券的面值、转换价格、转换比率之间存在下列关系:

$$转换比率=债券面值\div 转换价格$$

【例 5-3】 A 公司 2020 年发行了 15.8 亿元可转换债券,其面值为 1 500 元,年利率为 5.25%,2030 年到期。转换可以在到期前的任何时候进行,转换比率为 6.54。

转换价格=1 500/6.54≈229.36(元)

这就是说,为了取得 A 公司的 1 股,需要放弃金额为 229.36 元的债券。

转换期是指可转换债券可转换为股份的起始日至结束日。可转换债券的转换期,可以与债券的期限相同,也可以短于债券的期限。例如,某种可转换债券规定只能从其发行一定时间之后(如发行若干年之后)才能够行使转换权,这种转换期称为递延转换期,短于其债券期限。还有一些可转换债券规定只能在一定时间内(如发行日后的若干年之内)行使转换权,超过这一段时间则转换权失效,因此转换期也会短于债券的期限,这种转换期称为有限转换期。超过转换期后的可转换债券,不再具有转换权,自动成为不可转换债券(或普通债券)。

赎回条款是关于可转换债券的发行企业可以在债券到期日之前提前赎回债券的规定。赎回条款包括下列内容:

① 不可赎回期。不可赎回期是可转换债券从发行时开始不能被赎回的那段时期。例如,规定自发行日起两年之内不能由发行公司赎回,债券的前两年就是不可赎回期。设立不可赎回期的目的,在于保护债券持有人的利益,防止发行企业通过滥用赎回权,促使债券持有人尽早转换债券。不过,并不是每种可转换债券都设有不可赎回条款。

② 赎回期。赎回期是可转换债券的发行公司可以赎回债券的时期。赎回期安排在不可赎回期之后,不可赎回期结束之后,即进入可转换债券的赎回期。

③ 赎回价格。赎回价格是事前规定的发行公司赎回债券的出价。赎回价格一般高于可转换债券的面值,两者之差为赎回溢价。赎回溢价随债券到期日的临近而减少。

【例 5-4】 一种 20×3 年 1 月 1 日发行,面值 200 元,期限 7 年,不可赎回期为 3 年,赎回期为 2 年的可赎回债券,规定到期前 1 年(即 20×8 年)的赎回价格为 110 元,到期年度(即 20×9 年)的赎回价格为 105 元。

④ 赎回条件。赎回条件是对可转换债券发行公司赎回债券的情况要求,即需要在什么样的情况下才能赎回债券。赎回条件分为无条件赎回和有条件赎回。无条件赎回是在赎回期内发行公司可随时按照赎回价格赎回债券。有条件赎回是对赎回债券有一些条件限制,只有在满足了这些条件之后才能由发行公司赎回债券。发行公司在赎回债券之前,要向债券持有人发出通知,要求他们在将债券转换为普通股与卖给发行公司(即发行公司赎回)之间作出选择。一般而言,债券持有人会将债券转换为普通股。

⑤ 回售条款是在可转换债券发行公司的股票价格达到某种恶劣程度时,债券持有人有权按照约定的价格将可转换债券卖给发行公司的有关规定。回售条款具体包括回售时间、回售价格等内容。设置回售条款是为了保护债券投资人的利益,使他们能够避免遭受过大的投资损失,从而降低投资风险。合理的回售条款,可以使投资者具有安全感,因而有利于吸引投资者。

⑥ 强制性转换条款是在某些条件具备之后,债券持有人必须将可转换债券转换为股票,无权要求偿还债券本金的规定。设置强制性转换条款,是为了保证可转换债券顺利地转换成

股票，实现发行公司扩大权益筹资的目的。

(2) 可转换债券的筹资成本

可转换债券的持有者，同时拥有1份债券和1份股票的看涨期权。它与拥有普通债券和认股权证的投资组合基本相同，不同的只是为了执行看涨期权必须放弃债券。因此，可以先把可转换债券作为普通债券分析，然后再当作看涨期权处理，就可以完成其估值。纯债券价值是不含看涨期权的普通债券的价值，转换价值是债券转换成的股票价值。这两者决定了可转换债券的价格。下面举例说明其估计方法。

【例 5-5】 B公司发行可转换债券筹资 6 000 万元，每张可转换债券售价为 2 000 元，期限 20 年，票面利率 10%，转换比率 40，转换价格 50 元（＝可转换债券面值/转换比率＝2 000/40），年增长率 8%，当前期望股利为 2.8 元/股，当前股票市场价格为 35 元/股，等风险普通债券的市场利率（折现率）为 15%，公司的股权资本成本（期望股利/股价＋增长率＝2.8/35＋8%）为 16.00%，不可赎回期为 15 年。为确定可转换债券的成本，我们分析该债券的税前收益：

① 分析纯债券部分的价值：

$$发行日纯债券价值 = \sum_{i=1}^{20} \frac{每年利息}{(1+i)^t} + \frac{到期值}{(1+i)^{20}}$$

$$= \sum_{i=1}^{20} \frac{200}{(1+0.15)^t} + \frac{2\ 000}{(1+0.15)^{20}}$$

② 分析期权部分的转换价值：

如果在零时点转换，其价值为：

转换价值＝股价×转换比率＝35×40＝1 400（元）

(3) 可转换债券筹资的优点和缺点

① 可转换债券筹资的优点：

a. 与普通债券相比，可转换债券使得公司能够以较低的利率取得资金。债权人同意接受较低利率的原因是有机会分享公司未来发展带来的收益。可转换债券的票面利率低于同一条件下的普通债券的利率，降低了公司前期的筹资成本。与此同时，它向投资人提供了转为股权投资的选择权，使之有机会将债券转为普通股并分享公司更多的收益。值得注意的是，可转换债券转换成普通股后，其原有的低息优势将不复存在，公司要承担普通股的筹资成本。

b. 与普通股相比，可转换债券使得公司取得了以高于当前股价出售普通股的可能性。有些公司本来想要发行股票而不是债券，但是认为当前其股票价格太低，为筹集同样的资金需要发行更多的股票，为避免直接发行新股而遭受损失，才通过发行可转换债券变相发行普通股。因此，在发行新股时机不理想时，可以先发行可转换债券，然后通过转换实现较高价格的股权筹资。这样做不至于因为直接发行新股而进一步降低公司股票市价；而且因为转换期较长，即使在将来转换股票时，对公司股价的影响也较温和，从而有利于稳定公司股价。

② 可转换债券筹资的缺点：

a. 股价上涨风险。虽然可转换债券的转换价格高于其发行时的股票价格，但如果转换时股票价格大幅上涨，公司只能以较低的固定转换价格换出股票，会降低公司的股权筹资额。

b. 股价低迷风险。发行可转换债券后，如果股价没有达到转股所需要的水平，可转换债券持有者没有如期转换普通股，则公司只能继续承担债务。在订有回售条款的情况下，公司短期内集中偿还债务的压力会更明显。尤其是有些公司发行可转换债券的目的是筹集权益资本,股价低迷使其原定目的无法实现。

c. 筹资成本高于普通债券。尽管可转换债券的票面利率比普通债券低,但是加入转股成本之后的总筹资成本比普通债券要高。

(4) 可转换债券和附认股权证债券的区别

a. 资本的变化不同。可转换债券在转换时只有报表项目之间的变化,没有增加新的资本;附认股权证债券在认购股份时给公司带来新的权益资本。

b. 灵活性不同。可转换债券允许发行者规定可赎回条款、强制转换条款等,种类较多,而附认股权证债券的灵活性较差。

c. 适用情况不同。发行附认股权证债券的公司,比发行可转换债券的公司规模小、风险更高,往往是新的公司启动新的产品。对这类公司,潜在的投资者缺乏信息,很难判断风险的大小,也就很难设定合适的利率。为了吸引投资者,他们有两个选择:一个是设定很高的利率,承担高成本;另一个选择是采用期权与债权捆绑,向投资者提供潜在的升值可能性,适度抵消遭受损失的风险。可转换债券的发行目的主要是发行股票而不是债券,只是因为当前股价偏低,希望通过将来转股以实现较高的股票发行价。

d. 两者的发行费用不同。可转换债券的承销费用与普通债券类似,而附认股权证债券的承销费用介于债务融资和普通股融资之间。

思 考 题

① 试说明投入筹资的主体、渠道、方式以及优缺点。
② 试分析股票上市对公司发展的影响。
③ 试分析债券发行价格的决定因素。
④ 试说明发行债券筹资的优缺点。
⑤ 企业应如何考虑对贷款银行的选择?
⑥ 试说明吸收直接投资的特点。
⑦ 试说明股权筹资的具体内容。

第 6 章

筹资管理内容

> **学习目标**
> ① 了解资金需求量的预测方法,掌握相关计算方法。
> ② 掌握资本成本的定义以及相关计算方法。
> ③ 理解杠杆效应的含义,掌握三种杠杆的计算。
> ④ 掌握资本结构的理论以及最优资本结构决策方法的应用。

6.1 资金需要量预测方法

企业合理筹集资金的前提是科学地预测资金需要量,因此,企业在筹资之前,应当采用一定的方法预测资金需要量,以保证满足企业生产经营活动对资金的需求,同时也要避免筹资过量造成的资金闲置。下面介绍两种常见的资金需要量预测方法。

6.1.1 因素分析法

因素分析法又称分析调整法,是以有关项目基期年度的平均资金需要量为基础,根据预测年度的生产经营任务和资金周转加速的要求,进行分析调整,来预测资金需要量的一种方法。公式如下:

资金需要量=(基期资金平均占用额−不合理资金占用额)×(1±预测期销售额增减率)
×(1±预测期资金周转速度增减率)

【例 6-1】 甲企业上年度资金平均占用额为 2 200 万元,经分析,其中不合理部分 200 万元,预计本年度销售额增长 5%,资金周转加速 2%。

预测本年度资金需要量=(2 200−200)×(1+5%)×(1−2%)=2 058(万元)

因素分析法计算简便,容易掌握,但缺点是预测结果不太精确。一般用于品种繁多、规格复杂、资金用量较小的项目。

6.1.2 销售百分比法

销售百分比法是根据资产负债表中各个项目与销售收入总额之间的依存关系，按照计划期销售额的增长情况来预测资金需要量的一种方法，是目前最流行的资金需要量预测方法。使用这一方法的前提是必须假设某报表项目与销售指标的比率已知且固定不变。其计算步骤如下：

① 分析基期资产负债表各个项目与销售收入总额之间的依存关系，计算各敏感项目的销售百分比。在资产负债表中，有一些项目会因销售额的增长而相应地增加，通常将这些项目称为敏感性项目，包括库存现金、应收账款、存货、应付账款和其他应付款等。而其他如对外投资、固定资产、短期借款、非流动负债、实收资本等项目，一般不会随着销售额的增长而增加，因此将其称为非敏感性项目。

② 确定有关项目与销售额的稳定比例关系。

③ 确定需要增加的筹资数量（预计增加的外部融资额）：

$$外部资金需求量 = (A/S_1)\Delta S - (B/S_1)\Delta S - PES_2$$

式中，A 为随销售额变化的敏感性资产；B 为随销售额变化的敏感性负债；S_1 为基期销售额；S_2 为预测期销售额；ΔS 为销售变动额；P 为销售净利率；E 为利润留存率；A/S_1 为敏感资产与销售额的关系百分比；B/S_1 为敏感负债与销售额的关系百分比。

【例 6-2】 光华公司 20×2 年 12 月 31 日的简要资产负债及相关信息如表 6-1 所示。假定光华公司 20×2 年销售额 10 000 万元，销售净利率 10%，利润留存率 40%。20×3 年销售额预计增长 20%，公司有足够的生产能力，无须追加固定资产投资。

表 6-1 光华公司资产负债及相关信息

资产	金额/万元	与销售额的关系百分比/%	负债及所有者权益	金额/万元	与销售额的关系百分比/%
货币资金	500	5	短期账款	2 500	N
应收账款	1 500	15	应付账款	1 000	15
存货	3 000	30	预提费用	500	5
固定资产	3 000	N	应付债券	1 000	N
			实收资本	2 000	N
			留存收益	1 000	N
合计	8 000	50	合计	8 000	20

注：表中 N 表示不变动，是指该项目不随销售额的变化而变化。

要求：① 确定敏感性资产和敏感性负债；
② 确定敏感性资产和敏感性负债和与销售额的比例关系；
③ 确定外部融资需要量。

【解】 首先，确定有关项目及其与销售额的关系百分比。

其次，确定需要增加的资金量。从表 6-1 可以看出，销售收入每增加 100 元，必须增加 50 元的资金占用，但同时自动增加 20 元的资金来源，两者差额的 30% 产生了资金需求。因此，每增加 100 元的销售收入，公司必须取得 30 元的资金来源，销售额从 10 000 万元增加到 12 000 万元，增加了 2 000 万元，按照 30% 的比率可预测将增加 600 万元的资金需求。

最后，确定外部融资需求的数量。20×3 年的净利润为 1 200 万元（12 000×10％），利润留存率 40％，则将有 480 万元利润被留存下来，还有 120 万元的资金必须从外部筹集，即：

$$外部资金需求量 = (A/S_1)\Delta S - (B/S_1)\Delta S - PES_2$$
$$= 资产增加 - 负债增加 - 留存收益增加$$
$$= 50\% \times 2\,000 - 20\% \times 2\,000 - 10\% \times 40\% \times 12\,000 = 120(万元)$$

6.2 资本成本

6.2.1 资本成本概述

（1）资本成本的含义

资本成本是指企业为筹集和使用（或占用）资本而付出的代价，包括筹资费用和用资费用。资本成本是资本所有权与资本使用权分离的结果。对出资者而言，由于让渡了资本使用权，必须要求取得一定的补偿，这时资本成本表现为让渡资本使用权所带来的投资收益。对筹资者而言，由于取得了资本使用权，必须支付一定代价，这时资本成本表现为取得资本使用权所付出的代价。资本成本可以用绝对数表示，也可以用相对数（即资本成本率）表示。

（2）资本成本的内容

筹资费用是指企业在资本筹措过程中为获取资本而付出的代价，如向银行支付的借款手续费，因发行股票、公司债券而支付的发行费等。筹资费用通常在资本筹集时一次性发生，在资本使用过程中不再发生，因此，视为筹资数额的一项扣除。

用资费用是指企业在资本使用过程中因占用资本而付出的代价，如向银行等债权人支付的利息、向股东支付的股利等。用资费用是因为占用了他人资金而必须支付的费用，是资本成本的主要内容。

（3）资本成本率的种类

在企业筹资实务中，通常运用资本成本的相对数，即资本成本率。资本成本率是指企业用资费用与有效筹资额之间的比率，通常用百分比来表示。一般而言，资本成本率包括：

① 个别资本成本率。个别资本成本率是指企业各种长期资本的成本率。例如，股票资本成本率、债券资本成本率、长期借款资本成本率。企业在比较各种筹资方式时，需要使用个别资本成本率。

② 综合资本成本率。综合资本成本率是指企业全部长期资本的成本率。企业在进行长期资本结构决策时，可以利用综合资本成本率。

③ 边际资本成本率。边际资本成本率是指企业追加长期资本的成本率。企业在追加筹资方案的选择中，需要运用边际资本成本率。

（4）资本成本的作用

资本成本是企业筹资管理中的一个重要概念，国际上将其视为一项财务标准。资本成本对于企业筹资管理、投资管理，乃至整个财务管理和经营管理都有重要的作用。

资本成本是选择筹资方式、进行资本结构决策和选择追加筹资方案的依据。

个别资本成本率是企业选择筹资方式的依据。一个企业长期资本的筹集往往有多种筹资方式可供选择,包括长期借款、发行债券、发行股票等。这些长期筹资方式的个别资本成本率的高低不同,可作为比较、选择各种筹资方式的一个依据。

综合资本成本率是企业进行资本结构决策的依据。企业的全部长期资本通常是由多种长期资本筹资类型的组合构成的。企业长期资本的筹资有多个组合方案可供选择。不同筹资组合的综合资本成本率的高低,可以作为比较各个筹资组合方案、作出资本结构决策的一个依据。

边际资本成本率是比较、选择追加筹资方案的依据。企业为了扩大生产经营规模,往往需要追加筹资。不同追加筹资方案的边际资本成本率的高低,可以作为比较、选择追加筹资方案的一个依据。

资本成本是评价投资项目、比较投资方案和进行投资决策的经济标准。一般而言,一个投资项目,只有当其投资报酬率高于其资本成本率时,在经济上才是合理的;否则,该项目将无利可图,甚至会发生亏损。因此,国际上通常将资本成本率视为一个投资项目的最低报酬率或必要报酬率,视为一个投资项目的取舍率,作为比较、选择投资方案的一个经济标准。

6.2.2 个别资本成本的计算

一般而言,个别资本成本率是企业用资费用与有效筹资额的比率。个别资本成本指单一融资方式的资本成本,包括银行借款资本成本、公司债券资本成本、融资租赁资本成本、优先股资本成本、普通股资本成本和留存收益资本成本。

一般模式公式表示为:

$$K = \frac{D}{P-f} \text{ 或 } K = \frac{D}{P(1-F)}$$

式中,K 表示资本成本率,以百分比表示;D 表示用资费用额;P 表示筹资额;f 表示筹资费用额;F 表示筹资费用率,即筹资费用额与筹资额的比率。由此可见,个别资本成本率的高低取决于三个因素,即用资费用、筹资费用和筹资额。

关于上述一般模式公式,有以下几点需注意:

第一,筹资费用 f 是一次性费用,属于固定性资本成本。它不同于经常性的用资费用 D,后者属于变动性资本成本。因此,不可将 $K = \frac{D}{P-f}$ 写成 $K = \frac{D+f}{P}$。

第二,筹资费用是筹资时即支付的,可视作对筹资额的一项扣除,即筹资净额或有效筹资额为 $P-f$。

第三,用 $K = \frac{D}{P-f}$ 而不用 $K = \frac{D}{P}$,表明资本成本率与利息率在含义上和数量上的差别。

贴现模式公式表示为:

由 筹资净额现值－未来资本清偿额现金流量现值＝0
得 资本成本率＝所采用的贴现率

(1) 银行借款资本成本的计算

公式表示为:

$$K_b = \frac{\text{年利率} \times (1-\text{所得税税率})}{1-\text{手续费率}} = \frac{i(1-T)}{1-f}$$

式中　K_b——银行借款资本成本率；
　　　i——银行借款年利率；
　　　f——筹资费用率（即手续费率）；
　　　T——所得税税率。

【例 6-3】 某企业取得 5 年期长期借款 200 万元，年利率 20%，每年付息一次，到期一次还本，借款费用率 0.8%，企业所得税税率 25%。试计算该借款的资本成本率。

【解】 借款的资本成本率 = 20% × (1 - 25%)/(1 - 0.8%) ≈ 15.12%

（2）公司债券资本成本的计算

公司债券资本成本，包括债券利息和借款发行费用。债券可以溢价发行，也可以折价发行。公式表示为：

$$K_b = \frac{年利息 \times (1-所得税税率)}{债券筹资总额 \times (1-手续费率)} = \frac{I(1-T)}{L(1-f)}$$

式中　L——公司债券筹资总额；
　　　I——公司债券年利息；
　　　K_b——公司债券资本成本率。

【例 6-4】 某企业以 1 800 元的价格，溢价发行面值为 2 000 元、期限 5 年、票面利率为 8% 的公司债券一批。每年付息一次，到期一次还本，发行费用率 7%，所得税税率 25%。试计算该债券的资本成本率。

【解】 债券的资本成本率 $= \dfrac{2\,000 \times 8\% \times (1-25\%)}{1\,800 \times (1-7\%)} = 7.17\%$

（3）优先股资本成本的计算

优先股的资本成本主要是向优先股股东支付的各期股利。对于固定股息率优先股而言，如果各期股利是相等的，公式表示为：

$$K_p = \frac{D}{P_n(1-f)}$$

式中　K_p——优先股资本成本率；
　　　D——优先股年固定股息；
　　　P_n——优先股发行价格；
　　　f——筹资费用率。

【例 6-5】 某上市公司发行面值 300 元的优先股，规定的年股息率为 12%。该优先股溢价发行，发行价格为 360 元；发行时筹资费用为发行价的 7%。试计算该优先股的资本成本率。

【解】 $K_p = \dfrac{300 \times 12\%}{360 \times (1-7\%)} \approx 10.75\%$

由本例可见，该优先股票面股息率为 12%，但实际资本成本率只有约 10.75%，主要原因是该优先股以溢价（1.2 倍）发行。

（4）普通股资本成本的计算

普通股资本成本主要是向股东支付的各期股利。由于各期股利并不一定固定，随企业各期收益波动，因此普通股的资本成本只能按贴现模式计算，并假定各期股利的变化具有一定规律性。

① 股利增长模型法。假定资本市场有效，股票市场价格与价值相等。设某股票本期支

付的股利为 D_0，未来各期股利按 g 年增长率永续增长。目前股票市场价格为 P_0，公式表示为：

$$K_c = \frac{D_0(1+g)}{P_0(1-f)} + g = \frac{D_1}{P_0(1-f)} + g$$

【例 6-6】 某公司普通股市价为 50 元，筹资费用率为 5%，本年发放现金股利 0.8 元/股，预期股利年增长率为 15%。试计算普通股的资本成本率。

【解】 $K_c = \dfrac{0.8 \times (1+15\%)}{50 \times (1-5\%)} + 15\% \approx 16.94\%$

② 资本资产定价模型法。假定资本市场有效，股票市场价格与价值相等。设无风险收益率为 R_f，市场平均收益率为 R_m，某股票贝塔系数为 β，公式表示为：

$$K_c = R_f + \beta(R_m - R_f)$$

【例 6-7】 某公司普通股 β 系数为 3.5，此时一年期国债利率为 7%，市场平均收益率为 18%，试计算普通股的资本成本率。

【解】 $K_c = 7\% + 3.5 \times (18\% - 7\%) = 45.5\%$

（5）留存收益资本成本的计算

留存收益的资本成本，其计算方法与普通股成本相同，也分为股利增长模型法和资本资产定价模型法，不同点在于其不考虑筹资费用。

6.2.3 综合资本成本率的计算

（1）综合资本成本率的决定因素

综合资本成本率是指一个企业全部长期资本的成本率，通常是以各种长期资本的比例为权重，对个别资本成本率进行加权平均测算的，故亦称加权平均资本成本率。因此，综合资本成本率是由个别资本成本率和各种长期资本比例这两个因素决定的。

各种长期资本比例是指一个企业的各种长期资本分别占企业全部长期资本的比例，即狭义的资本结构。例如，甲公司的全部长期资本总额为 50 000 万元，其中长期借款 25 000 万元占 50%，长期债券 10 000 万元占 20%，股东权益 15 000 万元占 30%。当资本结构不变时，个别资本成本率越高，则综合资本成本率越高；个别资本成本率越低，则综合资本成本率越低。因此，在资本结构一定的条件下，综合资本成本率的高低是由个别资本成本率决定的。当个别资本成本率不变时，资本结构中成本率较高的长期资本的比例上升，则综合资本成本率提高；成本率较低的长期资本的比例上升，则综合资本成本率降低。因此，在个别资本成本率一定的条件下，综合资本成本率的高低是由其资本结构决定的。

（2）综合资本成本率的计算

根据综合资本成本率的决定因素，在已测算个别资本成本率，取得各种长期资本比例后，可按下列公式测算综合资本成本率：

$$K_w = K_l W_l + K_b W_b + K_p W_p + K_c W_c + K_r W_r$$

式中　K_w——综合资本成本率；

　　　K_l——长期借款资本成本率；

　　　W_l——长期借款资本比例；

　　　K_b——长期债券资本成本率；

　　　W_b——长期债券资本比例；

K_p——优先股资本成本率；
W_p——优先股资本比例；
K_c——普通股资本成本率；
W_c——普通股资本比例；
K_r——留存收益资本成本率；
W_r——留存收益资本比例。

$$K_w = \sum_{j=1}^{n} K_j W_j$$

式中　K_w——综合资本成本率；
　　　K_j——第 j 种长期资本的资本成本率；
　　　W_j——第 j 种长期资本的资本比例，并且 $\sum_{j=1}^{n} W_j = 1$。

【例 6-8】 某公司按平均市场价值计量的目标资本结构是：30％为长期债务，50％为优先股，20％为普通股。长期债务的税后成本率是 6.7％，优先股的成本率是 9.3％，普通股的成本率是 13.6％。该公司的综合资本成本率是：

WACC＝30％×6.7％＋50％×9.3％＋20％×13.6％＝2.01％＋4.65％＋2.72％＝9.38％

综合资本成本是公司未来全部资本的加权平均成本，而不是过去所有资本的平均成本。其中，债务成本是发行新债务的成本，而不是已有债务的利息；股权成本是新筹集权益资本的成本，而不是过去的股权成本。综合资本成本 0.093 8 元是每 1 元新资金使用权的成本，它由 0.020 1 元的税后债务成本、0.046 5 元的优先股成本和 0.027 2 元的普通股成本组成。

6.2.4　边际资本成本的计算

边际资本成本是企业追加筹资的成本。企业的个别资本成本和综合资本成本，分别是企业过去筹集的单项资本的成本和目前使用的全部资本的成本。然而，企业在追加筹资时，不能仅仅考虑目前所使用资本的成本，还要考虑新筹集资金的成本，即边际资本成本。边际资本成本，是企业进行追加筹资的决策依据。进行筹资方案组合时，边际资本成本的权重采用目标价值权重。

【例 6-9】 某公司现有长期资本总额 1 000 万元，其目标资本结构（比例）为：长期债务 0.30，优先股 0.15，普通股权益（包括普通股和留存收益）0.55。现拟追加资本 500 万元，仍按此资本结构筹资。个别资本成本率分别为：长期债务 9.50％，优先股 12％，普通股权益 18.5％。追加筹资的边际资本成本如表 6-2 所示。其中，边际资本成本率＝目标资本（比例）×个别资本成本率。

表 6-2　边际资本成本计算表

资本种类	目标资本比例/％	资本价值/万元	个别资本成本率/％	边际资本成本率/％
长期债务	30	150	9.50	2.85
优先股	15	75	12	1.8
普通股权益	55	275	18.5	10.18
合计	100	500		14.83

6.3 杠杆效应

财务管理中存在着类似于物理学中的杠杆效应,表现为:由于特定固定支出或费用的存在,当某一财务变量以较小幅度变动时,另一相关变量会以较大幅度变动。财务管理中的杠杆效应,包括经营杠杆、财务杠杆和总杠杆三种效应形式。杠杆效应既可以产生杠杆利益,也可能带来杠杆风险。

6.3.1 经营杠杆

(1) 经营杠杆的定义

经营杠杆,是指由于固定性经营成本的存在,企业的息税前利润变动率大于业务量变动率的现象。经营杠杆反映了资产报酬的波动性,用以评价企业的经营风险。用息税前利润(EBIT)表示资产总报酬,公式为:

$$EBIT = S - V_C - F = (P-V)Q - F = M - F$$

式中 $EBIT$——息税前利润;
　　S——销售额;
　　V_C——变动性经营成本;
　　F——固定性经营成本;
　　Q——产销业务量;
　　P——销售单价;
　　V——单位变动成本;
　　M——边际贡献。

上式中,影响 EBIT 的因素包括产品售价、产品需求、产品成本等因素。当产品成本中存在固定成本时,如果其他条件不变,产销业务量的增加虽然不会改变固定成本总额,但会降低单位固定成本,相应地提高单位产品利润,使息税前利润的增长率大于产销业务量的增长率,进而产生经营杠杆效应。当不存在固定性经营成本时,所有成本都是变动性经营成本,边际贡献等于息税前利润,此时息税前利润变动率与产销业务量的变动率成正比。

(2) 经营杠杆系数

只要企业存在固定性经营成本(固定成本),就存在经营杠杆效应。但以不同产销业务量为基础,其经营杠杆效应的程度是不一致的。测算经营杠杆效应程度,常用指标为经营杠杆系数。经营杠杆系数(DOL)是息税前利润变动率与产销业务量变动率的比值,计算公式为:

$$DOL = \left(\frac{\Delta EBIT}{EBIT_0}\right) / \left(\frac{\Delta Q}{Q_0}\right) = \frac{息税前利润变动率}{产销业务量变动率}$$

式中 DOL——经营杠杆系数;
　　$EBIT_0$——基期息税前利润;
　　Q_0——基期产销业务量;
　　$\Delta EBIT$——息税前利润变动额;

ΔQ——产销业务量变动值。

上式经整理后,经营杠杆系数的计算也可以简化为:

$$DOL=\frac{M_0}{M_0-F_0}=\frac{EBIT_0+F_0}{EBIT_0}=\frac{\text{基期边际贡献}}{\text{基期息税前利润}}$$

【例 6-10】 泰华公司产销某种服装,固定成本 500 万元,变动成本率 70%。年产销业务量 5 000 万元时,变动成本 3 500 万元,固定成本 500 万元,息税前利润 1 000 万元;年产销业务量 7 000 万元时,变动成本 4 900 万元,固定成本仍为 500 万元,息税前利润 1 600 万元。可以看出,该公司产销业务量增长了 40%,息税前利润增长了 60%,产生了 1.5 倍的经营杠杆效应,即:

$$DOL=\left(\frac{\Delta EBIT}{EBIT_0}\right)/\left(\frac{\Delta Q}{Q_0}\right)=\left(\frac{600}{1\,000}\right)/\left(\frac{2\,000}{5\,000}\right)=1.5(\text{倍})$$

或 $DOL=\frac{M_0}{EBIT_0}=\frac{5\,000\times30\%}{1\,000}=1.5(\text{倍})$

(3)经营杠杆与经营风险的关联

经营风险是指企业生产经营上的原因导致的资产报酬波动的风险。引起企业经营风险的主要原因是市场需求和生产成本等因素的不确定性,经营杠杆本身并不是资产报酬不确定的根源,只是资产报酬波动的表现。但是,经营杠杆放大了市场和生产等因素变化对利润波动的影响。经营杠杆系数越高,表明息税前利润受产销业务量变动的影响程度越大,经营风险也就越大。根据经营杠杆系数的计算公式,有:

$$DOL=\frac{EBIT_0+F_0}{EBIT_0}=1+\frac{\text{基期固定成本}}{\text{基期息税前利润}}$$

上式表明,在息税前利润为正的前提下,经营杠杆系数最低为 1,不会为负数;只要有固定性经营成本存在,经营杠杆系数总是大于 1。

从上式可知,影响经营杠杆的因素包括:企业成本结构中的固定成本比重,息税前利润水平。其中,息税前利润水平又受产品销售数量、销售价格、成本水平(单位变动成本和固定成本总额)高低的影响。固定成本比重越高、成本水平越高、产品销售数量和销售价格水平越低,经营杠杆效应越大。

【例 6-11】 企业生产 A 产品,固定成本 100 万元,变动成本率 60%,当销售额分别为 1 000 万元、500 万元、250 万元时,经营杠杆系数分别为:

$$DOL_{1\,000}=\frac{1\,000-1\,000\times60\%}{1\,000-1\,000\times60\%-100}\approx1.33$$

$$DOL_{500}=\frac{500-500\times60\%}{500-500\times60\%-100}=2$$

$$DOL_{250}=\frac{250-250\times60\%}{250-250\times60\%-100}\to\infty$$

上例计算结果表明:在其他因素不变的情况下,销售额越小,经营杠杆系数越大,经营风险也就越大。如销售额为 1 000 万元时 DOL 约为 1.33,销售额为 500 万元时 DOL 为 2,显然后者的不稳定性大于前者,经营风险也大于前者。在销售额处于保本点 250 万元时,经营杠杆系数趋于无穷大,此时企业销售额稍有减少便会导致更大的亏损。

6.3.2 财务杠杆

(1) 财务杠杆的定义

财务杠杆，是指由于固定性资本成本的存在，企业的普通股收益（或每股收益）变动率大于息税前利润变动率的现象。财务杠杆反映了权益资本报酬的波动性，用以评价企业的财务风险。用普通股收益或每股收益表示普通股权益资本报酬，则：

$$TE=(EBIT-I)(1-T)-D$$
$$EPS=[(EBIT-I)(1-T)-D]/N$$

式中 TE——普通股收益；
EPS——每股收益；
I——债务资金利息；
D——优先股股利；
T——所得税税率；
N——普通股股数。

上式中，影响普通股收益的因素包括资产报酬、资本成本、所得税税率等。当有利息费用等固定性资本成本存在时，如果其他条件不变，息税前利润的增加虽然不改变固定利息费用总额，但会降低每元息税前利润分摊的利息费用，从而提高每股收益，使得普通股收益的增长率大于息税前利润的增长率，进而产生财务杠杆效应。当不存在固定利息、股息等资本成本时，息税前利润就是利润总额，此时利润总额变动率与息税前利润变动率完全一致；如果两期所得税税率和普通股股数保持不变，每股收益的变动率与利润总额变动率也完全一致，进而与息税前利润变动率一致。

(2) 财务杠杆系数

只要企业融资方式中存在固定性债务成本，就存在财务杠杆效应。测算财务杠杆效应程度，常用指标为财务杠杆系数。财务杠杆系数（DFL）是普通股每股收益变动率（也称普通股每股盈余变动率）与息税前利润变动率的比值，计算公式为：

$$DFL=\frac{普通股每股收益变动率}{息税前利润变动率}=\frac{EPS 变动率}{EBIT 变动率}$$

在不存在优先股股息的情况下，上式经整理后，财务杠杆系数的计算也可以简化为：

$$DFL=\frac{基期息税前利润}{基期利润总额}=\frac{EBIT_0}{EBIT_0-I_0}$$

式中，I_0 为基期利息。

如果企业既存在固定利息的债务，也存在固定股息的优先股，则财务杠杆系数的计算进一步调整为：

$$DFL=\frac{EBIT_0}{EBIT_0-I_0-\dfrac{D_P}{1-T}}$$

式中 D_P——优先股股利；
T——所得税税率。

【例 6-12】 有 A、B、C 三个公司，资本总额均为 1 000 万元，所得税税率均为 30%，每股面值均为1元。A 公司资本全部由普通股组成；B 公司债务资金300万元（利率10%），普通股 700 万元；C 公司债务资金 500 万元（利率10.8%），普通股 500 万元。三个公司 20×1 年 EBIT 均为 200 万元，20×2 年 EBIT 均为 300 万元，EBIT 增长了 50%。有关财务指标如表 6-3 所示。

表 6-3 普通股收益及财务杠杆的计算   单位：万元

利润项目		A公司	B公司	C公司
普通股股数		1 000 万股	700 万股	500 万股
利润总额	20×1 年	200	170	146
	20×2 年	300	270	246
	增长率	50%	58.82%	68.49%
净利润	20×1 年	140	119	102.2
	20×2 年	210	189	172.2
	增长率	50%	58.82%	68.49%
普通股收益	20×1 年	140	119	102.2
	20×2 年	210	189	172.2
	增长率	50%	58.82%	68.49%
每股收益	20×1 年	0.14 元	0.17 元	0.20 元
	20×2 年	0.21 元	0.27 元	0.34 元
	增长率	50%	58.82%	70%
财务杠杆系数		1.000	1.176	1.370

可见，资本成本固定型的资本所占比重越高，财务杠杆系数就越大。A 公司由于不存在有固定资本成本的资本，因此没有财务杠杆效应；B 公司存在债务资本，其普通股收益增长幅度是息税前利润增长幅度的 1.176 倍；C 公司不仅存在债务资本，而且债务资本的比重比 B 公司高，其普通股收益增长幅度是息税前利润增长幅度的 1.370 倍。

(3) 财务杠杆与财务风险的关联

财务风险是指企业由于筹资原因产生的资本成本负担导致的普通股收益波动的风险。

引起企业财务风险的主要原因是资产报酬的不利变化和资本成本的固定负担。由于财务杠杆的作用，当企业的息税前利润下降时，企业仍然需要支付固定的资本成本，财务杠杆放大了资产报酬变化对普通股收益的影响。财务杠杆系数越高，表明普通股剩余收益以更快的速度下降。每股收益的波动程度越大，财务风险也就越大。在不存在优先股股息的情况下，根据财务杠杆系数的计算公式，有：

$$DFL = 1 + \frac{基期利息}{基期息税前利润 - 基期利息}$$

上式的分式中，分子是企业筹资产生的固定性资本成本负担，分母是归属于股东的收益。上式表明，在企业有正的税后利润的前提下，财务杠杆系数最低为 1，不会为负数；只要有固定性资本成本存在，财务杠杆系数总是大于 1。

从上式可知，影响财务杠杆的因素包括：企业资本结构中债务资金比重，普通股收益水平和所得税税率水平。其中，普通股收益水平又受息税前利润、固定性资本成本高低的影响。债务成本比重越高、固定的资本成本支付额越高、息税前利润水平越低，财务杠杆效应越大。

【例 6-13】 在［例 6-12］中，三个公司 20×1 年的财务杠杆系数分别为：A 公司 1.000，B 公司 1.176，C 公司 1.370。这意味着，如果 EBIT 下降，A 公司的 EPS 与之同步下降，而 B 公司和 C 公司的 EPS 会以更大的幅度下降。导致各公司 EPS 不为负数的 EBIT 最大降幅如表 6-4 所示。

表 6-4 导致各公司 EPS 不为负数的 EBIT 最大降幅

公司	DFL	EPS 降幅/%	EBIT 降幅/%
A	1.000	100	100
B	1.176	100	85.03
C	1.370	100	72.99

上述结果表明：20×2 年，在 20×1 年的基础上，EBIT 只要降低 72.99%，C 公司普通股收益就会出现亏损；EBIT 降低 85.03%，B 公司普通股收益会出现亏损；EBIT 降低 100%，A 公司普通股收益会出现亏损。显然，C 公司不能支付利息、不能满足普通股股利要求的财务风险远高于其他公司。

6.3.3 总杠杆

（1）总杠杆的定义

经营杠杆和财务杠杆可以独自发挥作用，也可以综合发挥作用，总杠杆是用来反映二者之间共同作用结果的，即权益资本收益与产销业务量之间的变动关系。由于固定性经营成本的存在，产生经营杠杆效应，导致产销业务量变动对息税前利润变动有放大作用；同样，由于固定性资本成本的存在，产生财务杠杆效应，导致息税前利润变动对普通股每股收益变动有放大作用。两种杠杆共同作用，将导致产销业务量稍有变动，就会引起普通股每股收益更大的变动。

总杠杆，是指由于固定性经营成本和固定性资本成本的存在，普通股每股收益变动率大于产销业务量的变动率的现象。

（2）总杠杆系数

只要企业同时存在固定性经营成本和固定性资本成本，就存在总杠杆效应。产销业务量变动通过息税前利润的变动传导至普通股收益，使得每股收益发生更大的变动。用总杠杆系数（DTL）表示总杠杆效应程度，可见总杠杆系数是经营杠杆系数和财务杠杆系数的乘积，是普通股收益变动率与产销业务量变动率的倍数，计算公式为：

$$\text{DTL} = \frac{\text{普通股收益变动率}}{\text{产销业务量变动率}}$$

在不存在优先股股息的情况下，上式经整理后，总杠杆系数的计算也可以简化为：

$$\text{DTL} = \text{DOL} \times \text{DFL} = \frac{\text{基期边际贡献}}{\text{基期利润总额}} = \frac{\text{基期税后边际贡献}}{\text{基期税后利润}}$$

【例 6-14】 某企业有关资料如表 6-5 所示，可以分别计算其 20×2 年经营杠杆系数、财务杠杆系数和总杠杆系数。

表 6-5 某企业资料

项目	20×1 年	20×2 年	变动率
销售额（每股售价 10 元）/万元	1 000	1 200	+20%
边际贡献（单位产品的边际贡献为 4 元）	400	480	+20%
固定成本/万元	200	200	—
息税前利润（EBIT）/万元	200	280	40%
利息/万元	50	50	—
利润总额/万元	150	230	53.33%
净利润（税率为 20%）/万元	120	184	53.33%
每股收益（共 200 万股）/元	0.60	0.92	53.33%
经营杠杆系数（DOL）			2.000
财务杠杆系数（DFL）			1.333
总杠杆系数（DTL）			2.667

（3）总杠杆与公司风险的关联

公司风险包括企业的经营风险和财务风险，反映了企业的整体风险。总杠杆系数反映了经营杠杆和财务杠杆之间的关系，用以评价企业的整体风险水平。在总杠杆系数一定的情况下，经营杠杆系数与财务杠杆系数此消彼长。总杠杆效应的意义在于：第一，能够说明产销业务量变动对普通股收益的影响，据以预测未来的每股收益水平；第二，揭示了财务管理的风险管理策略，即要保持一定的风险状况水平，需要维持一定的总杠杆系数，经营杠杆和财务杠杆可以有不同的组合。一般来说，固定资产比重较大的资本密集型企业，经营杠杆系数高，经营风险大，企业主要依靠权益资本，以保持较小的财务杠杆系数和财务风险；变动成本比重较大的劳动密集型企业，经营杠杆系数低，经营风险小，企业可以主要依靠债务资金保持较大的财务杠杆系数和财务风险。一般来说，在企业初创阶段，产品市场占有率低，产销业务量小，经营杠杆系数大，此时企业筹资主要依靠权益资本，在较低程度上使用财务杠杆；在企业扩张、成熟期，产品市场占有率高，产销业务量大，经营杠杆系数小，此时，企业资本结构中可扩大债务资本比重，在较高程度上使用财务杠杆。

6.4 资本结构

资本结构管理是企业筹资管理的核心问题。如果企业现有资本结构不合理，应通过筹资活动优化调整资本结构，使其趋于科学合理。

6.4.1 资本结构的含义

筹资管理中，资本结构有广义和狭义之分。广义资本结构是指全部债务与股东权益的构成比例，狭义的资本结构则是指长期负债与股东权益的构成比例。本书所指的资本结构，是狭义的资本结构。

资本结构是企业在多种筹资方式下筹集资金形成的，各种筹资方式的不同组合决定着企业资本结构及其变化。企业筹资方式虽然很多，但总的来看分为债务资本和权益资本两大类。权益资本是企业必备的基础资本，因此资本结构问题实际上也就是债务资本的比例问题，即债务资本在企业全部资本中所占的比重。不同的资本结构会给企业带来不同的后果。企业利用债务资本进行举债经营具有双重作用，既可以发挥财务杠杆效应，也可能带来财务风险。因此企业必须权衡财务风险和资本成本的关系，确定最佳的资本结构。评价企业资本结构最佳状态的标准应该是既能够提高股权收益或降低资本成本，又能控制财务风险，最终目的是提升企业价值。股权收益，表现为净资产报酬率或普通股每股收益；资本成本，表现为企业的平均资本成本率。根据资本结构理论，当公司平均资本成本最低时，公司价值最大。

所谓最佳资本结构，是指在一定条件下使企业平均资本成本率最低、企业价值最大的资本结构。资本结构优化的目标，是降低平均资本成本率或提高普通股每股收益。从理论上讲，最佳资本结构是存在的，但由于企业内部条件和外部环境的经常性变化，动态地保持最佳资本结构十分困难。因此在实践中，目标资本结构通常是企业结合自身实际进行适度负债经营所确立的资本结构，是根据满意化原则确定的资本结构。

6.4.2 影响资本结构的因素

（1）企业经营状况的稳定性和成长性

企业经营状况稳定，能够负担较多的财务费用；如果企业经营状况不稳定，偿付债务的风险就比较大。如果产销业务量能以较快的水平增长，企业就可以采用高负债的资本结构，以提高权益资本的报酬。

（2）企业的财务状况和信用等级

企业财务状况良好，信用等级高，债权人同意向企业提供信用，企业容易获得债务资金。相反，如果企业财务情况欠佳，信用等级不高，债权人投资风险大，就会降低企业获得信用的能力，加大债务资金筹资的资本成本。

（3）企业的资产结构

资产结构是企业通过各种筹资渠道进行筹资后进行资源配置和使用后的资金占用结构，包括流动资产和非流动资产构成比例，以及流动和非流动资产内部的构成和比例。拥有大量固定资产的企业主要通过长期负债和发行股票融通资金，拥有较多流动资产的企业可以采用较多流动负债融通资金。

（4）企业投资人和管理者的风险态度

投资人和管理者偏好风险时，就会采用高负债的资本结构，以获得更大的杠杆效应。投资人和管理者厌恶风险时，就会采用低负债的资本结构，以避免偿债风险。

（5）行业特征和企业发展周期

研究表明，资本结构具有显著的行业特征。产品市场稳定的成熟产业经营风险低，资产负债率较高。高新技术行业产品、技术、市场尚不成熟，经营风险高，应适当降低负债水平。

同一企业不同发展阶段上，资本结构安排不同。企业初创阶段，经营风险高，应该控制负债比例；企业发展成熟阶段，经营风险较低，可适度增加债务资本比重，发挥财务杠杆效应；企业收缩阶段，经营风险逐步加大，应逐步降低债务资本比重，减少资不抵债的风险。

(6) 税收政策和货币政策

政府调控经济的手段包括财政税收政策和货币金融政策。当所得税税率较高时,债务资本的抵税作用大,企业充分利用这种作用以提高企业价值。货币金融政策影响资本供给,从而影响利率水平。当国家执行了紧缩的货币政策时,市场利率较高,企业资金成本增大。

6.4.3 最优资本结构决策方法

资本结构决策的方法主要包括每股收益无差别点分析法、平均资本成本比较法和公司价值分析法。比较资本成本法就是在多个筹资方案中,选择加权平均资本成本最低的方案。

(1) 每股收益无差别点分析法

可以用每股收益的变化来判断资本结构是否合理,即能够提高普通股每股收益的资本结构,就是合理的资本结构。在资本结构管理中,利用债务资本筹资的原因之一就在于债务资本能够带来财务杠杆效应,利用负债筹资的财务杠杆作用来增加股东财富。每股收益受到经营利润水平、债务资本成本水平等因素的影响。分析每股收益与资本结构的关系,可以找到每股收益无差别点。所谓每股收益无差别点,是指不同筹资方式下每股收益都相等时的息税前利润或业务量水平。根据每股收益无差别点,可以分析、判断在什么样的息税前利润水平或产销业务量水平前提下,适合采用何种筹资组合方式,进而确定企业的资本结构安排。在每股收益无差别点上,无论是采用债务还是采用股权筹资方案,每股收益都是相等的。当预期息税前利润或业务量水平大于每股收益无差别点时,应当选择债务筹资方案,反之则选择股权筹资方案。在每股收益无差别点时,不同筹资方案的每股收益是相等的,用公式表示如下:

$$\frac{(\text{EBIT}-I_1)(1-T)-\text{DP}_1}{N_1}=\frac{(\text{EBIT}-I_2)(1-T)-\text{DP}_2}{N_2}$$

式中 EBIT——息税前利润平衡点,即每股收益无差别点;

I_1,I_2——两种筹资方式下的债务利息;

DP_1,DP_2——两种筹资方式下的优先股股利;

N_1,N_2——两种筹资方式下普通股股数。

【例 6-15】 某企业总资本为 1 000 万元,资本结构如表 6-6 所示。

表 6-6 资本结构

项目	筹资金额
实收资本	26 万股(面值 1 元,发行价格 25 元)
资本公积	624 万元
应付债券	350 万元(利率 8%)

企业发展需要资金 500 万元,现有两个方案可供选择:

甲方案:采用发行股票方式筹集资金,股票的面值为 1 元,发行价格为 25 元,发行 20 万股,不考虑筹集费用。

乙方案:采用发行债券方式筹集资金,票面利率为 10%,不考虑发行价格。

企业适用的所得税税率为 25%,预计息税前利润为 200 万元。企业应当选择哪个方案?

【解】 如果两个方案的每股收益相等，则由

$$(EBIT-28)\times(1-25\%)/(26+20)=[(EBIT-78)\times(1-25\%)]/26$$

解出每股收益无差别点的息税前利润 EBIT=143（万元）。这里 EBIT 为 143 万元是两个筹资方案的每股收益无差别点。在此点上，两个方案的每股收益相等，均为 1.875 元。企业预期增加筹资后实现 200 万元息税前利润，甲方案的 EPS 为 2.8 元，乙方案的 EPS 为 3.52 元。企业需要通过发行债券进行筹资。

（2）平均资本成本比较法

平均资本成本比较法，是通过计算和比较各种可能的筹资组合方案的平均资本成本，选择平均资本成本率最低的方案。即能够降低平均资本成本的资本筹资结构，就是合理的资本结构。这种方法侧重于从资本投入的角度对筹资方案和资本结构进行优化分析。

【例 6-16】 长达公司需筹集 100 万元长期资本，可以采用贷款、发行债券、发行普通股三种方式筹集，其个别资本成本率已分别测定，有关资料如表 6-7 所示。

表 6-7 筹资方案

筹资方式	资本结构			个别资本成本率
	A 方案	B 方案	C 方案	
贷款	40%	30%	20%	6%
发行债券	10%	15%	20%	8%
发行普通股	50%	55%	60%	9%
合计	100%	100%	100%	

首先，分别计算三个方案的综合资本成本率 K：

A 方案：$K=40\%\times6\%+10\%\times8\%+50\%\times9\%=7.7\%$；
B 方案：$K=30\%\times6\%+15\%\times8\%+55\%\times9\%=7.95\%$；
C 方案：$K=20\%\times6\%+20\%\times8\%+60\%\times9\%=8.2\%$。

其次，根据企业筹资评价的其他标准，考虑企业的其他因素，对各个方案进行修正。

最后，再选择其中成本最低的方案。

本例中，我们假设其他因素对方案选择影响甚小，则 A 方案的综合资本成本率最低。这样，该公司筹资的资本结构为：贷款 40 万元，发行债券 10 万元，发行普通股 50 万元。

（3）公司价值分析法

以上两种方法都是从账面价值的角度进行资本结构优化分析，没有考虑市场，即没有考虑风险因素。

公司价值分析法，是在考虑市场风险的基础上，以公司价值为标准，进行资本结构优化。即能够提升公司价值的资本结构，就是合理的资本结构。这种方法主要用于对现有资本结构进行调整，适用于资本规模较大的上市公司资本结构优化分析。同时，在公司价值最大的资本结构下，公司的平均资本成本是最低的。

设：V 表示公司价值，B 表示债务资本价值，S 表示权益资本价值。公司价值应该等于资本的市场价值，即：

$$V=S+B$$

为简化分析，假设公司各期的 EBIT 保持不变，债务资本的市场价值等于其面值，权益资本的市场价值可通过下式计算：

$$S = \frac{(\text{EBIT} - I)(1 - T)}{K_s}$$

且

$$K_s = R_f + \beta(R_m - R_f)$$

此时

$$K_w = K_b \times \frac{B}{V} + K_s \times \frac{S}{V}$$

式中，K_s、K_b 分别为权益资本成本率、债务资本成本率。

【例 6-17】 某公司息税前利润为 400 万元，资本总额账面价值 2 000 万元。假设无风险报酬率为 6%，证券市场平均报酬率为 10%，所得税税率为 40%。债务市场价值等于面值。经测算，不同债务水平下的数据（假设税前债务利息率等于税前债务资本成本率）如表 6-8 所示。

表 6-8 权益资本成本率和税前债务利息率

债务市场价值 B/万元	税前债务利息率	股票 β 系数	权益资本成本率 K_s
0	—	1.50	12.0%
200	8.0%	1.55	12.2%
400	8.5%	1.65	12.6%
600	9.0%	1.80	13.2%
800	10.0%	2.00	14.0%
1 000	12.0%	2.30	15.2%
1 200	15.0%	2.70	16.8%

根据表 6-8 资料，可计算出不同资本结构下的数据，如表 6-9 所示。

表 6-9 企业总价值和平均资本成本率

债务市场价值/万元	股票市场价值/万元	公司总价值/万元	税后债务资本成本率	普通股资本成本率	平均资本成本率
0	2 000	2 000	—	12.0%	12.0%
200	1 888	2 088	4.80%	12.2%	11.5%
400	1 743	2 143	5.10%	12.6%	11.2%
600	1 573	2 173	5.40%	13.2%	11.0%
800	1 371	2 171	6.00%	14.0%	11.1%
1 000	1 105	2 105	7.20%	15.2%	11.4%
1 200	786	1 986	9.00%	16.8%	12.1%

可以看出，在没有债务资本的情况下，公司的总价值等于股票的账面价值。当公司增加一部分债务时，财务杠杆开始发挥作用，股票市场价值大于其账面价值，公司总价值上升，平均资本成本率下降。在债务资本达到 600 万元时，公司总价值最高，平均资本成本率最低。债务资本超过 600 万元后，随着利息率的不断上升，财务杠杆作用逐步减弱甚至显现负面作用，公司总价值下降，平均资本成本率上升。因此，债务资本为 600 万元时的资本结构是该公司的最优资本结构。

思 考 题

① 试分析广义资本结构与狭义资本结构的区别。
② 普通股资本成本的计算方法有哪些？
③ 试分析资本成本对企业财务管理的作用。
④ 说明最优资本结构决策方法的应用。

第 7 章

投资管理

> **学习目标**
> ① 了解投资管理的意义以及特点。
> ② 了解投资管理的分类以及原则。
> ③ 理解项目投资财务评价指标,掌握各项指标的计算公式。
> ④ 学会分析项目投资实例。

7.1 投资管理概述

7.1.1 投资的意义

企业投资是指企业对现在所持有资金的一种运用,如投入经营资产或购买金融资产,或者是取得这些资产的所有权,其目的是在未来一定时期内获得与风险相匹配的报酬。在市场经济条件下,企业能否把筹集到的资金投入到报酬高、回收快、风险小的项目,对企业的生存和发展十分重要。

企业投资是实现财务管理目标的基本前提。企业财务管理的目标是不断提高企业价值,为股东创造财富,因此要采取各种措施增加利润,降低风险。企业要想获得利润,就必须进行投资,在投资中获得效益。

企业投资是企业生产发展的必要手段。在科学技术、社会经济迅速发展的今天,企业无论是维持简单再生产还是实现扩大再生产,都必须进行一定的投资。要维持简单再生产的顺利进行,就必须及时对所使用的机器设备进行更新,对产品和生产工艺进行改造,不断提高职工的科学技术水平,等等;要实现扩大再生产,就必须新建、扩建厂房,增添机器设备,增加职工人数,提高人员素质,等等。

企业投资是企业降低经营风险的重要方法。企业把资金投向生产经营的关键环节或薄弱环节,可以使各种生产经营能力配套、平衡,形成更大的综合生产能力。例如,把资金投向多个行业,实行多元化经营,提高公司销售和盈余的稳定性。这些都是降低公司经营风险的重要方法。

7.1.2 投资管理的特点

(1) 属于企业战略性决策

企业的投资活动一般涉及企业未来的经营发展方向、生产能力规模等问题;投资活动往往需要一次性地投入大量的资金,并在一段时间内发生作用,对企业的经营活动的方向产生重大影响。

(2) 属于企业非程序化管理

对于产品制造或商品流通行业的实体性企业来说,投资活动属于非重复性特定的经济活动,对这类活动的管理被称为非程序化管理。

(3) 投资价值的波动大

投资项目的价值,是由投资的标的物资产的内在获利能力决定的。这些标的物资产的形态是不断转换的,未来收益的获得具有较强的不确定性,其价值也具有较强的波动性。同时,各种外部因素,如市场利率、物价等的变化,也影响投资标的物的资产价值。因此,企业在进行投资管理决策时,要充分考虑投资项目的时间价值和风险价值。

7.1.3 投资的分类

(1) 直接投资与间接投资

按投资与企业生产经营的关系,企业投资可分为直接投资和间接投资两类。在非金融企业中,直接投资所占比重很大。间接投资又称证券投资,是指把资金投入到证券等金融资产,以取得利息、股利或资本利得收入的投资。随着我国金融市场的完善和多渠道筹资的形成,企业间接投资将越来越广泛。

(2) 长期投资与短期投资

按投资回收时间的长短,企业投资可分为短期投资和长期投资两类。短期投资又称流动资产投资,是指能够并且准备在一年以内收回的投资,主要是指对现金、应收账款、存货、短期有价证券等的投资,长期证券如能随时变现亦可作为短期投资。长期投资则是指超过一年才能收回的投资,主要是指对厂房、机器设备等固定资产的投资,也包括对无形资产和长期有价证券的投资。由于长期投资中固定资产所占的比重较大,因此,长期投资有时专指固定资产投资。

(3) 对内投资和对外投资

根据投资的方向,企业投资可分为对内投资和对外投资两类。对内投资是指把资金投向公司内部,购置各种生产经营用资产的投资。对外投资是指公司以现金、实物、无形资产等形式或者以购买股票、债券等有价证券的方式向其他单位的投资。

(4) 初创投资和后续投资

根据投资在生产过程中的作用,企业投资可分为初创投资和后续投资。初创投资是在建立新企业时进行的各种投资。它的特点是投入的资金通过建设形成企业的原始资产,为企业的生产、经营创造必要的条件。后续投资则是指为巩固和发展企业再生产所进行的各种投资，主要包括为维持企业简单再生产所进行的更新性投资、为实现扩大再生产所进行的追加性投资、为调整生产经营方向所进行的转移性投资，等等。

7.1.4 投资管理的原则

企业投资的根本目的是谋求利润、增加企业价值。企业能否实现这一目标，关键在于能否在风云变幻的市场环境下，抓住有利的时机，作出合理的投资决策。为此，企业在投资时必须坚持以下原则。

（1）认真进行市场调查，及时捕捉投资机会

捕捉投资机会是企业投资活动的起点，也是企业投资决策的关键。在市场经济条件下，投资机会不是固定不变的，而是不断变化的，它受到诸多因素的影响，其中最主要的是市场需求的变化。企业在投资之前，必须认真进行市场调查和市场分析，寻找最有利的投资机会。市场是不断变化、发展的，对于市场和投资机会的关系也应从动态的角度加以把握。正是由于市场的不断变化和发展，才有可能产生一个又一个新的投资机会。随着经济不断发展，人们收入水平不断提高，人们对消费的需求也发生了很大的变化，无数的投资机会正是在这些变化中产生的。

（2）建立科学的投资决策程序，认真进行投资项目的可行性分析

在市场经济条件下，企业的投资决策都会面临一定的风险。为了保证投资决策的正确、有效，必须按科学的投资决策程序，认真进行投资项目的可行性分析。投资项目可行性分析的主要任务是对投资项目技术上的可行性和经济上的有效性进行论证，运用各种方法计算出有关指标，以合理确定不同项目的优劣。财务部门是对企业的资金进行规划和控制的部门，财务人员必须参与投资项目的可行性分析。

（3）及时足额地筹集资金，保证投资项目的资金供应

企业的投资项目，特别是大型投资项目，其建设工期长，所需资金多，一旦开工就必须有足够的资金供应，否则就会使工程建设中断，造成很大的损失。因此，在投资项目开始建设之前，必须科学预测投资所需资金的数量和时间，采用适当的方法筹措资金，保证投资项目顺利完成，尽快产生投资效益。

（4）认真分析风险和报酬的关系，适当控制企业的投资风险

报酬和风险是共存的。一般而言，报酬越高，风险也越大，报酬的增加是以风险的增大为代价的，而风险的增加将会引起企业价值的下降，不利于财务目标的实现。因此，企业在进行投资时，必须在考虑报酬的同时认真考虑风险情况，只有在报酬和风险达到均衡时，才有可能不断增加企业价值，实现财务管理的目标。

7.2 项目投资财务评价指标

投资决策，是对各个可行方案进行分析和评价，并从中选择最优方案的过程。投资项目决策的分析、评价，需要采用一些专门的评价指标和方法。常用的财务可行性评价指标有净现值、年金净流量、现值指数、内含收益率和回收期等，围绕这些指标进行投资项目财务评

价就产生了净现值法、内含收益率法、回收期法等评价方法。

7.2.1 折现现金流量指标

（1）项目现金流量

现金流量是投资项目财务可行性分析的主要分析对象。净现值、内含收益率、回收期等财务评价指标，均是以现金流量为对象进行可行性评价的。利润只是期间财务报告的结果，对于投资方案财务可行性来说，项目的现金流量状况比会计期间盈亏状况更为重要。一个投资项目能否顺利进行、有无经济效益，不一定取决于有无会计期间利润，而在于能否带来正现金流量，即整个项目能否获得超过项目投资的现金回收。

由一项长期投资方案所引起的在未来一定期间所发生的现金收支，叫作现金流量。其中，现金收入称为现金流入量，现金支出称为现金流出量，现金流入量与现金流出量相抵后的余额称为现金净流量。在一般情况下，投资决策中的现金流量通常指现金净流量。这里所谓的现金既指库存现金、银行存款等货币性资产，也可以指相关非货币性资产（如原材料、设备等）的变现价值。

投资项目从整个经济寿命周期来看，大致可以分为三个阶段：投资期、营业期、终结点。现金流量的各个项目也可归属于各个阶段之中，如图 7-1 所示。

图 7-1 投资项目周期示意图

① 投资期的现金流量。投资阶段的现金流量主要是现金流出量，即在该投资项目上的原始投资，包括在长期资产上的投资和垫支的营运资金。如果该项目的筹建费较高，也可作为初始阶段的现金流出量计入递延资产。在一般情况下，初始阶段中固定资产的原始投资通常在年内一次性投入（如购买设备）；如果原始投资不是一次性投入（如工程建造），则应把投资归属于不同投入年份之中。

【例 7-1】 甲公司计划投资购入一台新设备。预计该设备投产后，第一年年初的流动资产需要额为 35 万元，流动负债需要额为 12 万元；第二年年初流动资产需要额为 55 万元，流动负债需要额为 20 万元。试计算该生产设备投产第二年，需要增加的流动资金投资额。

【解】 需要增加的流动资金投资额＝(55－20)－(35－12)＝35－23＝12(万元)

【例 7-2】 某项目预计投产第一年年初流动资产需要额为 150 万元，预计第一年流动负债为 65 万元；投产第二年年初流动资产需用额为 250 万元，预计第二年流动负债为 120 万元。试计算该项目流动资金投资总额。

【解】 第一年所需流动资金＝150－65＝85(万元)

首次流动资金投资额＝85－0＝85(万元)

第二年所需流动资金＝250－120＝130(万元)

第二年流动资金投资额＝本年流动资金需用额－上年流动资金需用额＝130－85＝45(万元)

流动资金投资合计＝85＋45＝130(万元)

② 营业期的现金流量。营业阶段是投资项目的主要阶段，该阶段既有现金流入量，也有现金流出量。现金流入量主要是营运各年的营业收入，现金流出量主要是营运各年的付现营运成本。另外，营业期内某一年发生的大修理支出，如果会计处理中在本年内一次性作为损益性支出，则直接作为该年付现成本；如果跨年摊销处理，则在本年作为投资性的现金流出量，摊销年份以非付现成本形式处理。营业期内某一年发生的改良支出是一种投资，应作为该年的现金流出量，以后年份通过折旧收回。在正常营业阶段，由于营运各年的营业收入和付现营运成本数额比较稳定，如不考虑所得税因素，营业阶段各年现金净流量一般为：

营业现金净流量（NCF）＝营业收入－付现成本＝营业利润＋非付现成本

式中，非付现成本主要是固定资产年折旧费用、长期资产摊销费用、资产减值损失等。其中，长期资产摊销费用主要有跨年的大修理摊销费用、改良工程折旧摊销费用、筹建费摊销费用等。

所得税是投资项目的现金支出，即现金流出量。考虑所得税对投资项目现金流量的影响，投资项目正常营运阶段所获得的营业现金净流量可按下式计算：

营业现金净流量（NCF）＝营业收入－付现成本－所得税

或　　　　　　　　NCF＝税后营业利润＋非付现成本

或　　　　　　　　NCF＝收入×（1－所得税税率）－付现成本×（1－所得税税率）
　　　　　　　　　　　＋非付现成本×所得税税率

【例 7-3】 某企业计划投资购买 1 台设备，设备价值为 36 万元，使用寿命为 6 年，以直线法计提折旧，期末无残值。使用该设备每年给企业带来销售收入 40 万元，付现成本 18 万元。若企业适用的所得税税率为 25％，试计算该项目经营期现金净流量。

【解】 折旧额＝36/6＝6（万元）

税前利润＝40－18－6＝16（万元）

所得税＝16×25％＝4（万元）

净利润＝16－4＝12（万元）

经营期现金净流量＝40－18－4＝18（万元）

③ 终结期的现金流量。终结阶段的现金流量主要是现金流入量，包括固定资产变价净收入、固定资产变现净损益抵税和垫支营运资金的收回。

固定资产变价净收入，是指固定资产出售或报废时的出售价款或残值收入扣除清理费用后的净额。

固定资产变现净损益对现金净流量的影响：

固定资产变现净损益对现金净流量的影响＝（账面价值－变价净收入）×所得税税率

如果（账面价值－变价净收入）＞0，则意味着发生了变现净损失，可以抵税，减少现金流出，增加现金净流量。如果（账面价值－变价净收入）＜0，则意味着实现了变现净收益，应该纳税，增加现金流出，减少现金净流量。

【例 7-4】 甲公司 2015 年 12 月 31 日以 25 000 元价格处置一台闲置设备。该设备于 2007 年 12 月以 90 000 元价格购入，并在当期投入使用，预计可使用年限为 10 年，预计残值率为零。按年限平均法计提折旧（均与税法规定相同）。假设甲公司适用企业所得税税率为 25％，不考虑其他相关税费，则该业务对当期现金流量的影响计算如下：

年折旧额＝90 000/10＝9 000（元）

目前账面价值＝90 000－9 000×8＝18 000（元）

该业务对当期现金流量的影响＝25 000－(25 000－18 000)×25％＝23 250(元)

④ 垫支营运资金的收回。伴随着固定资产的出售或报废，投资项目的经济寿命结束，企业将与该项目相关的存货出售，应收账款收回，应付账款也随之偿付。营运资金恢复到原有水平，项目开始垫支的营运资金在项目结束时得到回收。

【例 7-5】 某投资项目需要 3 年建成，每年初投入建设资金 80 万元，共投入 240 万元。建成投产之时，需投入营运资金 170 万元，以满足日常经营活动需要。项目投产后，估计每年可获税后营业利润 50 万元。固定资产使用年限为 7 年，使用后第 5 年预计进行一次改良，估计改良支出为 60 万元，分两年平均摊销。资产使用期满后，估计有残值净收入 30 万元，采用使用年限法折旧。项目期满时，垫支营运资金全额收回，如表 7-1 所示。

表 7-1 固定资产营运资金　　　　　　　　　　　　　　　　　　　　　　　　单位：万元

项目	第0年	第1年	第2年	第3年	第4年	第5年	第6年	第7年	第8年	第9年	第10年	总计
固定资产价值	(80)	(80)	(80)									(240)
固定资产折旧					30	30	30	30	30	30	30	210
改良支出									(60)			(60)
改良支出摊销										30	30	60
税后营业利润					50	50	50	50	50	50	50	350
残值净收入											30	30
营运资金				(170)							170	0
总计	(80)	(80)	(80)	(170)	80	80	80	80	20	110	310	350

注：表中加括号的数字表示资金流出量。

(2) 净现值

投资项目投入使用后的净现金流量，按资本成本率或企业要求达到的报酬率折算为现值，减去初始投资以后的余额叫作净现值（net present value，NPV），其计算公式为：

$$\text{NPV}=\left[\frac{\text{NCF}_1}{(1+K)^1}+\frac{\text{NCF}_2}{(1+K)^2}+\cdots+\frac{\text{NCF}_n}{(1+K)^n}\right]-C=\sum_{t=1}^{n}\frac{\text{NCF}_t}{(1+K)^t}-C$$

式中，NPV 表示净现值；NCF_t 表示第 t 年的净现金流量；K 表示折现率（资本成本率或企业要求的报酬率）；n 表示项目预计使用年限；C 表示初始投资额。

① 净现值的计算步骤。如果投资期超过一年，则净现值应是减去初始投资的现值以后的余额，后面计算内含报酬率、获利指数的公式中初始投资额的确定与此相同。

第一步，计算每年的营业净现金流量。

第二步，计算未来现金流量的总现值。这又可分成三步：

a. 将每年的营业净现金流量折算成现值。如果每年的 NCF 相等，则按年金法折算成现值；如果每年的 NCF 不相等，则先对每年的 NCF 进行折现，然后加以合计。

b. 将终结现金流量折算成现值。

c. 计算未来现金流量的总现值。

第三步，计算净现值。其计算公式为：

净现值＝未来现金流量的总现值－初始投资

【例 7-6】 甲公司计划投资一条新的生产线，项目一次性总投资 1 000 万元，建设期为 3 年，经营期为 10 年，经营期每年可产生净现金流量 300 万元。若当前市场利率为 9％，请计算甲公司该项目的净现值。[已知$(P/A,9\%,13)=7.4869$，$(P/A,9\%,10)=6.4177$，$(P/A,9\%,3)=2.5313$。]

【解】 该项目的净现值$=-1\,000+300\times[(P/A,9\%,13)-(P/A,9\%,3)]$
$=-1\,000+300\times(7.4869-2.5313)=486.68$（万元）

② 净现值法的决策规则。净现值法的决策规则是：在只有一个备选方案时，净现值大于或等于零则采纳，净现值小于零时不采纳；在有多个备选方案的互斥项目选择决策中，应选用正的净现值中的最大者。

③ 净现值法的优缺点。净现值法的优点是考虑了货币的时间价值，能够反映各种投资方案的净收益，是一种较好的方法。其缺点是不能揭示各个投资方案本身可能达到的实际报酬率是多少，内含报酬率法则弥补了这一缺陷。

(3) 年金净流量

投资项目的未来现金净流量与原始投资额，构成该项目的全部现金净流量。项目期间全部现金净流量的总现值或总终值折算为年金形式的现金净流量，称为年金净流量（annual net cash flow, ANCF）。年金净流量的计算公式为：

年金净流量＝现金净流量总现值/年金现值系数
＝现金净流量总终值/年金终值系数

式中，现金净流量总现值即为 NPV。与净现值指标一样，年金净流量指标大于零，说明每年平均的现金流入能抵补现金流出，投资项目的净现值（或净终值）大于零，方案的收益率大于所要求的收益率，方案可行。在两个以上寿命期不同的投资方案比较时，年金净流量越大，方案越好。

年金净流量法是净现值法的辅助方法，在各方案寿命期相同时，实质上就是净现值法。因此它适用于期限不同的互斥投资方案决策。但同时，它也具有与净现值法同样的缺点，不便于对原始投资额不相等的独立投资方案进行决策。

(4) 现值指数

现值指数（present value index, PVI）是投资项目的未来现金净流量现值与原始投资额现值之比。计算公式为：

现值指数＝未来现金净流量现值/原始投资额现值

从现值指数的计算公式可见，现值指数的计算结果有三种：大于 1、等于 1、小于 1。若现值指数大于或等于 1，说明方案实施后的投资收益率高于或等于必要收益率，方案可行；若现值指数小于 1，说明方案实施后的投资收益率低于必要收益率，方案不可行。现值指数越大，方案越好。

【例 7-7】 有两个独立投资方案，有关资料如表 7-2 所示。

表 7-2 两种独立投资方案相关资料　　　　　　　　　　　　单位：万元

项目	方案 A	方案 B
原始投资额现值	20 000	2 000
未来现金净流量现值	30 000	3 200
净现值	1 600	1 400

从净现值的绝对数来看，方案 A 大于方案 B，似乎应采用方案 A；但从投资额来看，方案 A 的原始投资额现值大大超过了方案 B。所以，在这种情况下，如果仅用净现值来判断

方案的优劣,就难以作出正确的比较和评价。按现值指数法计算:

方案 A 现值指数=30 000/20 000=1.50

方案 B 现值指数=3 200/2 000=1.60

计算结果表明,方案 B 的现值指数大于方案 A,应当选择方案 B。

现值指数法也是净现值法的辅助方法,在各方案原始投资额现值相同时,实质上就是净现值法。由于现值指数是未来现金净流量现值与所需投资额现值之比,是一个相对数指标,反映了投资效率,所以,用现值指数指标来评价独立投资方案,可以克服净现值指标不便于对原始投资额现值不同的独立投资方案进行比较和评价的缺点,从而对方案的分析与评价更加合理、客观。

【例 7-8】 甲企业计划投资一条新的生产线,项目一次性总投资 650 万元,建设期为 3 年,经营期为 10 年,经营期每年可产生现金净流量 120 万元。若甲企业要求的年投资报酬率为 9%,则请计算该投资项目的现值指数。[已知:$(P/A,9\%,13)=7.4869$;$(P/A,9\%,10)=6.4177$;$(P/A,9\%,3)=2.5313$。]

【解】 该投资项目的现值指数=$120\times[(P/A,9\%,13)-(P/A,9\%,3)]/650$
$$=120\times(7.4869-2.5313)/650\approx0.91$$

(5) 内含报酬率

内含报酬率(internal rate of return,IRR)也称内部报酬率,是指使净现值等于零时的折现率。该指标实际上反映了投资项目的真实报酬,目前越来越多的企业使用该项指标对投资项目进行评价。内含报酬率的计算公式为:

$$\frac{NCF_1}{(1+r)^1}+\frac{NCF_2}{(1+r)^2}+\cdots+\frac{NCF_n}{(1+r)^n}-C=0$$

即

$$\sum_{t=1}^{n}\frac{NCF_t}{(1+r)^t}-C=0$$

式中 NCF_t——第 t 年的净现金流量;

r——内含报酬率;

n——项目使用年限;

C——初始投资额。

① 内含报酬率的计算步骤:

a. 每年的 NCF 相等时,按下列步骤计算。

第一步,计算年金现值系数:

年金现值系数=初始投资额/每年 NCF

第二步,查年金现值系数表,在相同的期数内,找出与上述年金现值系数相邻的较大和较小的两个折现率。

第三步,根据上述两个邻近的折现率和已求得的年金现值系数,采用插值法计算出该投资方案的内含报酬率。

b. 如果每年的 NCF 不相等,则需要按下列步骤计算。

第一步,先预估一个折现率,并按此折现率计算净现值。如果计算出的净现值为正数,则表示预估的折现率小于该项目的实际内含报酬率,应提高折现率,再进行测算;如果计算出的净现值为负数,则表明预估的折现率大于该方案的实际内含报酬率,应降低折现率,再进行测算。经过如此反复测算,找到净现值由正到负并且比较接近零的两个折现率。

第二步，根据上述两个邻近的折现率，用插值法计算出方案的实际内含报酬率。

【例 7-9】 某公司拟投资 8 000 万元，经测算，该项投资的经营期为 4 年，每年年末的现金净流量均为 3 000 万元。请计算该投资项目的内含报酬率。[已知：$(P/A,17\%,4)=2.743\,2$；$(P/A,20\%,4)=2.588\,7$。]

【解】 $3\,000\times(P/A,i,4)-8\,000=0$

$(P/A,i,4)=8\,000/3\,000\approx 2.666\,7$

根据插值法，得：

$(i-17\%)/(20\%-17\%)=(2.743\,2-2.666\,7)/(2.743\,2-2.588\,7)$

$i\approx 18.49\%$

② 内含报酬率法的决策规则。内含报酬率法的决策规则是：在只有一个备选方案时，如果计算出的内含报酬率大于或等于公司的资本成本率或必要报酬率，就采纳，反之则拒绝；在有多个备选方案的互斥选择决策中，选择内含报酬率超过资本成本率或必要报酬率最多的投资项目。

③ 内含报酬率法的优缺点。内含报酬率法考虑了资金的时间价值，反映了投资项目的真实报酬率，概念也易于理解。但这种方法的计算过程比较复杂，特别是对于每年 NCF 不相等的投资项目，一般要经过多次测算。

7.2.2 非折现现金流量指标

（1）投资回收期

投资回收期（payback period，PP）代表收回投资所需的年限。回收期越短，方案越有利。在初始投资一次支出，且每年的净现金流量（NCF）相等时，投资回收期可按下列公式计算：

投资回收期＝初始投资额/每年 NCF

【例 7-10】 某企业有甲、乙两个投资方案：甲方案需要投资 5 000 万元，设备使用 6 年，每年净现金流量为 2 500 万元；乙方案需要投资 4 000 万元，设备使用 6 年，每年净现金流量为 1 600 万元。请计算甲、乙两个投资方案的投资回收期并判断、选择投资方案。

【解】 甲方案的投资回收期＝5 000/2 500＝2(年)

乙方案的投资回收期＝4 000/1 600＝2.5(年)

甲方案的投资回收期比乙方案的投资回收期短，所以选择甲方案。

【例 7-11】 某企业计划投资一个项目，需要投资 10 000 万元，现有甲、乙两个投资方案，有关资料如表 7-3 所示。应该选择哪个方案？

表 7-3 净现金流量表　　　　　　　　　　　　　单位：万元

使用期限/年	甲方案各年净现金流量	甲方案年末累积净现金流量	乙方案各年净现金流量	乙方案年末累积净现金流量
1	6 000	−4 000	0	−10 000
2	5 000	1 000	2 000	−8 000
3	3 000	4 000	6 000	−2 000
4	2 000	6 000	8 000	6 000

【解】 两个方案的现金流量不相等，投资回收期为：

甲方案的投资回收期＝1＋4 000/5 000＝1.8(年)

乙方案的投资回收期＝3＋2 000/8 000＝3.25(年)

甲方案的投资回收期比乙方案的投资回收期短，所以选择甲方案投资。

投资回收期法的优缺点：投资回收期法的概念容易理解，计算也比较简单，但这一指标的缺点在于它不仅忽视了货币的时间价值，而且没有考虑回收期满后的现金流量状况，事实上，有战略意义的长期投资往往早期收益较低，而中后期收益较高。投资回收期法总是优先考虑急功近利的项目。它是过去评价投资方案最常用的方法，目前仅作为辅助方法使用，主要用来测定投资方案的流动性而非盈利性。

(2) 平均报酬率

平均报酬率（average rate of return，ARR）是投资项目寿命周期内平均的年投资报酬率，也称平均投资报酬率。平均报酬率有多种计算方法。其中最常见的计算公式为：

$$平均报酬率(ARR)＝(平均现金流量/初始投资额)\times 100\%$$

【例 7-12】 某公司购买一台新设备用于生产新产品，设备价值为 60 万元，使用寿命为 5 年，预计净残值为 5 万元，按年限平均法计提折旧（与税法规定一致）。使用该设备预计每年能为公司带来销售收入 50 万元，付现成本 18 万元，最后一年收回残值收入 5 万元。假设该公司适用的企业所得税税率为 25%，请计算该项投资的平均报酬率。

【解】 第 1 至 4 年经营期现金流量＝50×(1－25%)－18×(1－25%)＋[(60－5)/5]×25%
　　　　　　　　　　　　　　＝26.75(万元)

第 5 年的现金净流量＝26.75＋5＝31.75(万元)

年均现金净流量＝(26.75×4＋31.75)/5＝27.75(万元)

投资回报率＝(27.75/60)×100%＝46.25%

在采用平均报酬率这一指标时，应事先确定一个企业要求达到的平均报酬率，或称必要平均报酬率。在进行决策时，只有高于必要平均报酬率的方案才能入选。而在有多个互斥方案的选择决策中，则选用平均报酬率最高的方案。

平均报酬率的优点是简明、易算、易懂。其主要缺点是：

① 没有考虑货币的时间价值，第一年的现金流量与最后一年的现金流量被看作具有相同的价值，所以有时会做出错误的决策；

② 必要平均报酬率的确定具有很大的主观性。

7.3 项目投资实例

7.3.1 固定资产更新决策

固定资产更新是对技术上或经济上不宜继续使用的旧资产用新的资产更换，或用先进的技术对原有设备进行局部改造。固定资产更新决策就是对这种投资进行分析并做出决策。

(1) 新旧设备使用寿命相同的情况

在新旧设备尚可使用年限相同的情况下，我们可以采用差量分析法来计算一个方案比另一个方案增减的现金流量,这种方法的计算比较简单。

【例 7-13】 拓扑公司考虑用一台新的、效率更高的设备来代替旧设备,以减少成本,增加收益。旧设备采用直线法计提折旧,新设备采用年数总和法计提折旧,公司的所得税税率为 25%,资本成本率为 10%,不考虑增值税的影响,新旧设备现金流量比较见表 7-4。试做出该公司是继续使用旧设备还是对其进行更新的决策。

表 7-4　新旧设备现金流量比较　　　　　　　　　　　　　　　　单位:万元

项目	旧设备	新设备
原价	5 000	7 000
可用年限	10 年	4 年
已用年限	6 年	0 年
尚可使用年限	4 年	4 年
税法规定残值	0	700
目前变现价值	2 000	7 000
每年可获得的收入	4 000	6 000
每年付现成本	2 000	1 800
折旧方法	直线法	年数总和法
第 1 年折旧额	500	2 520
第 2 年折旧额	500	1 890
第 3 年折旧额	500	1 260
第 4 年折旧额	500	630

【解】　下面采用差量分析法对设备更新问题做出决策。所有增减量均用希腊字母"△"表示。假设有两个相同投资期的方案 A 和 B,差量分析法的基本步骤如下:

首先,将两个方案的现金流量进行对比,求出 △ 现金流量(A 的现金流量－B 的现金流量)。其次,根据各期的 △ 现金流量,计算两个方案的 △ 净现值。最后,根据 △ 净现值做出判断:如果 △ 净现值≥0,则选择方案 A;否则,选择方案 B。

现假设采用新设备为 A 方案,采用旧设备为 B 方案,计算如下:

① 计算初始投资的差量:

△ 初始投资＝7 000－2 000＝5 000(万元)

② 计算各年营业净现金流量的差量,见表 7-5。

表 7-5　各年营业净现金流量的差量　　　　　　　　　　　　　　单位:万元

项目	第 1 年	第 2 年	第 3 年	第 4 年
△ 销售收入(1)	2 000	2 000	2 000	2 000
△ 付现成本(2)	－200	－200	－200	－200
△ 折旧额(3)	2 020	1 390	760	130
△ 税前利润(4)＝(1)－(2)－(3)	180	810	1 440	2 070
△ 所得税(5)	45	202.5	360	517.5
△ 税后利润(6)	135	607.5	1 080	1 552.5
△ 营业净现金流量(7)＝(6)＋(3)＝(1)－(2)－(5)	2 155	1 997.5	1 840	1 682.5

③ 计算两个方案现金流量的差量,见表 7-6。

表 7-6　两个方案现金流量的差量　　　　　　　　　　　　单位:万元

项目	第 0 年	第 1 年	第 2 年	第 3 年	第 4 年
Δ初始投资	-5 000				
Δ营业净现金流量		2 155	1 997.5	1 840	1 682.5
Δ终结现金流量					700
Δ现金流量	-5 000	2 155	1 997.5	1 840	2 382.5

④ 计算净现值的差量:

$$\begin{aligned}\Delta NPV &= 2\,155 \times PVIF_{10\%,1} + 1\,997.5 \times PVIF_{10\%,2} \\ &\quad + 1\,840 \times PVIF_{10\%,3} + 2\,382.5 \times PVIF_{10\%,4} - 5\,000 \\ &= 2\,155 \times 0.909 + 1\,997.5 \times 0.826 + 1\,840 \times 0.751 \\ &\quad + 2\,382.5 \times 0.683 - 5\,000 \approx 1\,617.92(万元)\end{aligned}$$

式中,$PVIF_{i,n}$ 为折现率取 i 时第 n 期的复利现值系数。

因为固定资产更新后,将增加净现值 1 617.92 元,故应进行更新。当然,也可以分别计算出两个项目的净现值来进行比较,其结果是一样的。

(2) 新旧设备使用寿命不同的情况

在上面的例子中,新旧设备尚可使用的年限相同。而多数情况下,新设备的使用年限要比旧设备长,此时的固定资产更新问题就演变成两个或两个以上寿命不同的投资项目的选择问题。对于寿命不同的项目,为了使投资项目的各项指标具有可比性,要设法使其在相同的寿命期内进行比较。此时可以采用的方法有最小公倍寿命法和年均净现值法。

沿用拓扑公司的例子,为了计算方便,假设新设备的使用寿命为 8 年,每年可获得销售收入 4 500 万元,采用直线法折旧,期末无残值,其他条件不变。

① 净现值法:

a. 计算新旧设备的营业净现金流量,见表 7-7。

旧设备的年折旧额 = 2 000÷4 = 500(万元)

新设备的年折旧额 = 7 000÷8 = 875(万元)

表 7-7　新旧设备营业净现金流量　　　　　　　　　　　　单位:万元

项目	旧设备(第 1 至 4 年)	新设备(第 1 至 8 年)
销售收入(1)	4 000	4 500
付现成本(2)	2 000	1 800
折旧额(3)	500	875
税前利润(4)=(1)-(2)-(3)	1 500	1 825
所得税(5)=(4)×25%	375	456.3
税后净利(6)=(4)-(5)	1 125	1 368.8
营业净现金流量(7)=(6)+(3)=(1)-(2)-(5)	1 625	2 243.8

b. 计算新旧设备的现金流量,见表 7-8。

表 7-8 新旧设备的现金流量   单位：万元

项目	旧设备		新设备	
	第 0 年	第 1 至 4 年	第 0 年	第 1 至 8 年
初始投资	−2 000		−7 000	
营业净现金流量		1 625		2 243.8
终结现金流量		0		
现金流量	−2 000	1 625	−7 000	2 243.8

c. 计算新旧设备的净现值：

$NPV_{旧} = -2\ 000 + 1\ 625 \times PVIF_{10\%,4} = -2\ 000 + 1\ 625 \times 3.170 \approx 3\ 151.3(万元)$

$NPV_{新} = -7\ 000 + 2\ 243.78 \times PVIF_{10\%,8} = -7\ 000 + 2\ 243.8 \times 5.335 \approx 4\ 970.7(万元)$

从以上计算中很容易得出应该更新设备的结论，但这个结论是错误的，因为新旧设备的使用寿命不同，不能直接进行比较。使用最小公倍寿命法则可以将两个方案放到同一个寿命期内进行比较，使各种指标具有可比性。

② 最小公倍寿命法。最小公倍寿命法又称项目复制法，是将两个方案使用寿命的最小公倍数作为比较期间，并假设两个方案在这个比较期间进行多次重复投资，将各自多次投资的净现值进行比较的分析方法。

在上面的例子中，新旧设备使用寿命的最小公倍数是 8 年，在这个共同期间，继续使用旧设备的投资方案可以进行 2 次，使用新设备的投资方案可以进行 1 次。因为继续使用旧设备的投资方案可以进行 2 次，相当于 4 年后按照现在的变现价值重新购置一台同样的旧设备进行第 2 次投资，获得与当前继续使用旧设备同样的净现值。

因此，8 年内，继续使用旧设备的净现值为：

$NPV_{旧} \approx 3\ 151.3 + 3\ 151.3 \times PVIF_{10\%,4} = 3\ 151.3 + 3\ 151.3 \times 0.683 \approx 5\ 303.6(万元)$

若使用新设备，根据前面的计算结果，其净现值为：

$NPV_{新} \approx 4\ 970.7\ 万元$

通过比较可知，继续使用旧设备的净现值比使用新设备的净现值高出 332.9 万元，所以目前不应该更新。

③ 年均净现值法。年均净现值法是把投资项目在寿命期内总的净现值转化为每年的平均净现值，并进行比较分析的方法。年均净现值的计算公式为：

$$ANPV = \frac{NPV}{PVIFA_{k,n}}$$

式中 ANPV——年均净现值；

NPV——净现值；

$PVIFA_{k,n}$——建立在资本成本率和项目寿命期基础上的年金现值系数。

计算上例中两种方案的年均净现值为：

$$ANPV_{旧} = \frac{NPV_{旧}}{PVIFA_{10\%,4}} \approx 3\ 151.3 \div 3.170 \approx 994.1(万元)$$

$$ANPV_{新} = \frac{NPV_{新}}{PVIFA_{10\%,8}} \approx 4\ 970.7 \div 5.335 \approx 931.7(万元)$$

从计算结果可以看出，继续使用旧设备的年均净现值比使用新设备的年均净现值高，所以应该继续使用旧设备。用年均净现值法和最小公倍寿命法得到的结论一致。

7.3.2 投资时机选择决策

投资时机选择决策可以使决策者确定开始投资的最佳时期。如某林地的所有者需要决定何时砍伐树木比较合适、某产品专利权的所有者必须决定何时推出该产品。这类决策既会产生一定的效益，又会伴随有相应的成本。在等待时机的过程中，公司能够得到更为充分的市场信息或更高的产品价格，或者有时间继续提高产品的性能。但是这些决策优势也会带来等待所引起的时间价值的损失，以及竞争者提前进入市场的危险；另外，成本也可能会随着时间的延长而增加。

【例 7-14】 某林业公司有一片经济林准备采伐并加工成木材出售，该经济林的树木将随着时间的推移而更加茂密，也就是单位面积的经济价值会逐渐提高。根据预测，每年每亩树木的销售收入将提高 20%，但是采伐的付现成本（主要是工人工资）每年也将增加 10%。按照公司的计划安排，可以现在采伐或者 3 年后再采伐。无论哪种方案，树林都可供采伐 4 年，需要购置的采伐及加工设备的初始成本都为 1 000 万元，直线法折旧年限 4 年，无残值，项目开始时均需垫支营运资本 200 万元，采伐结束后收回。计划每年采伐 2 000 亩林木，第 1 年每亩林木可获得销售收入 1 万元，采伐每亩林木的付现成本为 0.35 万元。因此，公司要做出是现在采伐还是 3 年以后采伐的决策。基本情况见表 7-9。应该如何决策？

表 7-9 采伐方案的基本情况

投资与回收		收入与成本	
固定资产投资	1 000 万元	年采伐量	200 亩
营运资本垫支	200 万元	当前采伐每亩收入	1 万元
固定资产残值	0 万元	当前采伐每亩付现成本	0.35 万元
固定资产直线法折旧年限	4 年	所得税税率	25%
资本成本率	10%		

【解】（1）计算现在采伐的净现值

① 计算现在采伐的营业现金流量，如表 7-10 所示。

表 7-10 现在采伐的营业现金流量　　　　　　　　单位：万元

项目	第 1 年	第 2 年	第 3 年	第 4 年
销售收入(1)	2 000	2 400	2 880	3 456
付现成本(2)	700	770	847	931.7
折旧(3)	250	250	250	250
税前利润(4)	1 050	1 380	1 783	2 274.3
所得税(5)	262.5	345	445.8	568.6
税后利润(6)	787.5	1035	1 337.2	1 705.7
营业现金流量(7)=(1)-(2)-(5)=(3)+(6)	1 037.5	1 285	1 587.2	1 955.7

② 根据初始投资、营业现金流量和终结现金流量编制现金流量表，如表 7-11 所示。

表 7-11 现金流量表（一） 单位：万元

项目	第 0 年	第 1 年	第 2 年	第 3 年	第 4 年
固定资产投资	−1 000				
营运资本垫支	−200				
营业现金流量		1 037.5	1 285	1 587.2	1 955.7
营运资本回收					200
现金流量	−1 200	1 037.5	1 285	1 587.2	2 155.7

③ 计算现在采伐的净现值：

$$NPV = 1\,037.5 \times PVIF_{10\%,1} + 1\,285 \times PVIF_{10\%,2}$$
$$+ 1\,587.2 \times PVIF_{10\%,3} + 2\,155.7 \times PVIF_{10\%,4} - 1\,200$$
$$= 1\,037.5 \times 0.909 + 1\,285 \times 0.826 + 1\,587.2 \times 0.751 + 2\,155.7 \times 0.683 - 1\,200$$
$$\approx 3\,469(万元)$$

（2）计算 3 年后采伐的净现值

① 计算 3 年后采伐的营业现金流量（以第 4 年年初为起点），如表 7-12 所示。

表 7-12 3 年后采伐的营业现金流量 单位：万元

项目	第 4 年	第 5 年	第 6 年	第 7 年
销售收入(1)	3 456	4 147.2	4 976.6	5 972
付现成本(2)	931.7	1 024.9	1 127.4	1 240.1
折旧(3)	250	250	250	250
税前利润(4)	2 274.3	2 872.3	3 599.2	4 481.9
所得税(5)	568.6	718.1	899.8	1 120.5
税后利润(6)	1 705.7	2 154.2	2 699.4	3 361.4
营业现金流量(7)	1 955.7	2 404.2	2 949.4	3 611.4

② 根据初始投资、营业现金流量和终结现金流量编制现金流量表，如表 7-13 所示。

表 7-13 现金流量表（二） 单位：万元

项目	第 4 年年初	第 4 年	第 5 年	第 6 年	第 7 年
固定资产投资	−1 000				
营运资本垫支	−200				
营业现金流量		1 955.7	2 404.2	2 949.4	3 611.4
营运资本回收					200
现金流量	−1 200	1 955.7	2 404.2	2 949.4	3 811.4

③ 计算 3 年后采伐的净现值：

$$NPV = 1\,955.7 \times PVIF_{10\%,4} + 2\,404.2 \times PVIF_{10\%,5}$$
$$+ 2\,949.4 \times PVIF_{10\%,6} + 3\,811.4 \times PVIF_{10\%,7} - 1\,200 \times PVIF_{10\%,3}$$
$$= 1\,955.7 \times 0.683 + 2\,404.2 \times 0.621 + 2\,949.4 \times 0.564$$
$$+ 3\,811.4 \times 0.513 - 1\,200 \times 0.751 \approx 5\,546(万元)$$

3年后采伐方案净现值的另一种计算方法，如表7-14所示。

表 7-14　采伐方案净现值　　　　　　　　　　　　　　　　单位：万元

项目	第0年	第1年	第2年	第3年	第4年
固定资产投资	−1 000				
营运资本垫支	−200				
营业现金流量		1 955.7	2 404.2	2 949.4	3 611.4
营运资本回收					200
现金流量	−1 200	1 955.7	2 404.2	2 949.4	3 811.4

第4年年初的净现值为：

$$\begin{aligned}NPV_4 &= 1\,955.7 \times PVIF_{10\%,1} + 2\,404.2 \times PVIF_{10\%,2} \\ &\quad + 2\,949.4 \times PVIF_{10\%,3} + 3\,811.4 \times PVIF_{10\%,4} - 1\,200 \\ &= 1\,955.7 \times 0.909 + 2\,404.2 \times 0.826 + 2\,949.4 \times 0.751 \\ &\quad + 3\,811.4 \times 0.683 - 1\,200 \approx 7\,381.8(万元)\end{aligned}$$

再将第4年年初的净现值折算为当前的净现值，即：

$$NPV = NPV_4 \times PVIF_{10\%,3} \approx 7\,381.8 \times 0.751 \approx 5\,543.7(万元)$$

（3）结论

由于3年后采伐的净现值大于现在采伐的净现值，因此应该在3年后采伐。

7.3.3　投资期选择决策

投资期是指项目从开始投入资金至项目建成投入生产所需要的时间。较短的投资期，需要在初期投入较多的人力、物力，但是后续的营业现金流量发生得比较早；较长的投资期，初始投资较少，但是由于后续的营业现金流量发生得比较晚，也会影响投资项目的净现值。因此，在可以选择的情况下，公司应该运用投资决策的分析方法，对延长或缩短投资期进行认真比较，以权衡利弊。

在投资期选择决策中，最常用的方法是差量分析法。采用差量分析法计算比较简单，但是不能反映不同投资期下项目的净现值。

【例 7-15】　甲公司进行一项投资，正常投资期为3年，每年投资2 000万元，3年共需投资6 000万元。第4~13年每年净现金流量为2 100万元。如果把投资期缩短为2年，每年需投资3 200万元，2年共投资6 400万元，竣工投产后的项目寿命和每年净现金流量不变。资本成本率为20%，假设寿命终结时无残值，不用垫支营运资本。试分析判断是否应缩短投资期。

【解】　（1）用差量分析法进行分析

① 计算不同投资期的现金流量的差量，如表7-15所示。

表 7-15　不同投资期的现金流量的差量　　　　　　　　　　单位：万元

项目	第0年	第1年	第2年	第3年	第4~12年	第13年
缩短投资期的现金流量	−3 200	−3 200	0	2 100	2 100	
正常投资期的现金流量	−2 000	−2 000	−2 000	0	2 100	2 100
△现金流量	−1 200	−1 200	2 000	2 100	0	−2 100

② 计算净现值的差量：

$$\Delta NPV = -1\,200 - 1\,200 \times PVIF_{20\%,1} + 2\,000 \times PVIF_{20\%,2}$$
$$+ 2\,100 \times PVIF_{20\%,3} - 2\,100 \times PVIF_{20\%,13}$$
$$= -1\,200 - 1\,200 \times 0.833 + 2\,000 \times 0.694 + 2\,100 \times 0.579$$
$$- 2\,100 \times 0.093 = 209(万元)$$

③ 结论：缩短投资期会增加净现值 209 万元，所以应采纳缩短投资期的方案。

（2）分别计算两种方案的净现值并进行比较

① 计算正常投资期的净现值：

$$NPV_{正常} = -2\,000 - 2\,000 \times PVIFA_{20\%,2} + 2\,100 \times PVIFA_{20\%,10} \times PVIF_{20\%,3}$$
$$= -2\,000 - 2\,000 \times 1.528 + 2\,100 \times 4.192 \times 0.579 \approx 41.1(万元)$$

② 计算缩短投资期后的净现值：

$$NPV_{缩短} = -3\,200 - 3\,200 \times PVIFA_{20\%,2} + 2\,100 \times PVIFA_{20\%,10} \times PVIF_{20\%,2}$$
$$= -3\,200 - 3\,200 \times 0.833 + 2\,100 \times 4.192 \times 0.694 \approx 243.8(万元)$$

（3）比较两种方案的净现值并得出结论

因为缩短投资期会比按照正常投资期投资增加净现值 202.7（=243.8-41.1）万元，所以应该采纳缩短投资期的方案。

思 考 题

① 投资活动的现金流量是如何构成的？投资决策时使用哪种现金流量指标更合理？

② 折现现金流量指标主要有哪几个？运用这些指标进行投资决策时的规则是什么？

③ 既然净现值决策规则优于其他规则，那么是不是可以说对于所有的投资项目，只使用净现值指标进行分析即可？

第 8 章

营运资金管理

学习目标

① 了解营运资金的概念及特点。
② 理解营运资金的管理原则及管理策略。
③ 理解持有现金的动机,确定目标现金余额的相关模型。
④ 掌握应收账款的功能、成本及相关的信用政策。
⑤ 掌握存货的管理目标、存货成本,掌握经济订货批量的基本模型及扩展。
⑥ 掌握短期借款及商业信用等流动负债管理。

8.1 营运资金管理概述

8.1.1 营运资金的相关概念及特点

(1) 营运资金的相关概念

营运资金是指企业的生产经营活动中流动资产所运用的资金,在企业中一般是指流动资产与流动负债的差额。所以,营运资金管理可分为流动资产管理和流动负债管理两个方面。

① 流动资产。流动资产是指企业能够在 1 年以内或在超过 1 年的一个营业周期内变现或者运用的资产,包括货币资金、应收账款、应收票据、存货等内容,是企业不可缺少的组成部分。流动资产的占用时间很短,周转速度快,易于变现。流动资产按照其流动性的大小,可分为速动资产和非速动资产。速动资产是指可以迅速转换成为现金或已属于现金形式的资产。非速动资产是指那些不准备迅速变现或不能迅速变现的资产。

② 流动负债。流动负债是指在 1 年以内或者在超过 1 年的一个营业周期内偿还的债务,包括短期借款、应付票据、应付账款、其他应付款等内容,具有偿还期限短、数额相对较小的特点,一般需要用企业的流动资金来偿还。流动负债可按负债的来源和性质分为融资活动形成的流动负债、营业活动形成的流动负债及收益分配形成的流动负债;按照应付金额的确

定程度，分为应付金额确定的流动负债（如短期借款），和应付金额不确定的流动负债（如应交税费）。

（2）营运资金的特点

企业的流动资产管理与流动负债管理是进行营运资金管理的重要环节，"营运资金＝流动资产－流动负债"。营运资金管理可以衡量企业的短期偿债能力，所以，需要企业认真分析营运资金的特点。营运资金具有以下特点。

① 营运资金具有流动性。营运资金是企业在短期内投入的生产经营资金，可以用于企业各种财务活动的开支，有利于企业活动的顺利实行，具有很强的流动性。

② 营运资金的来源具有灵活性。企业筹集营运资金的方式是灵活多样的，可通过向银行借入短期借款、商业信用、应付职工薪酬等融资方式筹集。

③ 营运资金具有盈利性。企业投入一定的营运资金，会获得相应的报酬，有利于提高企业的盈利能力和经营效益，有助于增强企业的竞争力。

④ 营运资金的实物形态具有变动性和易变现性。企业对营运资金的运用要通过采购、生产、销售等环节实现，营运资金的实物形态也要经过这几个环节进行转化。同时，营运资金一般具有很强的变现能力，可供企业使用以应对资金短缺、周转不灵等情况。

8.1.2　营运资金的管理原则

企业营运资金管理是企业财务管理工作的重要组成部分。企业进行营运资金管理时，需要遵循以下几个原则。

（1）确定营运资金正常需求量

企业对营运资金的需求量，取决于企业生产经营活动的规模和营运资金的周转速度等因素。所以，企业应该认真分析自身的生产经营状况，合理确定营运资金的需求量，更需要综合各种影响因素，通过一定的方法对营运资金需求量进行预测。合理地预测和确定企业营运资金的需求量，以满足企业正常的资金需求。

（2）节约资金，提高资金使用效率

企业营运资金的流动性较强，很多流动资产的收益性可能很差，所以，企业拥有过多的营运资金会造成浪费，应控制营运资金的数量，节约使用营运资金。在一定量营运资金的范围内，企业可以通过加快资金的周转速度来提高营运资金的使用效率，如缩短营业周期，加速存货、应收账款等流动资产的周转等。

（3）保障企业拥有足够的短期偿债能力

短期偿债能力是企业以流动资产偿付流动负债的能力，反映了企业偿还债务的能力。当企业的流动资产较多，流动负债较少时，企业的短期偿债能力较强；当企业的流动资产较少，流动负债较多时，企业的短期偿债能力较弱。所以，企业要保证拥有足够的短期偿债能力，就要合理安排流动资产与流动负债的比例，保证有足够的流动资产来偿还流动负债。然而，企业拥有的流动资产也不是越多越好，可能会造成资金的闲置和浪费。

8.1.3　营运资金的管理策略

（1）营运资金的投资策略

企业的销售水平会影响其流动资产投资的情况。如果企业在一定时期内的销售水平趋于稳定并且是可预测的，那么企业可以在流动资产上注入较少的投资；如果企业在一定时期内的销售水平波动很大，但是是可预测的，企业可以将流动资产投资维持在一个合理的、稳定的水平；如果企业在一定时期内的销售水平不稳定且难以预测，则企业必须在流动资产上注入较高水平的投资。企业的投资策略应适应其财务管理和经营业务的特点。

流动资产的投资策略有三种类型，分别为紧缩的流动资产投资策略、适中的流动资产投资策略及宽松的流动资产投资策略。

① 紧缩的流动资产投资策略。在紧缩的流动资产投资策略下，企业在一定销售水平上保持较少的流动资产，维持低水平的流动资产与销售收入的比例，节约了持有成本，增加了企业的收益。风险承受能力较强的管理者更倾向于选择紧缩的流动资产投资策略。采用紧缩的流动资产投资策略，收益一般比较高，但随之而来的风险也比较大，可能会出现难以偿还企业债务的情况。企业财务管理水平也会影响紧缩流动资产投资策略的效果：企业拥有较高的财务管理水平，对紧缩投资策略的效果是积极的；反之，则会对企业生产经营活动产生不利的影响。销售水平一定时，企业拥有较少的流动资产投资，可以节约成本，但也可能造成生产经营活动中断；拥有较多的流动资产投资，可能造成资金闲置或者浪费。

② 适中的流动资产投资策略。在适中的流动资产投资政策下，企业在一定的销售水平下，保持适中的流动资产，恰好满足企业支出的需要，存货恰好满足企业生产和销售的需要。确定最优的投资规模，平衡企业收益和风险之间的关系，安排最佳的流动资产投资量。

③ 宽松的流动资产投资策略。在宽松的流动资产投资策略下，企业在一定的销售水平下，保持较多的流动资产，维持高水平的流动资产与销售收入的比例，获取的收益相对较低，经营和财务风险较小。保守型的管理者更倾向于选择宽松的流动资产投资策略。企业拥有较多的存货和现金，能够满足企业的日常支出及生产销售需要，降低了企业风险，但流动资产过多，承担的成本也随之增加，降低了企业的盈利水平。

（2）营运资金的融资策略

一个企业营运资金的融资策略受企业管理者的风险导向、负债的利率差异的影响。根据企业资产的结构和资金来源的结构，营运资金的融资策略可以分为三种基本类型：期限匹配融资策略、保守的融资策略和激进的融资策略。

① 期限匹配融资策略。企业资产根据其流动性大小可分为流动资产和非流动资产，其中流动资产又可以分为永久性流动资产和波动性流动资产。其中，永久性流动资产是指满足企业长期最低需求的流动资产，数量相对稳定；波动性流动资产是指由于季节性或临时原因而形成的流动资产，数量一般不稳定。在期限匹配融资策略中，企业将资金来源分为长期来源和短期来源，以此统筹安排企业融资。非流动资产与永久性流动资产通过长期融资方式融通，波动性流动资产通过短期融资方式融通。

② 保守的融资策略。企业采用保守的融资策略，承担的风险相对较小，但是成本相对较高。在此策略下，长期融资方式融通企业的部分波动性流动资产、非流动资产及永久性流动资产，短期融资方式融通剩下的波动性流动资产。较少地应用短期融资方式，融资风险降低，但收益也随之降低，融资成本变高。

③ 激进的融资策略。在激进的融资策略中，企业对非流动资产和一部分永久性流动资产采用长期融资方式进行融资，对剩下的永久性流动资产和波动性流动资产采用短期融资方式进行融资。使用了更多的短期融资，承担了较低的融资成本，但过多地使用短期融资会导致流动比率较低，承担较高的流动性风险。

8.2 现金管理

现金是指在企业生产经营的过程中以货币形态存在的资金,包括库存现金、银行存款和其他货币资金等。现金可以用来获得其他企业或单位出售的商品、提供的服务等,以满足企业生产经营活动的日常需要。现金的流动性很强,是企业变现能力最强的资产。但是,现金的收益性相对较差。所以,企业为了提高财务管理水平,需要对现金进行有效管理。

8.2.1 持有现金的动机

持有现金的动机一般有三种,分别为:交易动机、预防动机及投机动机。

(1) 交易动机

交易动机是企业为了进行正常的生产经营活动而需要货币的动机。在企业产销的过程中,采购原材料等活动会产生一系列的支出,销售产品的现金流入可能存在滞后性,与所发生的支出可能在数量上和时间上不同步,所以企业需要保持一定量的现金以供维持日常活动的周转使用,确保企业生产经营活动的顺利进行,这就是交易动机要求的现金持有。

(2) 预防动机

企业的日常活动中,会发生一些突然的事件,如供应商未按规定时间提供原材料,导致企业未及时将生产的商品提供给客户而造成违约,需要向客户支付一定的赔偿金。如果此时企业没有足够的现金余额,那么就会失去企业信用。所以,企业为了及时地应对突发事件,必须持有一定量的现金余额,保证生产经营活动的顺利进行,这就是预防动机要求的现金持有。

(3) 投机动机

在企业生产经营活动顺利进行的情况下,企业需要持有一定量的现金,从而拥有足够的资金来抓住一些突如其来的机遇,这些机遇可能会给企业带来很多的收益,这就是投机动机对现金的需求。

企业持有的现金余额必须考虑这三种动机对企业的影响。一般来说,现金持有量小于上述三种动机现金持有量之和,因为每种动机需要的现金数量是很难确定的,一笔现金可以满足多个动机的需要。所以,企业必须综合考虑多方面的影响因素,合理分析企业的现金状况。

8.2.2 目标现金余额的确定

(1) 成本分析模型

成本分析模型是指分析持有现金的成本,计算出现金持有总成本最低时的现金持有量的一种方法。此时的现金持有量就是最优的现金持有量。成本分析模型包括的现金持有成本包括以下三项。

① 机会成本。现金的机会成本是指企业因保留一定的现金余额而丧失的投资收益。丧失的投资收益是指企业不能再用该现金进行其他投资而产生的机会成本,如不能再对有价证

券进行投资所产生的机会成本等。计算公式为：

$$机会成本 = 现金持有量 \times 有价证券利率$$

【例 8-1】 A 公司的年均持有现金量为 100 万元，有价证券利率为 10%，则该企业每年持有现金的机会成本为：

$100 \times 10\% = 10$（万元）

② 管理成本。现金的管理成本是指企业因持有一定数量的现金而发生的管理费用，如管理人员的薪酬。一般来说，企业将管理成本视为一种固定成本。

③ 短缺成本。现金的短缺成本是指由于现金持有量不足，又无法及时通过其他资产变现而给企业带来的损失。现金的短缺成本与现金持有量成反比例关系，随现金持有量的增加而下降，随现金持有量的减少而上升。

在成本分析模式下，根据持有现金的各项成本，分析及预测总成本最低时的现金持有量，即上述三种成本之和最小时的现金持有量。其计算公式为：

$$最佳现金持有量下的现金持有总成本 = \min(机会成本 + 管理成本 + 短缺成本)$$

式中，机会成本是正相关成本，机会成本线向右上方倾斜；管理成本属于固定成本，管理成本线为一条平行于水平轴的直线；短缺成本是负相关成本，短缺成本线向右下方倾斜；总成本线是一条抛物线。因此，成本分析模型是要找到机会成本、管理成本和短缺成本所组成的总成本曲线中最低点所对应的现金持有量，把它作为最佳现金持有量，如图 8-1 所示。

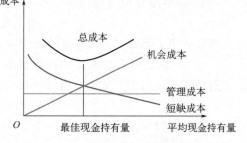

图 8-1 成本分析模型的现金持有总成本

【例 8-2】 某企业有 A、B、C 三种现金持有方案，三种方案的现金持有量分别为 25 000 元、50 000 元和 100 000 元。其中，A 方案的机会成本为 3 000 元，管理成本为 10 000 元，短缺成本为 15 000 元；B 方案的机会成本为 6 000 元，管理成本为 10 000 元，短缺成本为 7 000 元；C 方案的机会成本为 12 000 元，管理成本为 10 000 元，短缺成本为 0 元。试确定该企业的最佳现金持有量。

【解】 A 方案的现金持有总成本＝3 000＋10 000＋15 000＝28 000（元）
B 方案的现金持有总成本＝6 000＋10 000＋7 000＝23 000（元）
C 方案的现金持有总成本＝12 000＋10 000＋0＝22 000（元）

三种方案中，C 方案的总成本最低，所以 C 方案的现金持有量为最佳现金持有量，即为 100 000 元。

（2）存货模型

企业的管理成本是固定的，当企业持有较多的现金时，承担的机会成本较大，而短缺成本较小；拥有较少的现金时，承担的机会成本较小，短缺成本较大。权衡机会成本与短缺成本后，企业可以持有较少的现金，然后通过出售有价证券的方式获得现金，满足企业对现金的需要，减少了短缺成本与机会成本。所以，现金与有价证券之间的转换，可以提高现金使用效率。如何确定有价证券与现金的每次转换量？可以应用存货模型来解决。

在存货模型下，交易成本是指有价证券转换成现金所发生的成本，与现金转换次数、每次的转换量密切相关。每次的交易成本固定时，在现金使用量一定的情况下，每次以有价证券转换回现金的金额越大，企业持有的现金量越多，转换的次数就越少，交易成本越低；每

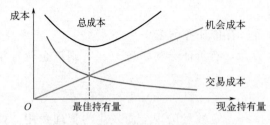

图 8-2 存货模型的现金持有总成本

次转换回现金的金额越小,企业持有的现金量便越少,转换的次数会越多,交易成本就越高。所以,交易成本与持有量成反比例关系。现金的交易成本与现金的机会成本所组成的现金持有总成本曲线,如图 8-2 所示。

在图 8-2 中,现金的机会成本线向右上方发展,随着企业现金持有量增加而增加;交易成本线向右下方发展,随现金持有量的增加而降低。两条线交叉点对应的现金持有量就是相关总成本最低的点对应的现金持有量,即最佳持有量。

企业确定相关总成本最低点的最佳现金持有量 C 时,用 T 表示一定期间的现金需求量,用 F 表示每次有价证券转换成现金的交易成本,那么一定时期内有价证券转换成现金的交易成本为:

$$交易成本 = (T/C) \times F$$

用 K 表示持有现金的机会成本率,那么一定时期内的持有现金总机会成本为:

$$机会成本 = (C/2) \times K$$

那么,可表示出持有现金的总成本:

$$现金持有总成本 = 机会成本 + 交易成本 = (C/2) \times K + (T/C) \times F$$

则最佳现金持有量 C^* 可通过"机会成本=交易成本"推出,即:

$$(C^*/2) \times K = (T/C^*) \times F$$

变换可得最佳现金持有量 C^* 为:

$$C^* = \sqrt{2TF/K}$$

【例 8-3】 某公司预计全年现金需求量为 200 000 元,每次有价证券转换成现金的转换成本为 100 元,有价证券的利息率为 10%,则该公司的最佳现金持有量为:

$$C^* = \sqrt{2TF/K} = \sqrt{\frac{2 \times 200\ 000 \times 100}{10\%}} = 20\ 000(元)$$

(3) 随机模型

在实际工作中,企业的现金需求量往往难以预知。根据企业的现实需要,可以确定现金需求的一个大致范围,定出这个范围的上限和下限,将现金需求量控制在这个范围内。当现金余额达到上限时,可以将现金转换为有价证券,现金持有量会下降;当现金余额达到下限时,将部分有价证券出售,现金持有量会增加。

如图 8-3 所示,该随机模型有两条控制线:最高控制线用 H 表示,最低控制线用 L 表示。一条回归线用 R 表示。最低控制线 L 会受到企业的最低现金需要、管理人员的风险倾向等因素的影响。回归线 R 可表示为:

$$R = \sqrt[3]{\frac{3b \times \delta^2}{4i}} + L$$

式中 b——有价证券与现金相互转换的成本;
δ——企业每日现金余额的标准差;
i——每日的现金机会成本。

如图 8-3 所示,最高控制线 H 可表示为:

$$H = 3R - 2L$$

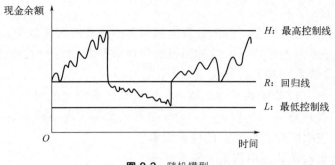

图 8-3 随机模型

【例 8-4】 某公司的日现金余额标准差为 5 000 元,每次证券交易的转换成本为 500 元,有价证券日利率为 0.06%,企业的 L 值为 10 000 元,则 R 和 H 值分别为:

$$R = \sqrt[3]{\frac{3b \times \delta^2}{4i}} + L = \sqrt[3]{\frac{3 \times 500 \times 5\,000^2}{4 \times 0.06\%}} + 10\,000 = 35\,000(元)$$

$$H = 3R - 2L = 3 \times 35\,000 - 2 \times 10\,000 = 85\,000(元)$$

企业的目标现金余额为 35 000 元,当企业现金持有量为 85 000 元时,需要将现金转换成有价证券,金额为 50 000(=85 000-35 000)元;当企业现金持有量为 10 000 元时,需要出售有价证券,金额为 25 000(=35 000-10 000)元。

8.3 应收账款管理

8.3.1 应收账款的功能

企业在生产经营的过程中,为了促进销售,会采取赊销、分期收款等方式,以获取更多的收益。但应收账款的增加会导致企业承担更多的资本成本,可能还会产生更多的坏账损失。这需要企业权衡应收账款带来的盈利和成本,在充分发挥应收账款功能的同时,降低应收账款带来的投资成本,这就是应收账款的管理。应收账款的功能主要有以下两个方面:

(1) 增加销售

在企业的日常生产经营活动中,常常采取赊销的方式,尤其在市场疲软、企业拓展新市场或者推广新产品时,能够很大程度地促进销售。企业采取赊销的方式,能够给客户提供很大的便利,在一定时间内向客户提供了购买商品的资金。

(2) 减少存货

企业采取赊销的方式会促进销售,减少企业的产成品存货,存货转为应收账款,产成品减少,那么产成品产生的成本,如仓储费用等支出会减少。所以,当企业的存货较多时,会增加如仓储费用的支出,为了避免这些支出的发生,企业可以采取优惠的信用条件赊销,节约成本,从而提高企业收益。

8.3.2 应收账款的成本

企业持有一定的应收账款会发生如下成本。

(1) 应收账款的机会成本

应收账款会占用一定的资金,这部分资金如果不应用在应收账款上,便可以用于其他投资,如投放在有价证券上产生收益。这种因投放于应收账款而放弃其他投资所带来的收益,即为应收账款的机会成本。相关计算公式如下:

$$应收账款平均余额 = 日销售额 \times 平均收现期$$

$$应收账款占用资金 = 应收账款平均余额 \times 变动成本率$$

$$\begin{aligned}应收账款占用资金的机会成本\\
&= 应收账款占用资金 \times 资本成本\\
&= 应收账款平均余额 \times 变动成本率 \times 资本成本\\
&= 日销售额 \times 平均收现期 \times 变动成本率 \times 资本成本\\
&= (全年销售额/360) \times 平均收现期 \times 变动成本率 \times 资本成本\\
&= [(全年销售额 \times 变动成本率)/360] \times 平均收现期 \times 资本成本\\
&= (全年变动成本/360) \times 平均收现期 \times 资本成本\end{aligned}$$

式中,平均收现期为各种收现期的加权平均数。

(2) 应收账款的管理成本

应收账款的管理成本是指企业产生应收账款,进行应收账款管理时发生的成本。它主要包括调查顾客信用状况的费用、收集各种信息的费用、账簿的记录费用、收账费用及其他相关的管理费用。

(3) 应收账款的坏账成本

企业存在应收账款,就会不可避免地发生一定的坏账损失。企业采用赊销的交易方式,当债务人无法偿还应收账款时,就会发生坏账损失,产生成本,这就是坏账成本。所以企业应收账款越多,可能产生的坏账成本就越多。

8.3.3 应收账款的信用政策

应收账款的信用政策会影响企业应收账款赊销活动的效果,所以想要管理好企业的应收账款,必须制定正确的应收账款信用政策。应收账款的信用政策包括信用标准、信用条件和收账政策三个方面。

(1) 信用标准

信用标准是指企业向客户提供的商业信用的最低信用要求,通常以预期的坏账损失率作为判别标准。假如客户达不到企业制定的信用标准,则可能享受不到企业的信用优惠。当企业制定的信用标准比较严格时,只针对信用良好的、预期坏账损失率较低的客户,会减少应收账款的坏账损失,但不利于扩大销售;当企业制定的信用政策较为宽松时,会扩大销售,但会增加坏账损失的风险。所以,需要企业决策者做出权衡。

企业可以通过比率(如流动比率、速动比率、利息保障倍数、销售回报率、总资产回报率及净资产收益率等)来分析客户的信用程度。企业进行信用分析时,可以采用"5C"系统。利用"5C"系统分析客户的信用程度是指从品质(character)、能力(capacity)、资本(capital)、抵押(collateral)和条件(conditions)五个方面进行分析。

① 品质是指客户偿还企业应收账款的信誉程度,体现为客户的还款意图。企业可以通过了解客户与其他企业的还款情况、以往是否按期还款的记录等进行分析。品质是"5C"

系统中最重要的，也是首要的因素。

② 能力是指客户还款的能力。企业可以通过了解客户的流动资产的数量、流动资产与流动负债的比例大小，分析客户偿债能力的强弱。

③ 资本是指客户的资本和财务实力，反映客户的物质基础和抵抗风险能力。

④ 抵押是指客户不能偿还款项时，可以用来抵押的资产或其他物品。对于那些底细不明的、信用条件较低的客户，抵押具有重要的作用。另外，应注意用来抵押的资产或物品的相关手续必须齐全。

⑤ 条件是指影响客户还款能力的各种外在因素。

（2）信用条件

信用条件是指企业要求客户支付赊销货款的条件，由信用期限、折扣期限和现金折扣三部分组成。

信用期限是企业允许的顾客最长还款时间，称为信用期。当信用期较长时，企业销售额较多，承担的坏账成本较多；当信用期较短时，销售额较少，但承担的坏账成本较少。这需要企业进行权衡。

折扣期限是指客户享有的现金折扣的时间。

现金折扣是指为了鼓励购货方在一定时期内早日付款而给予的价格扣除。现金折扣如"2/10，1/20，n/30"，表示：在 10 天内付款，客户可享有 2% 的折扣；在 20 天内付款，客户可享有 1% 的折扣；在 30 天内付款，客户不享受折扣。

【例 8-5】 某企业采用 30 天信用期的信用政策，预计将放宽信用期至 60 天，等风险投资最低收益率为 15%，其他信息如表 8-1 所示。

表 8-1 该企业相关信用政策信息

项目	信用期 30 天	信用期 60 天
全年销售量/件	10 000	12 000
全年销售额(单价为 5 万元)/万元	50 000	60 000
变动成本(每件 4 万元)/万元	40 000	48 000
固定成本/万元	5 000	5 200
可能发生的收账费用/万元	300	400
可能发生的坏账损失/万元	500	900

分析如下：

增加的盈利 = (12 000 − 10 000) × (5 − 4) − (5 200 − 5 000)
　　　　　 = 1 800(万元)

变动成本率 = 4 ÷ 5 × 100% = 80%

信用期增加的机会成本 = 60 000 ÷ 360 × 60 × 80% × 15% − 50 000 ÷ 360 × 30 × 80% × 15%
　　　　　　　　　　 = 700(万元)

增加的收账费用 = 400 − 300 = 100(万元)

增加的坏账损失 = 900 − 500 = 400(万元)

放宽信用期增加的税前损益 = 1 800 − 700 − 100 − 400 = 600(万元)

所以，选择 60 天的信用期。

【例8-6】 接［例8-5］，该企业为了鼓励客户付款，发布了"0.8/30，n/60"的现金折扣，估计会有60%的顾客（按60天信用期实现的销售额）享受现金折扣。分析如下：

增加的盈利＝(12 000－10 000)×(5－4)－(5 200－5 000)
　　　　　＝1 800(万元)

30天信用期的应计利息＝50 000÷360×30×80%×15%＝500(万元)

提供现金折扣的平均收现期＝30×40%＋60×60%＝48(天)

提供现金折扣的应计利息＝60 000÷360×48×80%×15%＝960(万元)

增加的应计利息＝960－500＝460(万元)

增加的收账费用＝400－300＝100(万元)

增加的坏账损失＝900－500＝400(万元)

增加的现金折扣成本＝60 000×60%×0.8%－50 000×0×0＝288(万元)

增加的税前损益＝1 800－460－100－400－288＝552(万元)＞0

该企业应采用放宽信用期提供现金折扣。

(3) 收账政策

收账政策是指客户违反信用条件时，企业采取的收账策略。企业采取积极的收账政策，会增加收账成本，可能会减少应收账款的投资，从而减少坏账损失；如果采用消极的收账政策，会减少收账成本，可能会增加应收账款投资，从而增加坏账损失。这需要企业作出权衡。企业可以参照信用标准、信用条件来制定收账政策。

8.4　存货管理

8.4.1　存货管理目标

存货是指企业在日常活动中持有以备出售的产成品或商品、处于生产中的在产品、在生产过程或提供劳务过程中耗用的物资或材料，如原材料、低值易耗品、在产品、产成品或商品等。企业持有一定量的存货，可以满足日常生产经营的需要，但是也会增加一定的成本，如仓储成本等。存货管理的目标是指，企业持有的存货量一方面要满足生产销售的需要，另一方面要降低存货的相关成本。

企业持有的存货，要保证企业生产的正常进行。在实际工作中，往往很难做到随时购买到生产过程中需用的各种物资和材料，所以企业要事先取得一定量的存货，防止出现某种材料的短缺或者由运输问题造成的产品生产活动的停止，造成企业的损失。企业持有一定的存货，可以保证生产的正常运行；另外，有时企业会成批地购买，节约了采购成本。企业存有一定的存货，能够帮助企业适应市场的变化，抓住机遇；一定量的存货也可以缓解由于季节性原因，需求波动很大的情况，实现均衡生产，降低成本。

8.4.2　存货成本

存货的相关成本有以下三种。

(1) 取得成本

取得成本是指为取得某种存货而发生的成本，通常用 TC_a 来表示。取得成本又可以分为订货成本和购置成本。

① 订货成本。订货成本是指为取得订单而发生的成本，如办公费、差旅费、运输费等。订货成本分为固定成本和变动成本。固定成本是指与订货次数无关的成本，如常设采购机构的基本开支，用 F_1 表示；变动成本是指与订货次数有关的成本，如差旅费。

假设每次订货的变动成本用 K 表示，订货次数等于存货年需要量 D 与每次进货量 Q 的比值，则订货成本可表示为：

$$订货成本 = F_1 + \frac{D}{Q}K$$

② 购置成本。购置成本是指为购买存货而发生的成本，即存货本身的价值，通常用数量与单价的乘积来表示。用 D 表示年需要量，用 U 表示单价，则购置成本 $= DU$。

存货的取得成本等于订货成本与购置成本的和，可表达为：

取得成本 = 订货成本 + 购置成本 = 订货固定成本 + 订货变动成本 + 购置成本

即

$$TC_a = F_1 + \frac{D}{Q}K + DU$$

(2) 储存成本

储存成本是指企业为了保存存货而发生的成本，如仓库费用、保险费用等，通常用 TC_c 表示。储存成本分为固定成本和变动成本。固定成本与存货数量无关，如仓库折旧等，用 F_2 表示；变动成本与存货的数量有关，如存货的保险费用等，用 K_c 表示单位变动储存成本。那么，储存成本可以表达为：

储存成本 = 固定储存成本 + 变动储存成本

即

$$TC_c = F_2 + K_c \frac{Q}{2}$$

(3) 缺货成本

缺货成本是指由于存货供应不足而造成的损失，如材料供应中断造成的停工损失。缺货成本用 TC_s 表示。

用 TC 来表示储备存货的总成本，可以表示为：

$$TC = TC_a + TC_c + TC_s = F_1 + \frac{D}{Q}K + DU + F_2 + K_c \frac{Q}{2} + TC_s$$

企业存货的最优化，就是使企业存货总成本，即 TC 值最小。

8.4.3 经济订货批量基本模型

存货决策的内容包括：决定进货项目、选择供应单位、决定进货时间和决定进货批量。企业进行存货管理，需要决定进货时间和进货批量，使企业存货总成本最低，将这个进货批量叫作经济订货批量。

利用经济订货的基本模型，计算企业的经济订货批量：假设企业可以随时取得存货，存货集中到货，企业存货的总需求量能够预测（是一个常数），无缺货成本，TC_s 为 0，存货的单位成本为常数。即存货的总成本可以表达为：

$$TC = F_1 + \frac{D}{Q}K + DU + F_2 + K_c \frac{Q}{2}$$

式中，F_1、K、D、U、F_2、K_c 为常数，那么总成本 TC 的大小取决于 Q 的大小。为了求出 TC 的极小值，对其进行推导，得出了经济订货基本模型，表示为：

$$Q^* = \sqrt{2KD/K_c}$$

式中　Q^*——经济订货批量；
　　　D——存货年需要量；
　　　K——每次订货的变动成本；
　　　K_c——单位变动储存成本。

$$每年最佳订货次数 = 存货年需求总量/经济订货批量$$
$$最佳订货周期 = 360(天)/每年最佳订货次数$$
$$经济订货批量平均占用资金 = (经济订货批量/2) \times 存货单价$$
$$存货总成本 = 变动订货成本 + 变动储存成本$$
$$TC(Q^*) = \sqrt{2KDK_c}$$
$$变动订货成本 = 变动储存成本 = \sqrt{2KD/K_c}/2$$

【例 8-7】 某公司每年需要原材料 40 000kg，单位成本为 30 元/kg，每次订货变动成本为 20 元，单位变动储存成本为 0.4 元/kg，则可以计算出：

经济订货批量 $Q^* = \sqrt{2KD/K_c} = \sqrt{2 \times 20 \times 40\,000/0.4} = 2\,000(kg)$

每年最佳订货次数 = 40 000/2000 = 20(次)

最佳订货周期 = 360/20 = 18(天)

经济订货批量平均占用资金 = (2 000/2)×30 = 30 000(元)

与经济订货批量相关的存货总成本 = $\sqrt{2 \times 40\,000 \times 20 \times 0.4}$ = 800(元)

变动订货成本 = 20×20 = 400(元)

变动储存成本 = (2 000/2)×0.4 = 400(元)

8.4.4　经济订货批量基本模型的扩展

当放宽经济订货量基本模型的相关假设时，可以得到扩展的经济订货量模型，其适用范围更广。

(1) 再订货点

在实际工作中，企业一般需要提前订货。再订货点就是确保存货用完时订货刚好到达，企业再次发出订货单时尚有的存货库存量，用 R 表示，可表示为：

$$R = L \times d$$

式中　R——再订货点；
　　　L——平均交货时间；
　　　d——每日平均需用量。

(2) 存货陆续供应和使用模型

建立经济订货量基本模型时，假设存货是一次全部入库的，而在实际工作中，各批存货是陆续入库的，因此需要对经济订货量的基本模型做一些修改。

假设每批订货数为 Q，每日送货量为 P，每日耗用量为 d，存货年需用量为 D，每次订货费用为 K，单位变动储存成本为 K_c，则：

$$送货期 = \frac{Q}{P}$$

$$送货期耗用量 = \frac{Q}{P}d$$

$$送货期内平均库存量 = \frac{1}{2} \times \left(Q - \frac{Q}{P}d\right)$$

$$总成本\ \mathrm{TC}(Q) = \frac{D}{Q}K + \frac{1}{2} \times \left(Q - \frac{Q}{P}d\right)K_c$$

$$= \frac{D}{Q}K + \frac{Q}{2} \times \left(1 - \frac{d}{P}\right)K_c$$

当订货变动成本=储存变动成本时，$\mathrm{TC}(Q)$ 有最小值，所以，存货陆续供应和使用模型的经济订货批量可表示为：

$$\frac{D}{Q}K = \frac{Q}{2} \times \left(1 - \frac{d}{P}\right)K_c$$

$$Q^* = \sqrt{\frac{2KD}{K_c} \times \frac{P}{P-d}}$$

可得出总成本公式为：

$$\mathrm{TC}(Q^*) = \sqrt{(2KDK_c)\left(1 - \frac{d}{P}\right)}$$

【例 8-8】 某单位产品材料需用量为 10 000kg，每日送货量为 60kg，每日耗用量为 30kg，单价为 5 000 元，一次订货成本为 1 000 元，单位材料储存成本为 10 元/kg，则：

$$Q^* = \sqrt{\frac{2 \times 1\,000 \times 10\,000}{10} \times \frac{60}{60-30}} = 2\,000(件)$$

$$\mathrm{TC}(Q^*) = \sqrt{2 \times 1\,000 \times 10\,000 \times 10 \times \left(1 - \frac{30}{60}\right)} = 10\,000(元)$$

（3）保险储备

在实际工作中，企业的存货需求量是变化的，交货时间可能会延误，会发生缺货的情况，给企业造成损失，为了避免这种损失，企业需要一定量的保险储备。企业拥有一定量的保险储备时，再订货点等于交货期内的预计需求与保险储备之和。企业的缺货成本与保险储备的储存成本之和最小时的保险储备量，为最佳保险储备量。

【例 8-9】 某企业计划某年耗用原材料 50 000kg，材料单价为 40 元/kg，经济订货批量为 25 000kg，那么全年订货次数为 2 次（即 50 000/25 000），预计交货期内的材料需求量为 1 300kg，单位材料年储存成本为 8 元/kg，单位材料缺货损失为 25 元。在交货期内，生产需要量及概率如表 8-2 所示。

表 8-2 生产需要量及其概率

生产需要量/kg	概率
1 100	0.2
1 200	0.2

续表

生产需要量/kg	概率
1 300	0.3
1 400	0.2
1 500	0.1

该企业最佳保险储备的计算如表 8-3 所示。

表 8-3　某企业保险储备计算表

保险储备量/kg	缺货量/kg	缺货概率	缺货损失/元	保险储备的储存成本/元	总成本/元
0	0	0.2	0		
	0	0.2	0		
	0	0.3	0		
	100	0.2	2×100×0.2×25＝1 000		
	200	0.1	2×200×0.1×25＝1 000		
			缺货损失期望值＝2 000	0	2 000
100	0	0.2	0		
	0	0.2	0		
	0	0.3	0		
	0	0.2	0		
	100	0.1	2×100×0.1×25＝500		
			缺货损失期望值＝500	100×8＝800	1 300
200	0	0.2	0		
	0	0.2	0		
	0	0.3	0		
	0	0.2	0		
	0	0.1	0		
			缺货损失期望值＝0	200×8＝1 600	1 600

从表 8-3 可知，当保险储备量为 100kg 时，缺货损失和保险储备的储存成本之和最小，为 1 300 元，所以，该企业最佳保险储备量为 100kg。

8.5　流动负债管理

8.5.1　短期借款

企业的短期借款是指企业向银行或其他金融机构借入的期限在 1 年以内（含 1 年）的各种借款。短期借款可以按照偿还方式不同，分为一次性偿还借款和分期偿还借款；按利息支付方式不同，分为收款法借款、贴现法借款和加息法借款；按有无担保，分为抵押借款和信用借款；按照目的和用途不同，分为生产周转借款、临时借款、结算借款等。

企业取得短期借款，往往有如下六个信用条件。

（1）信贷额度

信贷额度是借款企业与银行在协议中规定的无担保贷款的最高额度。一般情况下，信贷额度的有效期限为1年，在这1年内，企业可以随时取得借款，而当企业信誉受到损伤时，银行可以不支付全部借款，银行也不会承担法律责任。

（2）周转信贷协定

周转信贷协定是银行具有法律义务的、承诺提供不超过某一最高限额的贷款协定。在周转信贷协定下，贷款几个月发一次，有效期一般超过1年。在周转信贷协定的有效期内，银行必须满足企业的借款要求，如果企业的借款额未超过借款限额，企业应支付给银行一笔承诺费，例如企业与银行制定的周转信贷额度为1 000万元，该企业只使用了500万元，承诺费率为0.1%，那么该企业应该向银行支付的承诺费为（1 000−500）×0.1%＝0.5（万元）。如果企业借款超过周转信贷协定规定的最高限额，银行可以不予受理。

（3）补偿性余额

补偿性余额是银行要求企业保持贷款限额或实际借用额的一定比例的最低存款余额。这个比例通常为10%～20%。补偿性余额加重了企业的负担，但是降低了银行的借款风险，降低了借款企业因为种种原因还不上贷款的风险。

【例8-10】 某企业向银行借款1 000万元，利率为5%，银行要求企业保持10%的补偿性余额，该企业实际可动用的贷款为900万元，则该借款的实际利率为：

$$借款实际利率 = \frac{1\,000 \times 5\%}{900} = \frac{5\%}{1-10\%} = 5.56\%$$

（4）借款抵押

银行向风险较大的企业发放贷款时，为了降低风险，往往要求借款企业提供抵押品担保。短期借款的抵押品包含应收账款、存货、股票等。银行会根据抵押品的面值，按一定比例发放贷款。这个比例的大小，取决于抵押品的变现能力和银行对风险的态度，一般为30%～90%。

（5）偿还条件

偿还贷款可以在贷款期内分次等额偿还或者到期一次偿还。企业如果分次等额偿还，会提高借款的实际年利率；企业如果到期一次偿还，会降低实际贷款利率，增加借款风险，加重企业的负担。

（6）其他承诺

银行会要求企业及时提供财务报表、保持适当的财务水平，如果企业违背承诺，银行可要求企业偿还全部贷款。

8.5.2 商业信用

商业信用是指在商品交易中由于延期付款或预收货款所形成的企业间的借贷关系，具体形式包括应付账款、应付票据、预收账款等，是一种自发性筹资。

（1）应付账款

应付账款是指核算企业因购买材料、商品或接受劳务供应等活动而应支付的款项。应付账款是供应商向企业提供的一种商业信用，通常是因买卖双方在购销活动中取货和付款在时间上的不一致产生的。应付账款也有付款期、折扣等信用条件,商业信用条件包括以下两种:一种如"n/30",表示在 30 天内付款,不享受现金折扣;一种如"1/10,n/30",表示在 10 天内付款享受 1‰的现金折扣,在 30 天内付款不享受现金折扣。企业应认真选择是否享受现金折扣,因为不享受现金折扣的成本是较高的。

如果企业在供应商规定的现金折扣期限内付款,那么可以享受到免费的信用,无信用成本;如果企业选择放弃现金折扣,会产生信用成本。例如应付账款的信用条件为"1/30,n/60",是指:买方在 30 天内付款,可获得 1‰的现金折扣;若在 30~60 天内付款,则无现金折扣,允许的买方最长付款期为 60 天。

【例 8-11】 某企业的材料供应商向其提供了"1/10,n/30"的付款信用条件,该企业购入了 100 万元的材料。假设该企业在 10 天之后付款,便享受不到 1(=100×1‰)万元的现金折扣,信用额为 99(=100-1)万元,那么放弃现金折扣的信用成本率为:

$$\text{放弃现金折扣的信用成本率} = \frac{1\%}{1-1\%} \times \frac{360}{30-10} \approx 18.18\%$$

(2) 应付票据

应付票据是指企业在商品购销活动中采用商业汇票结算方式产生的一种商业信用。应付票据由出票人出票,委托付款人在指定日期内无条件支付确定的金额给收款人或持票人。商业汇票可以按照承兑人的不同,分为商业承兑汇票和银行承兑汇票:商业承兑汇票是指承兑人为购货单位的票据,银行承兑汇票是指承兑人是银行的票据。商业汇票也可以按照是否带息,分为带息票据和不带息票据:带息票据是指到期承兑时,需要支付票面金额和票面利息;不带息票据是指票据到期时按面值支付。目前我国常用的是不带息票据。

(3) 预收账款

预收账款是指卖方在发出货物之前,按照合同和协议规定,向买方预先收取部分或全部货款的信用形式。卖方在收到这笔钱时,商品或劳务的销售合同尚未履行,因而不能作为收入入账,只能确认为一项负债,需要卖方之后用一定的商品或服务来偿还。预收账款一般适用于生产周期长、资金需要量大的商品。

除了应付账款、应付票据、预收账款之外,企业还存在一些自发性筹资的费用,例如,应付职工薪酬、应交税费等支出。企业拥有一定量的应付费用,可以暂时满足企业的资金需要,一定程度上促进企业生产经营的顺利进行。

思 考 题

① 什么是营运资金?营运资金有哪些特点?
② 营运资金的管理原则和管理策略有哪些?
③ 目标现金余额的确定方法有哪些?
④ 信用政策包含哪些内容?
⑤ 存货订货量的基本模型中怎样确定最优存货量?
⑥ 企业的流动负债包含哪些内容?

第9章 收入与分配管理

学习目标

① 理解收入与分配管理的意义、原则和内容。

② 掌握预测销售量的定量分析法,包括算术平均法、加权平均法、移动加权平均法、指数平滑法和回归直线法。理解预测销售量的定性分析法,包括销售人员意见法、专家判断法和产品寿命周期分析法。

③ 掌握产品定价方法,包括全部成本费用加成定价法、保本点定价法、目标利润定价法、变动成本加成定价法、需求价格弹性系数定价法以及边际分析定价法。

④ 了解企业不同发展状况下的价格运用策略。

⑤ 理解股利分配理论的主要内容,包括股利无关理论、税差理论、客户效应理论、"一鸟在手"理论、代理理论和信号理论。

⑥ 了解股利支付形式与程序。

⑦ 了解股票分割和股票股利的区别。

⑧ 理解股票回购的动机与方式。

9.1 收入与分配管理概述

9.1.1 收入与分配管理的意义

收入与分配管理是现代企业财务管理的重要内容。企业通过一系列经营活动取得收入后,需按照合理的顺序进行分配,不仅要做到资产保值、维持再生产,还需实现资产增值、扩大再生产,同时还要兼顾社会效益。所以收入与分配管理对于维护企业和各利益相关者的财务关系具有重要意义,主要体现在以下四个方面。

(1) 收入与分配管理体现了企业内部利益相关者的利益关系

企业所有者和债权人为企业的经营发展提供资金支持,二者后续取得的投资报酬的多少取决于企业的盈利状况和财务状况。企业的收入分配通过利润分配、按时支付到期本金和利息来体现,合理的收入分配可以提高企业声誉,增强企业未来资金融通能力,提高企业财务弹性。

员工是企业价值的生产者,优厚的薪资与福利可以激励员工创造更多利润,为企业不断地创造价值。因此,合理地对企业收入进行分配是协调企业各利益相关者的必要条件。

(2) 收入与分配管理为企业维持简单再生产和扩大再生产提供基本条件

企业内部的生产经营活动是无间断进行的,不断消耗着资金,形成成本费用,最终形成商品价值的组成部分。商品出售取得的收入补偿了企业消耗的资金,为企业再生产创造了条件。通过收入与分配,企业可以形成自有资金,形成资本积累,这样有利于企业的扩大再生产。

(3) 收入与分配管理可以优化资本结构、降低资本成本

企业内部的留存收益是企业筹资的一种渠道,留存收益的数额影响权益与负债的比例,即资本结构。企业价值最大化的目标要求资本结构最优,收入与分配管理是优化资本结构、降低资本成本的重要举措。

(4) 收入与分配管理为国家财政提供重要来源

企业的生产经营活动不仅为自身提供价值,还要为社会创造价值。企业通过税收为国家贡献一部分利润,这部分利润由国家分配使用,实现国家政治职能和经济职能。

9.1.2 收入与分配管理的原则

(1) 依法分配原则

为了规范企业的收入分配行为,国家颁布了相关法规,规定了企业收入分配的基本要求、一般程序和分配比例,企业应严格按照法规进行收入分配。

(2) 分配与积累并重原则

企业生产经营过程中取得的收入不能全部参与分配,还需进行利润留存以提高企业的经营的稳定性与安全性。

(3) 兼顾各方利益原则

企业收入分配涉及国家、股东、债权人、职工等多方面的利益,企业需兼顾、维护各利益相关者的权益,正确处理他们之间的关系,协调矛盾,这对企业未来的发展至关重要。

(4) 投资与收入对等原则

收入分配应当体现"谁投资,谁受益"的原则。企业在向投资者分配收入时,应以投资者的投资额为基准进行分配,收入分配过程中实行公开、公平和公正的分配方式,保护投资者的利益。但是,公司章程或协议明确规定出资比例与收入分配比例不一致的除外。

9.1.3 收入与分配管理的内容

企业通过销售产品、转让资产、对外投资等活动取得收入,而这些收入的去向主要是两个方面:一是弥补企业生产经营的资源耗费,这部分内容称为成本费用;二是形成利润,即收入扣除成本费用后的余额。收入、成本费用和利润三者之间的关系可以简单表述为:

$$收入-成本费用=利润$$

企业的收入首先补偿成本费用,这部分补偿随着企业再生产的进行自然完成;然后,对

其余额（即利润）按照一定的程序进行再分配。收入分配的主要内容包括收入管理、纳税管理和分配管理三方面内容。

(1) 收入管理的内涵

收入是指企业在日常活动中形成的、会导致所有者权益增加的、与所有者投入资本无关的经济利益的总流入，一般包括销售商品收入、提供劳务收入和让渡资产使用权收入等。企业的收入主要来自生产经营活动，企业正常的经营活动主要包括销售商品、提供劳务、让渡本企业资产使用权等。销售商品的收入是企业收入的主要构成部分，而销售收入的制约因素主要是销量与价格，因此销售预测分析与销售定价管理构成了收入管理的主要内容。

(2) 纳税管理的内涵

企业所承担的税负本质上是企业将利益的一部分上缴国家，这部分的分配结果直接关系到企业未来的发展和股东的利益空间，所以，纳税管理是企业收入分配过程中的重要环节。纳税管理是对纳税所实施的全过程管理行为。纳税管理的主要内容是纳税筹划，即在合理合法的前提下，对企业经济交易或事项进行事先规划以减少应纳税额或延迟纳税，实现企业的财务目标。由于企业的筹资、投资、营运和分配活动等日常活动以及企业重组都会产生纳税义务，故这五个环节的纳税管理构成了纳税管理的主要内容。

(3) 分配管理的内涵

分配管理指的是对利润分配的管理。利润是收入弥补成本费用后的余额。由于不同的成本费用包括的内容与表现的形式不同，利润所包含的内容与形式也有一定的区别。若成本费用不包括利息和所得税，则利润表现为息税前利润；若成本费用包括利息而不包括所得税，则利润表现为利润总额；若成本费用包括了利息和所得税，则利润表现为净利润。利润分配关系着国家、企业及所有者等各方面的利益，必须严格按照国家的法令和制度执行。根据我国《公司法》及相关法律法规的规定，公司净利润的分配应按照下列顺序进行：首先弥补以前年度亏损；其次提取法定公积金；然后是提取任意公积金；最后向股东分配股利（利润）。

9.2 收入管理

本节的收入主要指销售收入，即企业在日常经营活动中，由于销售产品、提供劳务等所形成的经济利益流入。销售收入的构成要素主要是产品的销售数量和销售价格，因此，企业在经营管理过程中一定要做好销售量预测分析和销售定价。

9.2.1 销售量预测分析

销售量预测分析可以通过市场调查，以历史资料和各种信息为基础，运用科学的预测方法或管理人员的实际经验对企业产品在计划期间的销售量作出预计。企业在进行销售预测时，应充分研究和分析企业产品销售的相关信息，诸如产品价格、产品质量、售后服务、推销方法等。此外，对企业所处的市场环境、物价指数、市场占有率及经济发展趋势等情况也应进行研究分析。销售量预测的方法大体上可分为定性分析法和定量分析法。

(1) 定量分析法

定量分析法，又称数量分析法，是指在预测对象有关资料完备的基础上，运用一定的数学方法，建立预测模型，作出预测。它一般包括趋势预测分析法和因果预测分析法两大类。

① 趋势预测分析法。趋势预测分析法主要包括算术平均法、加权平均法、移动加权平均法、指数平滑法等。

a.算术平均法。算术平均法是将过去的销售数据按时间顺序收集整理，用算术方法求出平均数，求出的平均数就是对下一阶段的预测值。当然，该方法有使用条件，即只有在往期销售量波动不大时才可采用这一方法。如果数据上升或下降趋势明显，则不能采用算术平均法进行预测。其计算公式为：

$$Y=\frac{\sum X_i}{n}$$

式中　Y——预测值；
　　　X_i——第 i 期的实际销售量；
　　　n——期数。

【例 9-1】 甲公司是一家家电生产企业，2016—2020 年的产品销售量如表 9-1 所示，请据此预测 2021 年的销售量。

表 9-1　2016—2020 年的产品销售量

	2016 年	2017 年	2018 年	2019 年	2020 年
销量/台	2 306	2 589	2 430	2 358	2 377

【解】 根据上述资料，2021 年的预测销售量为：

（2 306＋2 589＋2 430＋2 358＋2 377）/5＝2 412（台）

b.加权平均法。加权平均法将过去的销售数据按时间收集整理，将各个数据与自己的权重相乘，再求和求得加权平均数，以作为下一阶段的预测值。此方法中的权重是根据与预测目标的相关性来确定的。与算术平均法相比，加权平均法适用面更广，当往期数据呈现明显的递增或递减趋势时，只需将近期数据的权重设置得大一些，就可以使预测值更加接近准确数据。其计算公式为：

$$Y=\sum_{i=1}^{n}W_i X_i$$

式中　Y——预测值；
　　　W_i——第 i 期的权重（$0<W_i\leqslant 1$，且 $\sum W_i=1$）；
　　　X_i——第 i 期的实际销售量；
　　　n——期数。

【例 9-2】 甲公司 1 至 6 月的电视机销售情况如表 9-2 所示，请据此预测 7 月的销售量。

表 9-2　甲公司 1 至 6 月的电视机销售情况

	1 月	2 月	3 月	4 月	5 月	6 月
销量/台	325	330	335	350	365	360

若规定 $n=6$，$W_1=0.1$，$W_2=0.1$，$W_3=0.1$，$W_4=0.2$，$W_5=0.2$，$W_6=0.3$，则该公司 7 月份的预测销售量为：

0.1×325＋0.1×330＋0.1×335＋0.2×350＋0.2×365＋0.3×360＝350（台）

c.移动加权平均法。移动加权平均法是指从 n 期的时间数列销售量中选取 m 期（m 数值固定，且 $m<n/2$）数据作为样本值，求 m 期的算术平均数，并不断向后移动计算其平均值，以最后一个 m 期的平均数作为未来第 $n+1$ 期销售预测值的一种方法。这种方法假设预测值主要受最近 m 期销售量的影响。其计算公式为：

$$Y = \frac{X_{n-(m-1)} + X_{n-(m-2)} + \cdots + X_{n-1} + X_n}{m}$$

为了使预测值更能准确反映销售量的变化趋势，可以对上述预测值按趋势进行修正，计算公式为：

$$\bar{Y}_{n+1} = Y_{n+1} + (Y_{n+1} - Y_n)$$

式中，Y_{n+1} 是第 $n+1$ 期预测值；Y_n 是第 n 期预测值；上方加一横线的 Y_{n+1} 是修正后的第 $n+1$ 期预测值。

【例9-3】 沿用［例9-2］的资料，假定公司6月的预测数据为350台。请分别用移动加权平均法和修正的移动加权平均法预测7月份的销售量（假设样本期数为3期）。

【解】 根据移动加权平均法的计算公式，7月份的预测销售量为：

$$\frac{350+365+360}{3} \approx 358（台）$$

根据修正的移动平均法计算公式，7月份预测销售量为：
$358+(358-350)=366$（台）

d. 指数平滑法。指数平滑法本质上是加权平均法，以事先确定的平滑指数 α 及（$1-\alpha$）作为权重进行加权计算，预测销售量。其计算公式为：

$$Y_{n+1} = \alpha X_n + (1-\alpha) Y_n$$

式中 Y_{n+1}——未来第 $n+1$ 期的预测值；

Y_n——第 n 期的预测值，即预测前期的预测值；

X_n——第 n 期的实际销售量，即预测前期的实际销售量；

α——平滑指数；

n——期数。

一般地，平滑指数的取值通常在 0.3～0.7，其取值大小决定了前期实际值与预测值对本期预测值的影响。采用较大的平滑指数，预测值可以反映样本值最新的变化趋势；采用较小的平滑指数，则反映了样本值变动的长期趋势。因此，在销售量波动较大或进行短期预测时，可选择较大的平滑指数；在销售量波动较小或进行长期预测时，可选择较小的平滑指数。该方法运用比较灵活，适用范围较广，但在平滑指数的选择上具有一定的主观随意性。

【例9-4】 沿用［例9-2］的资料，6月份实际销量为360台，假设原预测销量为350台，平滑指数为0.5。请采用平滑指数预测7月份的销售量。

【解】 $0.5 \times 360 + (1-0.5) \times 350 = 355$（台）

② 因果预测分析法。因果预测分析法是指分析影响产品销售量（因变量）的相关因素（自变量）以及它们之间的函数关系，并利用这种函数关系进行产品销售量预测的方法。因果预测分析法最常用的是回归分析法，本章主要介绍回归直线法。

回归直线法，也称一元回归分析法。它假定影响预测对象销售量的因素只有一个，根据直线方程式 $y=a+bx$，按照最小二乘法原理，来确定一条误差最小的、能正确反映自变量 x 和因变量 y 之间关系的直线，其常数项 a 和系数 b 的计算公式为：

$$b=\frac{n\sum xy-(\sum x)(\sum y)}{n\sum x^2-(\sum x)^2}$$

$$a=\frac{\sum y-b\sum x}{n}$$

待求出 a、b 的值后，代入至 $y=a+bx$，结合自变量 x 的取值，即可求得预测对象的预测销售量 y。

【例 9-5】 某公司生产电视机散热器，而电视机散热器的销售量主要取决于电视机的销售量。2015—2019 年该公司在全国的电视机销售量和电视机散热器销售量的相关数据见表 9-3。

表 9-3 销售量数据

项目	2015 年	2016 年	2017 年	2018 年	2019 年
散热器销售量/万台	20	25	30	35	40
电视机销售量/万台	100	120	140	150	155

假设预计 2020 年电视机的销售量为 145 万台，则预计电视机散热器销售量如下：

$$y=a+bx$$

式中，y 为电视机散热器销售量；x 为电视机销售量；a 为以前年度售出的电视机对电视机散热器的年需求量；b 为本年度每售出一万台电视机对电视机散热器的需求量。

根据资料编制表 9-4。

表 9-4 某公司 2015—2019 年电视机及散热器销售情况相关计算

年份	电视机销售量 x/万台	散热器销售量 y/万台	xy	x^2
2015 年	100	20	2 000	10 000
2016 年	120	25	3 000	14 400
2017 年	140	30	4 200	19 600
2018 年	150	35	5 250	22 500
2019 年	155	40	6 200	24 025
合计	665	150	20 650	90 525

计算 a 和 b 的值：

$b=[n\sum xy-(\sum x)(\sum y)]\div[n\sum x^2-(\sum x)^2]$

$=(5\times 20650-665\times 150)\div(5\times 90525-665\times 665)$

$=3500\div 10400\approx 0.34$

$a=(\sum y-b\sum x)\div n\approx(150-0.34\times 665)\div 5=-15.22$

计算 2020 年电视机散热器预计销售量：

$y=a+bx\approx-15.22+0.34\times 145=34.08(万台)$

（2）定性分析法

定性分析法，即非数量分析法，是指由专业人员根据实际经验，对预测对象的未来情况及发展趋势作出预测的一种分析方法。它一般适用于预测对象的历史资料不完备或无法进行定量分析时，主要包括销售人员意见法、专家判断法和产品寿命周期分析法。

① 销售人员意见法。销售人员意见法的预测依据来源于一线的销售人员。先根据销售

人员身处市场得到的一手资料对销售情况做出判断，再根据市场区域的划分对各地销售人员的意见进行汇总，形成预测结果。这种方法的优点在于用时短、成本低、比较实用。但是这种方法单纯靠营销人员的主观判断，具有较多的主观因素和较大的片面性。

② 专家判断法。专家判断法是由专家根据他们的经验和判断能力对特定产品的未来销售量进行判断和预测的方法。其主要有个别专家意见汇集法、专家小组法、德尔菲法等方法。

③ 产品寿命周期分析法。产品寿命周期分析法是利用产品销售量在不同寿命周期各阶段上的变化趋势，进行销售预测的一种定性分析方法。它是对其他预测分析方法的补充。产品寿命周期是指产品从投入市场到退出市场所经历的时间，一般要经过推广期、成长期、成熟期和衰退期四个阶段。在这一发展过程中，产品销售量的变化为一条曲线，称为产品寿命周期曲线。

判断产品所处的寿命周期阶段，可根据销售增长率指标进行。一般地，推广期增长率不稳定，成长期增长率最大，成熟期增长率稳定，衰退期增长率为负数。了解产品所处的寿命周期和阶段，有助于正确选择预测方法，如：推广期历史资料缺乏，可以运用定性分析法进行预测；成长期可运用回归分析法进行预测；成熟期销售量比较稳定，可运用趋势预测分析法。

9.2.2 销售定价方法

（1）销售定价管理的含义

销售定价管理是指在调查分析的基础上，选用合适的产品定价方法，为销售的产品制定合理的售价，并根据具体情况运用不同价格策略，以实现经济效益最大化的过程。

企业销售各种产品都必须确定合理的销售价格。销售价格的高低直接影响到产品销售量的大小，进而影响企业的盈利水平。企业内部实行良好的销售定价管理，可以使企业的产品具备市场竞争力，扩大企业的市场占有率。

（2）影响产品价格的因素

① 价值因素。价格是价值的货币表现，价值是价格的基础。生产产品的社会必要劳动时间决定价值的多少，因此，提高社会劳动生产率，缩短生产产品的社会必要劳动时间，可以相对地降低产品价格。

② 成本因素。成本是影响定价的基本因素。企业必须获得可以弥补已发生成本费用的足够多的收入，才能长期经营下去。虽然短期内的产品价格有可能会低于其成本，但从长期来看，产品价格应等于总成本加上合理的利润，即产品售价必须足以补偿全部的生产、管理、营销成本，并为企业提供合理的利润。

③ 市场供求因素。市场供求变动对价格的变动具有重大影响。当一种产品的市场供应大于需求时，价格就会呈现下降趋势；而当其供应小于需求时，则会推动价格的提升。市场供求关系不断变化，产品价格也随之波动。

④ 竞争因素。不同的市场竞争程度，对定价的影响也不同。竞争越激烈，对价格的影响也越大。在完全竞争的市场上，企业几乎没有定价的主动权，只能被动接受市场价格，其定价管理的核心问题是在产品价格既定的条件下，依据"边际收入与边际成本相等时，企业的利润最大化"的原则，决定预期实现最大化利润的产销水平；在不完全竞争的市场上，竞

争的强度主要取决于产品生产的难易和供求形势。为了做好定价决策，企业必须充分了解竞争者的情况，最重要的是竞争对手的定价策略。

⑤ 政策法规因素。各个国家对市场物价的高低和变动都有限制和法律规定，同时国家会通过生产市场、货币金融等手段间接调节价格。企业在制定定价策略时一定要及时关注本国及所在国有关方面的政策法规。

(3) 企业的定价目标

定价目标要求企业在一定的经营环境中，考虑战略目标和经营目标，制定切实可行的产品价格。企业主要有以下几种定价目标：

① 实现利润最大化。这种目标通常是通过为产品制定一个较高的价格，从而提高单位产品利润率，最终实现企业利润最大化。它适用于在市场中处于领先或垄断地位的企业，或者在行业竞争中具有很强的竞争优势，并能长时间保持这种优势的企业。

② 保持或提升市场占有率。市场占有率是指企业产品销售额在同类产品市场销售总额中所占的比重，其大小在一定程度上反映了企业的经营状况和竞争实力。以保持或提高市场占有率为定价目标，其目的是使产品价格有利于销售收入的提高，企业利润得到有效保障，并且可以有效打击竞争对手，这是一种注重企业长期经营利润的做法。企业为了实现这一目标，其产品价格往往需要低于同类产品价格，以较低的价格吸引客户，逐步扩大市场份额，但在短期内可能要牺牲一定的利润空间。因此，这种定价目标要求企业具有潜在的生产经营能力，总成本的增长速度低于总销量的增长速度，商品的需求价格弹性较大，即该目标适用于能够薄利多销的企业。

③ 稳定市场价格。为了长期稳定地占领市场，行业中一些实力雄厚的大企业希望价格稳定，以求在稳定的价格中获取稳定的利润。通常做法是由行业中的领导企业制定一个价格，其他企业的价格则与之保持一定的比例关系，无论是大企业，还是中小企业都不会随便降价。其优点是创造了一个相对稳定的市场环境，避免过度竞争产生两败俱伤的负面效应，减少风险，使企业能够以稳定的价格获得比较稳定的利润。这种定价通常适用于产品标准化的行业，如钢铁制造业等。

④ 应对和避免竞争。企业参照对市场有决定性影响的竞争对手的产品价格变动情况，随时调整本企业产品价格。当竞争对手维持原价时，企业也保持原价；竞争对手改变价格时，企业也相应地调整价格，但是企业不会主动调整价格。这种定价方法主要适用于中小型企业。在激烈的价格竞争中，中小型企业没有足够实力进行价格干预，只能被动接受。

⑤ 树立企业形象及产品品牌。企业形象及产品品牌是企业在经营中创造的重要无形资产。价格是企业竞争的一种手段，表达了企业产品的定位，在一定程度上反映着企业形象和产品形象。以树立企业形象及产品品牌为定价目标主要有两种情况：一是树立优质高价形象，使企业获得高额利润；二是树立大众化平价形象，通过大众化的平价定位树立企业形象，吸引大量的普通消费者，以扩大销量，获得利润。

(4) 产品定价方法

产品定价方法主要包括以成本为基础的定价方法和以市场需求为基础的定价方法两大类。

① 以成本为基础的定价方法。在企业成本范畴中，基本上有三种成本可以作为定价基础，即变动成本、制造成本和全部成本费用。

变动成本是指在特定的业务量范围内，其总额会随业务量的变动而变动的成本。变动成本可以作为增量产量的定价依据，但不能作为一般产品的定价依据。

制造成本是指企业为生产产品或提供劳务等发生的直接费用支出，一般包括直接材料、直接人工和制造费用。由于它不包括各种期间费用，因此不能正确反映企业产品的真实价值消耗和转移。利用制造成本定价不利于企业简单再生产的继续进行。

全部成本费用是指企业为生产、销售一定种类和数量的产品所发生的所有成本和费用总额，包括制造成本和管理费用、销售费用及财务费用等各种期间费用。在全部成本费用基础上制定价格，既可以保证企业简单再生产的正常进行，又可以使劳动者为社会劳动所创造的价值得以全部实现。

a. 全部成本费用加成定价法。全部成本费用加成定价法就是在全部成本费用的基础上，加合理利润来定价。在考虑税金的情况下，有关计算公式为：

成本利润率定价：

$$成本利润率=（预测利润总额/预测成本总额）\times 100\%$$

$$单位产品价格=单位成本\times（1+要求的成本利润率）/（1-适用税率）$$

销售利润率定价：

$$销售利润率=（预测利润总额/预测销售总额）\times 100\%$$

$$单位产品价格=单位成本/（1-销售利润率-适用税率）$$

上述公式中，单位成本是指单位全部成本费用，可以用单位制造成本加上单位产品负担的期间费用来确定。

【例 9-6】 甲企业生产 X 产品，预计单位产品的制造成本为 80 元，计划销售 10 000 件，计划期间的期间费用总额为 1 000 000 元，该产品适用的消费税率为 5%。成本利润率须达到 20%。运用全部成本费用加成定价法预测的单位 X 产品的价格应为多少？

【解】 单位 X 产品价格 = $(80+1\,000\,000/10\,000)\times(1+20\%)/(1-5\%)\approx 227.37$（元）

全部成本费用加成定价法可以保证全部生产耗费得到补偿，但它很难适应市场需求的变化，往往导致定价过高或过低。并且，当企业生产多种产品时，间接费用难以准确分摊，从而导致定价不准确。

b. 保本点定价法。保本点定价法的基本原理，是按照刚好能够保本的原则来制定产品销售价格，即能够保持既不赢利也不亏损的销售价格水平。采用这一方法确定的价格是最低销售价格。其计算公式为：

$$单位产品价格=（单位固定成本+单位变动成本）/（1-适用税率）$$
$$=单位完全成本/（1-适用税率）$$

【例 9-7】 乙企业生产 Y 产品，本期计划销售量为 10 000 件，分配的固定成本总额为 1 100 000 元，单位变动成本为 80 元，适用的消费税税率为 5%。用保本点定价法预测的单位 Y 产品的价格应为多少？

【解】 单位 Y 产品价格 = $(1\,100\,000/10\,000+80)/(1-5\%)=200$（元）

c. 目标利润定价法。目标利润是指企业在预定时期内应实现的利润水平。目标利润定价法是根据预期目标利润和产品销售量、产品成本、适用税率等因素来确定产品销售价格的方法。其计算公式为：

$$单位产品价格=[（目标利润总额+完全成本总额）/产品销量]\times(1-适用税率)$$
$$=（单位目标利润+单位完全成本）/（1-适用税率）$$

【例 9-8】 甲企业生产 Z 产品，本期计划销售量为 10 000 件，目标利润总额为 240 000

元，完全成本总额为520 000元，适用的消费税税率为5%。根据上述资料，运用目标利润定价法测算的单位Z产品的价格应为多少？

【解】 单位Z产品价格＝[(240 000＋520 000)/10 000]×(1－5%)＝80(元)

d. 变动成本加成定价法。变动成本加成定价法是指企业在生产能力有剩余的情况下增加生产一定数量的产品，这些增加的产品可以不负担企业的固定成本，只负担变动成本，在确定价格时产品成本仅以变动成本计算。此处变动成本是指完全变动成本，包括变动制造成本和变动期间费用。其计算公式为：

单位产品价格＝单位变动成本×(1＋成本利润率)/(1－适用税率)

【例9-9】 丁企业生产W产品，设计生产能力为12 000件，计划生产10 000件，预计单位变动成本190元，计划期的固定成本费用总额为950 000元，该产品适用的消费税税率为5%，成本利润率必须达到20%。假定本年度接到一额外订单，订购1 000件W产品，单价300元，请计算并分析该企业计划内产品单位价格是多少。是否应接受这一额外订单？

【解】 企业计划内单位W产品价格＝(950 000/10 000＋190)×(1＋20%)/(1－5%)＝360(元)

追加生产1 000件的单位变动成本为190元，则：

计划外单位W产品价格＝190×(1＋20%)/(1－5%)＝240(元)

因为额外订单单价高于其按变动成本计算的价格，故应接受这一额外订单。

② 以市场需求为基础的定价方法。以成本为基础的定价方法，主要关注企业的成本状况而不考虑市场需求状况，因而运用这种方法制定的产品价格不一定满足企业销售收入或利润最大化的要求。最优价格应是企业取得最大销售收入或利润时的价格。以市场需求为基础的定价方法可以契合这一要求，主要有需求价格弹性系数定价法和边际分析定价法等。

a. 需求价格弹性系数定价法。产品在市场上的供求变动关系，通过价格的上升和下降来体现。需求增大导致价格上升，企业扩大生产；而需求减小，则会引起价格下降，企业减少生产。从另一个角度看，企业也可以根据这种关系，通过价格的升降来作用于市场需求。在其他条件不变的情况下，某种产品的需求量随其价格的升降而变动的程度，就是需求价格弹性系数。其计算公式为：

$$E=\frac{\Delta Q/Q_0}{\Delta P/P_0}$$

式中 E——某种产品的需求价格弹性系数；

ΔP——价格变动量；

ΔQ——需求变动量；

P_0——基期单位产品价格；

Q_0——基期需求量。

运用需求价格弹性系数确定产品的销售价格时，其基本计算公式为：

$$P=\frac{P_0 Q_0^{(1/|E|)}}{Q^{(1/|E|)}}$$

式中 P_0——基期单位产品价格；

Q_0——基期销售数量；

E——需求价格弹性系数；

P——单位产品价格；

Q——预计销售数量。

b. 边际分析定价法。边际分析定价法是指基于微分极值原理，通过分析不同价格与销售量组合下的产品边际收入、边际成本和边际利润之间的关系，进行定价决策的一种定量分析方法。

从数学意义上看，边际收入是以销售量为自变量的销售收入函数的一阶导数；边际成本是以销售量为自变量的销售成本函数的一阶导数；边际利润是以销售量为自变量的销售利润函数的一阶导数，又等于边际收入与边际成本之差。

按照微分极值原理，如果利润的一阶导数为零，即边际利润为零，边际收入等于边际成本，此时的利润达到最大值。这时的售价就是最优售价。所谓边际收入，是指销售量每增加或减少一个单位所形成的销售收入差；边际成本是指销售量每增加或减少一个单位所形成的成本差；边际利润则是指销售量每增加或减少一个单位所形成的利润差。这里的一个销售量单位可以指一件产品，也可以指一批产品。

按照微分极值原理，如果利润函数的一阶导数等于零，即边际利润等于零，边际收入等于边际成本，那么，利润将达到最大值。此时的价格就是最优销售价格。当收入函数和成本函数均可微时，直接对利润函数求一阶导数，即可得到最优售价；当收入函数或成本函数为离散型函数时，可以通过列表法，分别计算各种价格与销售量组合下的边际利润，那么，在边际利润大于或等于零的组合中，边际利润最小时的价格就是最优售价。

（5）价格运用策略

企业之间的竞争在很大程度上表现为企业产品在市场上的竞争。市场占有率的大小是衡量产品市场竞争能力的主要指标。除了提升产品质量之外，根据具体情况合理运用不同的价格策略，可以有效地提高产品的市场占有率和企业的竞争能力。其中，主要的价格运用策略有以下几种：

① 折让定价策略。折让定价策略是指在一定条件下，降低产品的销售价格来吸引购买者，从而达到扩大产品销售量的目的。价格的折让主要表现是价格折扣，主要有现金折扣、数量折扣、团购折扣、预购折扣、季节折扣等。

② 心理定价策略。心理定价策略是针对购买者的心理特点而采取的一种定价策略，主要有去整取余法、整数定价法和对比定价法。去整取余法又称尾数定价法，多用于中低档商品的定价；整数定价法适用于高档商品，可提高商品的身价，刺激购买欲望；对比定价法适用于亟待出售，需降价处理的商品。

③ 组合定价策略。组合定价策略适用于互补产品，将它们的价格以高低形式组合，如便宜的整车与高价的配件等，以促进销售，提高整体利润。对于具有配套关系的相关产品，可以对组合购买进行优惠，比如西服套装中的上衣和裤子等。组合定价策略可以扩大销售量、节约流通费用，有利于企业整体效益的提高。

④ 寿命周期定价策略。寿命周期定价策略是根据产品在市场中的寿命周期进行定价的策略。推广期的产品需要获得消费者的认同，进一步占有市场，应采用低价促销策略；成长期的产品有了一定的知名度，销售量稳步上升，可以采用中等价格；成熟期的产品市场知名度处于最佳状态，可以采用低价促销，但由于市场需求接近饱和，竞争激烈，定价时必须考虑竞争者的情况，以保持现有市场销售量；衰退期的产品市场竞争力下降，销售量下滑，应该降价促销或维持现价并辅之以折扣等其他手段，同时，积极开发新产品，保持企业的市场竞争优势。

9.3 分配管理

9.3.1 股利分配理论

企业的股利分配方案主要取决于企业的股利政策，以及决策者对股利分配的态度，这便形成了股利分配理论。股利分配理论是指市场参与者对股利分配的客观规律的科学认识与总结，其核心问题是股利政策与公司价值的关系问题。在市场经济条件下，股利分配要符合财务管理目标。针对股利分配，现有以下两种较流行的观点：

（1）股利无关理论

股利无关理论认为，股利政策不会对公司的价值或股票的价格产生任何影响，投资者不关心公司股利的分配。股利无关理论是在一定的假设条件下形成的，这些假设条件包括：第一，公司的投资政策已经确定并为投资者所理解；第二，不存在股票的发行和交易费用；第三，不存在公司和个人所得税；第四，不存在信息不对称；第五，经理人和外部投资者之间不存在代理成本。

股利无关理论认为，在一定的假设条件限制下，投资者不关心公司的股利分配，有如下两方面原因。一方面，如果公司不分配股利，而是将利润用于投资，再次赚取利润，那么公司的股价会上涨，股票持有者将股票出售，会获得资本利得收益。另一方面，如果公司分配股利，投资者会再次用现金股利购得公司股票，企业会用募集到的资金扩大再投资，所以是否分得股利对投资者影响不大。

股利无关理论还认为股利支付比例不影响公司价值，公司的价值完全由其投资政策及其获利能力所决定，公司的盈余在股利和保留盈余之间的分配不影响公司价值。

（2）股利相关理论

与股利无关理论相反，股利相关理论认为，企业的股利政策会影响股票价格和公司价值。主要观点有以下几种。

① 税差理论。由于现金股利税高于资本利得税，在不考虑交易成本的情况下，投资者更倾向于低股利政策，缴纳较低的资本利得税。再者，即使现金股利与资本利得两者没有税率上的差异，但由于投资者对资本利得的纳税时间的选择更具有弹性，投资者仍可以享受延迟纳税带来的收益。

② 客户效应理论。公司在制定或调整股利政策时，应考虑股东对股利政策的需求。对于高收入投资者，其自身边际税率高，倾向于选择低股利政策；而对于低收入投资者，边际税率低，偏好高股利政策。所以公司在制定股利政策时需考虑股东的边际税率。

③ "一鸟在手"理论。"一鸟在手"理论认为，公司不分配股利，将利润再投资给投资者带来的风险较大，厌恶风险的投资者会偏好确定的股利收益，而不愿将收益留存在公司内部去承担未来的投资风险。该理论认为公司的股利政策与公司的股票价格是密切相关的，即当公司支付较高的股利时，公司的股票价格会随之上升，公司价值将得到提高。

④ 代理理论。基于代理理论对股利分配政策的选择是多因素权衡的复杂结果。股东与债权人之间的代理问题表现在债权人希望限制发放股利，保障企业的偿债能力。经理人与股

东之间的代理问题体现在，股东倾向于多发放股利，减少代理成本，满足股东诉求。大股东与小股东之间的代理问题表现在，小股东希望多分配、少留存。

⑤ 信号理论。在公司内外部信息不对称的情况下，公司可以通过股利政策向市场传递公司经营状况的信息，从而会影响公司的股价。一般来讲，预期未来获利能力强的公司，往往愿意采用高股利支付政策，以吸引更多的投资者。对于市场上的投资者来讲，股利政策的差异可能是反映公司预期获利能力的有价值的信号。如果公司连续保持较为稳定的股利支付水平，投资者就可能对公司未来的盈利能力与现金流量抱有乐观的预期。另外，如果公司的股利支付水平在过去一个较长的时期内相对稳定，而现在却有所变动，投资者将会把这种现象看作公司经营状况有变动的信号，股票市价将会有所波动。

9.3.2 股利分配政策

股利分配政策，简称股利政策，是指公司股东大会或董事会对一切与股利有关的事项，所采取的具有原则性的做法，是关于公司是否发放股利、发放多少股利以及何时发放股利等方面的方针和策略，所涉及的主要是公司对其收益进行分配还是留存以用于再投资的策略问题。它有狭义和广义之分。从狭义方面来说，股利政策就是指探讨保留盈余和普通股股利支付的比例关系问题，即股利发放比率的确定。而广义的股利政策则包括：股利宣告日的确定、股利发放比例的确定、股利发放时的资金筹集等问题。在实际工作中，通常有以下股利政策可以选择。

（1）剩余股利政策

剩余股利政策是指对于公司生产经营所获得的税后利润，首先应较多地考虑满足公司投资项目的需要，即增加权益资本，只有当增加的资本额达到预定的目标资本结构（最佳资本结构），才能派发股利。即它是以首先满足公司资金需求为出发点的股利政策。根据这一政策，公司按如下步骤确定其股利分配额：

① 确定公司的最佳资本结构；

② 确定公司下一年度的资金需求量（确定目标资本结构下投资所需的股东权益数额）；

③ 确定按照最佳资本结构，为满足资金需求所需增加的股东权益数额；

④ 将公司税后利润首先用于满足公司下一年度的资金增加需求，剩余部分用来发放当年的现金股利。

剩余股利政策的优点：净利润优先满足再投资权益资金的需要，有助于降低再投资的资金成本，保持最佳的资本结构，实现企业价值的长期最大化。

剩余股利政策的缺点：若完全遵照剩余股利政策执行，股利发放额就会每年随着投资机会和盈利水平的波动而波动。在盈利水平不变的前提下，股利发放额与投资机会的数量呈反方向变动；而在投资机会维持不变的情况下，股利发放额将与公司盈利呈同方向变动。剩余股利政策不利于投资者安排收入与支出，也不利于公司树立良好的形象，一般适用于公司初创阶段。

【例 9-10】 某公司 2021 年税后净利润为 2 000 万元，2022 年的投资计划需要资金 2 400 万元。公司的目标资本结构为权益资本占 60%，债务资本占 40%。

按照目标资本结构的要求，公司投资方案所需的权益资本数额为：

2 400×60%＝1 440（万元）

公司当年可用于分派的盈利为 2 000 万元，除了满足上述投资方案所需的权益资本数额外，还有剩余可用于发放股利。2021 年，公司可以发放的股利额为：

2 000－1 440＝560（万元）

（2）固定或稳定增长股利政策

固定或稳定增长股利政策是公司将每年派发的股利额固定在某一相对稳定的水平上，并在较长时期内保持不变，只有当公司认为未来盈余会显著地、不可逆转地增长时，才提高年度的股利发放额。以确定的现金股利分配额作为利润分配的首要目标优先予以考虑，一般不随资金需求的波动而波动。根据这一政策，公司按如下两种方式确定其股利分配额：

① 确定固定的股利金额；

② 发放稳定增长的股利：确定固定股利增长率，每年发放的股利在上一年股利的基础上按固定增长率稳定增长。

固定或稳定增长股利政策适用于成熟、生产能力扩张的需求减少、盈利充分并且获利能力比较稳定的公司。从公司发展的生命周期来考虑，稳定增长期的企业可用稳定增长股利政策，成熟期的企业可借鉴固定股利政策。而对于那些规模比较小、处于成长期、投资机会比较丰富、资金需求量相对较大的公司来说，这种股利分配政策并不合适。

这一政策有利于稳定公司股票价格，增强投资者对公司的信心；有利于投资者安排股利收入与支出。其缺点为，公司股利支付与公司盈利相脱节，造成投资的风险与投资的收益不对称；而且可能会给公司造成较大的财务压力，甚至可能侵蚀公司留存收益和公司资本。

（3）固定股利支付率政策

固定股利支付率政策是公司确定固定的股利支付率，并长期按此比率支付股利的政策。从企业支付能力的角度看，这是一种真正稳定的股利政策，这一政策将导致公司股利分配额的频繁变化，传递给外界一个公司不稳定的信息，所以很少有企业采用这一股利政策。根据这一政策，公司按如下步骤确定其股利分配额：

① 确定固定的支付比率；

② 按股利支付率和税后利润计算应发放股利。

固定股利支付率的优点：使股利与公司盈利紧密地配合，以体现多盈多分、少盈少分、无盈不分的原则。

固定股利支付率的缺点：每年的股利变动较大，极易造成公司不稳定的感觉，对于稳定股票价格不利。

【例 9-11】 某公司长期以来采用固定股利支付率政策进行股利分配，确定的股利支付率为 30%。2021 年税后净利润 1 500 万元，如果仍然继续执行固定股利支付率政策，公司 2021 年度将要支付的股利为：

1 500×30%＝450（万元）

该公司 2022 年有较大的投资需求，因此，公司准备 2021 年度采用剩余股利政策。假设公司 2022 年度的投资预算为 2 000 万元，目标资本结构为权益资本占 60%。按照目标资本结构的要求，公司投资方案所需的权益资本额为：

2 000×60%＝1 200（万元）

公司 2021 年度可以发放的股利为：

1 500－1 200＝300（万元）

（4）低正常股利加额外股利政策

根据这一政策，企业除每年按固定股利额向股东发放称为正常股利的现金股利外，还在企业盈利较高、资金较为充裕的年度向股东发放高于一般年度的正常股利额的现金股利。其高出部分即为额外股利。根据这一政策，公司按如下步骤确定其股利分配额：

① 每年支付固定数额的低股利；

② 高盈余年份增发股利。

低正常股利加额外股利政策适用于处于高速增长阶段的公司。公司在这一阶段迅速扩大规模，需要大量资金，而由于已经度过初创期，股东往往又有分配股利的要求，该政策就能够很好地平衡资金需求和股利分配这两方面的要求。另外，对于那些盈利水平各年间浮动较大的公司来说，该政策无疑也是一种较为理想的支付政策。

这一股利政策具有较大的灵活性。低正常股利加额外股利政策，既可以维持一定的股利稳定性，又有利于优化资本结构，使灵活性与稳定性较好地结合。其缺点为：股利派发仍然缺乏稳定性，如果公司在较长时期一直发放额外股利，股东就会误认为这是"正常股利"，一旦取消，容易给投资者造成公司"财务状况"逆转的负面印象，从而导致股价下跌。

9.3.3 股利政策的影响因素

各种股利政策各有所长，公司在分配股利时应借鉴其基本决策思想，制定适合具体实际情况的股利政策。在公司利润分配的实践中，制定股利政策会受各种因素影响和制约。采取何种股利政策虽然是由管理层决定的，但是实际上公司必须认真审查这些影响因素，以便制定出适合本公司的股利政策。一般来说，影响股利政策的主要因素有法律因素、股东因素、公司自身因素、债务契约因素、行业因素等。

（1）法律因素

为了保护投资者的利益，各国相关法律（如公司法、证券法等）都对公司的股利分配进行了一定的限制。影响公司股利政策的法律因素主要如下。

① 资本保全的限制。资本保全是为了保护投资者的利益而做出的法律限制。股份公司只能用当期利润或留存收益来分配股利，不能用公司募集的资本发放股利，即公司支付股利不能侵蚀公司的资本。这样的限制规定是为了保全公司的股权资本，以维护股东的利益。

② 企业积累的限制。这一规定要求股份公司在分配股利之前，应当按法定的程序先提取各种公积金。我国有关法律法规明确规定，股份公司应按税后利润的10%提取法定盈余公积金，并且鼓励企业在分配普通股股利之前提取任意盈余公积金，只有当公积金累计数额达到注册资本的50%时，才可不再提取。企业积累的约束有利于提高企业的生产经营能力，增强企业抵御风险的能力，维护债权人的利益。

③ 净利润的限制。净利润是发放股利的基础，公司可以用当年利润或以前年度利润发放股利。但是，在公司以前年度亏损没有全部弥补时，不能发放股利。按照我国法律法规的规定，只有在以前年度亏损弥补完之后还有剩余利润的情况下，才能用于分配股利。

④ 无力偿付的限制。这是规定公司在分配股利时，必须保持充分的偿债能力。公司分配股利不能只看利润表上净利润的数额，还必须考虑公司的现金是否充足。如果因分配现金股利而影响了公司的偿债能力或正常的经营活动，股利分配就要受到限制。

⑤ 超额累积利润的限制。由于股东接受股利所缴纳的所得税税率高于其进行股票交易的资本利得税税率，于是许多国家规定公司不得超额累积利润，一旦公司的保留盈余超过法律认可的水平，将被加征额外税额。

(2) 股东因素

公司的股利分配方案必须经股东大会决议通过才能实施，股东对公司股利政策具有举足轻重的影响。一般来说，影响股利政策的股东因素主要有以下几个方面。

① 追求稳定的收入，有规避风险的需要。有的股东依赖于公司发放的现金股利维持生活，如一些退休者，他们往往要求公司能够定期支付稳定的现金股利，反对公司留用过多的利润。还有一些股东是"一鸟在手"理论的支持者，他们认为留用过多利润进行再投资，尽管可能使股票价格上升，但是所带来的收益具有较大的不确定性，还是取得现实的现金股利比较稳妥，这样可以规避较大的风险，因此这些股东也倾向于多分配现金股利。

② 担心控制权被稀释。有的大股东持股比例较高，对公司拥有一定的控制权，他们出于对公司控制权可能被稀释的担心，往往倾向于公司少分配现金股利，多留存收益。如果公司发放大量的现金股利，就可能造成未来经营所需的现金紧缺，导致公司不得不通过发行新股来筹集资本，这时虽然公司的老股东有优先认股权，但必须拿出一笔数额可观的现金，否则其持股比例就会降低，其对公司的控制权就有被稀释的危险。因此，他们宁愿少分现金股利，也不愿看到自己的控制权被稀释。当他们拿不出足够的现金认购新股时，就会对分配现金股利的方案投反对票。

③ 规避所得税。多数国家的股利所得税税率都高于资本利得所得税税率，有的国家红利所得税采用累进税率，边际税率很高。这种税率的差异会使股东更愿意采取可避税的股利政策。高收入的股东为了避税往往反对公司发放过多的现金股利，而低收入的股东因个人税负较轻甚至免税，可能会欢迎公司多分现金股利。

(3) 公司自身因素

公司自身因素的影响是指公司内部的各种因素及其面临的各种环境、机会对其股利政策产生的影响，主要包括现金流量、筹资能力、投资机会、资本成本、盈利状况、公司所处的生命周期等。

① 现金流量。公司在经营活动中必须有充足的现金流量，否则就会发生支付困难。公司在分配现金股利时，必须考虑现金流量以及资产的流动性。如果公司的现金流量充足，特别是在满足投资所需资本后仍然有剩余的自由现金流量，就应当适当提高股利水平；反之，如果现金流量不足，即使公司当期利润较多，也应当限制现金股利的支付。过多分配现金股利会减少公司的现金持有量，影响未来的支付能力，甚至可能导致公司出现财务困难。

② 盈余的稳定性。盈余稳定的公司相对于盈余不稳定的公司而言具有较高的股利支付能力，因为盈余稳定的公司对保持较高股利支付率更有信心。如果公司未来的盈利能力较强，并且盈利稳定性较好，就倾向于采用高股利支付率政策；反之，如果公司盈利能力较弱，盈利稳定性较差，则会考虑应对未来经营和财务风险的需要而采用低股利支付率政策。

③ 筹资能力。筹资能力是影响公司股利政策的一个重要因素。不同的企业在资本市场上的筹资能力会有一定的差异，公司在分配现金股利时，应当根据自身的筹资能力来确定股利支付水平。如果公司筹资能力较强，能够较容易地在资本市场上筹集资本，就可以采取比较宽松的股利政策，适当提高股利支付水平；如果筹资能力较弱，就应当采取比较紧缩的股利政策，少发放现金股利，增加留存收益。

④ 投资机会。公司在制定股利政策时会考虑未来投资对资本的需求。公司有良好的投资机会时，就应当考虑少发放现金股利，增加留存收益，将资本用于再投资，这样可以加速企业的发展，增加未来的收益，这种股利政策往往也易于为股东所接受。公司没有良好的投

资机会时，往往倾向于多发放现金股利。理论研究表明，成长快的公司经常采用低股利支付率政策，就是因为这样的公司有较多的投资机会，增加留存收益可以保证有更多的资本用于再投资。

⑤ 资本成本。资本成本是企业选择筹资方式的基本依据。留存收益是企业内部筹资的一种重要方式，同发行新股或举债相比，其具有资本成本低的优点。如果公司一方面大量发放现金股利，另一方面又要通过资本市场发行新股筹集资本，由于发行新股存在交易费用和所得税，这样会增加公司的综合资本成本，也会减少股东财富。因此，在制定股利政策时，应当充分考虑公司对资本的需求以及资本成本等问题。

⑥ 公司所处的生命周期。公司的生命周期主要包括初创阶段、成长阶段、成熟阶段和衰退阶段四个时期。在不同的发展阶段，由于公司的经营状况和经营风险不同，对资本的需求情况会有很大差异，这必然会影响公司股利政策的选择。公司所采取的股利政策理所当然要符合其所处的发展阶段。

（4）债务契约因素

债权人为了防止公司过多发放现金股利，影响其偿债能力，增加债务风险，会在债务契约中规定限制公司发放现金股利的条款。这种限制性条款通常包括：

① 规定每股股利的最高限额；

② 规定未来股息只能用贷款协议签订以后的新增收益来支付，而不能动用签订协议之前的留存收益；

③ 规定企业的流动比率、利息保障倍数低于一定标准时，不得分配现金股利；

④ 规定只有当公司的盈利达到某一约定的水平时，才可以发放现金股利；

⑤ 规定公司的股利支付率不得超过限定的标准，等等。

债务契约的限制性规定限制了公司的股利支付，促使公司增加留存收益，扩大再投资规模，从而增强公司的经营能力，保证公司能如期偿还债务。

（5）行业因素

不同行业的股利支付率存在系统性差异。成熟行业的股利支付率通常比新兴行业高；公用事业公司大多实行高股利支付率政策，而高科技行业的公司股利支付率通常较低。这说明股利政策具有明显的行业特征。可能的原因是：投资机会在行业内是相似的，在不同行业之间则存在差异。

（6）通货膨胀因素

通货膨胀时期，由于货币购买力下降，公司计提的折旧不能满足重置固定资产的需要，需动用盈余补足重置固定资产的资金缺口，因此在通货膨胀时期公司股利政策往往偏紧。

9.3.4 股利支付形式与程序

（1）股利支付形式

① 现金股利。现金股利是以现金支付的股利，它是股利支付的主要方式。公司支付现金股利时除了要有累计盈余外，还要有足够的现金。

② 财产股利。财产股利是以现金以外的其他资产支付的股利，主要是以公司所拥有的其他公司的有价证券，如债券、股票等，作为股利支付给股东。

③ 负债股利。负债股利是以负债方式支付的股利，通常以公司的应付票据支付给股东，

在不得已的情况下也有发行公司债券抵付股利的。

④ 股票股利。股票股利是公司以增发股票的方式所支付的股利，我国实务中通常也称其为"红股"。

(2) 股利支付程序

公司股利的发放必须遵守相关的要求，按照日程安排来进行。一般情况下，由公司董事会根据盈利水平和股利政策，制定股利分派方案，提交股东大会审议，通过后方能生效。股东大会决议通过分配预案后，要向股东宣布发放股利的方案，并确定股利宣告日、股权登记日、除息日和股利发放日。

① 股利宣告日，即公司董事会将股东大会通过本年度利润分配方案的情况以及股利支付情况予以公告的日期。公告中将宣布每股应支付的股利、股权登记日、除息日和股利支付日。

② 股权登记日，即有权领取本次股利的股东资格登记截止日期。凡是在此指定日期收盘之前取得公司股票，成为公司在册股东的投资者都可以作为股东享受公司本期分派的股利。在这一天之后取得股票的股东则无权领取本次分派的股利。

③ 除息日，即领取股利的权利与股票分离的日期。除息日当日及以后买入的股票不再享有本次股利分配的权利。

④ 股利发放日，即公司按照公布的分红方案向股权登记日在册的股东实际支付股利的日期。

9.3.5 股票分割与股票回购

(1) 股票分割

股票分割是指将面值较高的股票分割为几股面值较低的股票。例如，将原来每股面值为10元的普通股分割为2股面值为5元的普通股。通过股票分割，公司股票面值降低，同时公司股票总数增加，股票的市场价格也会相应下降，因此，股票分割既不会增加公司价值，也不会增加股东财富。股票分割后每股收益和每股净资产降低。

一般来说，公司进行股票分割主要有以下两种动机。

① 通过股票分割使股票价格降低。有些公司股票价格过高，一些中小投资者由于资金量的限制不愿意购买高价股票，这样会使高价股的流动性受到影响。为了使股票价格下降，公司就可以采用股票分割的办法。股票分割后，公司股票数量增加，股价降低，股票在市场上的交易会更加活跃。

② 通过股票分割向投资者传递公司信息。与分配股利一样，股票分割也可以向投资者传递公司未来经营业绩变化的信息。一般来说，处于成长阶段的中小公司，由于业绩的快速增长，股价会不断上涨，此时公司进行股票分割，实际上表明公司未来的业绩仍然会保持良好的增长趋势，这种信息的传递也会引起股票价格上涨。

相反，若公司认为自己股票的价格过低，为了提高股价，会采取反分割（也称股票合并）的措施，即将数股面额较低的股票合并为一股面额较高的股票。股票反分割后，面值、普通股股数、每股收益、每股净资产、每股市价的变化与股票分割相反。股东权益内部结构和资本结构不变。

(2) 股票分割与发放股票股利的比较

对于公司来说，进行股票分割与发放股票股利都属于股本扩张政策，二者都会使公司股票数量增加，股票价格降低，并且都不会增加公司价值和股东财富。从这些方面来看，股票分割与发放股票股利十分相似，但二者也存在以下差异。

① 股票分割降低了股票面值，而发放股票股利不会改变股票面值。这主要是因为股票分割是股本重新分拆，将原来的股本细分为更多的股份，因而每股面值会相应成比例降低，而发放股票股利是公司以股票的形式用实现的净利润向股东无偿分派股利，股票面值不会降低。

② 会计处理不同。股票分割不会影响资产负债表中股东权益各项目金额的变化，只是股票面值降低，股票股数增加，因而股本金额不会变化，资本公积金和留存收益的金额也不会变化。发放股票股利，公司应将股东权益中留存收益的金额按照发放股票股利面值总数转为股本，因而股本金额相应增加，而留存收益相应减少。

我国股份公司发行的普通股一般面值为 1 元，所以通常不进行股票分割。在实践中，我国公司常采用资本公积转增股本和发放股票股利的方式进行股本扩张，基本能达到与股票分割同样的目的。

【例 9-12】 某上市公司 2021 年末资产负债表上的股东权益账户情况如表 9-5 所示。

表 9-5　2021 年末资产负债表上的股东权益账户情况　　　　　　　单位：万元

股本（面值 10 元，发行在外 1 000 万股）	10 000
资本公积	10 000
盈余公积	5 000
未分配利润	8 000
股东权益合计	33 000

试解答：

① 假设股票市价为 20 元，该公司宣布发放 10% 的股票股利，即现有股东每持有 10 股即可获赠 1 股普通股。发放股票股利后，股东权益有何变化？每股净资产是多少？

② 假设该公司按照 1∶2 的比例进行股票分割。股票分割后，股东权益有何变化？每股净资产是多少？

【解】 ① 发放股票股利后股东权益情况如表 9-6 所示。

表 9-6　发放股票股利后股东权益情况　　　　　　　单位：万元

股本（面值 10 元，发行在外 1 100 万股）	11 000
资本公积	11 000
盈余公积	5 000
未分配利润	6 000
股东权益合计	33 000

每股净资产为：33 000÷(1 000＋100)＝30(元/股)。

② 股票分割后股东权益情况如表 9-7 所示。

表 9-7　股票分割后股东权益情况　　　　　　　单位：万元

普通股（面值 5 元，发行在外 2 000 万股）	10 000
资本公积	10 000

	续情
盈余公积	5 000
未分配利润	8 000
股东权益合计	33 000

每股净资产为：$33\,000 \div (1\,000 \times 2) = 16.5$(元/股)。

(3) 股票回购的概念

股票回购是股份公司出资购回本公司发行在外的股票，将其作为库藏股或进行注销的行为。20世纪70年代，美国政府对公司分配现金红利施加了限制，导致一些公司采用股票回购方式向股东分配利润。此后，股票回购成为一种特殊的公司利润分配形式。公司回购的股票可以注销，以减少公司的股本总额；也可以作为库藏股，将来出售或者用于实施股权激励计划。公司持有本公司的库藏股通常不能超过一定期限，这是为了避免公司管理层利用库藏股操纵每股利润或股票价格，库藏股也不能享有与正常的普通股相同的权利，如没有投票权和分派股利的权利。我国2005年发布的《上市公司回购社会公众股份管理办法（试行）》规定，上市公司回购股票只能是为了减少注册资本而进行注销，不允许作为库藏股由公司持有。

股票回购常被看作对股东的一种特殊回报方式，但与发放现金股利还是存在差异的。公司通过股票回购减少了流通在外的普通股股数，从而使每股利润增加，股票价格也随之上涨，可为股东带来资本利得收益。如果不存在个人所得税和交易成本，股票回购和发放现金股利对股东财富的影响并无差异，但是，通常情况下，资本利得所得税税率要低于股利所得税税率，因此公司回购股票可以为股东规避部分税负，为股东带来税收利益。但是，现金股利毕竟是公司对股东一种长期稳定的回报方式，而股票回购不能经常采用，只在公司拥有大量闲置现金的情况下才偶尔为之。

(4) 股票回购的动机

公司进行股票回购的主要动机在理论上有多种解释，信号理论、税差理论、代理理论和公司控制权市场理论等主流财务理论都对股票回购动机做出了各自的解释。

① 传递股价被低估信号的动机。由于外部投资者与公司管理层之间存在信息不对称，二者对股票价值的认识可能会存在较大差异，当资本市场低迷时，公司的股价就有可能被低估。如果管理层认为本公司股票被严重低估，公司就可以通过股票回购行为来传递这种信号，从而促使公司股价上涨。实际上，公司的股票回购公告发布之后，股票价格通常会上涨。

② 为股东避税的动机。前已述及，由于资本利得与现金股利存在税率差异，现金股利的税率通常高于资本利得的税率，公司为了减少股东缴纳的个人所得税，可以用股票回购的方式代替发放现金股利，从而为股东带来税收利益。

③ 减少公司自由现金流量的动机。在公司存在过多的自由现金流量时，公司可以通过股票回购的方式将现金分配给股东。股票回购可以使公司流通在外的股票数量减少，由于每股利润增加，在市盈率不变的情况下，股价会上涨，股东所持有的股票总市值会增加，这等于向股东分配了现金。此外，由于公司的自由现金流量减少，公司的代理成本也得以降低。

④ 反收购的动机。当公司的股票被低估时，就有可能成为被收购的目标，从而对现有

股东的控制权产生威胁。为了维护原有股东对公司的控制权，预防或抵制敌意收购，公司可以通过股票回购方式减少流通在外的股票股数，提高股票价格。实证研究表明，公司成为被收购目标的风险越大，就越有可能回购股票。

（5）股票回购的方式

股票回购的方式按照不同的分类标准主要有以下几种。

① 按照股票回购的地点不同，可以分为场内公开收购和场外协议收购两种。

场内公开收购是指公司把自己等同于任何潜在的投资者，委托证券公司代自己按照公司股票当前市场价格回购。

场外协议收购是指公司与某一类或某几类投资者直接见面，通过协商来回购股票的一种方式。协商的内容包括价格与数量的确定，以及执行时间等。很显然，这一种方式的缺点就在于透明度比较低。

② 按照股票回购的对象不同，可以分为在资本市场上进行随机回购（集中竞价回购）、向全体股东招标回购（要约回购）、向个别股东协商回购（定向回购）。

在资本市场上随机回购的方式最为普遍，但往往受到监管机构的严格监控。

在向全体股东招标回购的方式下，回购价格通常高于当时的股票价格，具体的回购工作一般要委托金融中介机构进行，成本费用较高。

向个别股东协商回购由于不是面向全体股东，所以必须保持回购价格的公正合理性，以免损害其他股东的利益。

③ 按照筹资方式不同，可分为举债回购、现金回购和混合回购。

举债回购是指企业通过银行等金融机构借款的办法来回购本公司的股份。其目的无非是防御其他公司的恶意兼并与收购。

现金回购是指企业利用剩余资金来回购本公司的股票。

如果企业既动用剩余资金，又向银行等金融机构举债来回购本公司股票，称之为混合回购。

④ 按照回购价格的确定方式不同，可以分为固定价格要约回购和荷兰式拍卖回购。

固定价格要约回购是指企业在特定时间发出的以某一高出股票当前市场价格的价格水平，回购既定数量股票。为了在短时间内回购数量相对较多的股票，公司可以宣布固定价格要约回购。它的优点是赋予所有股东向公司出售其所持有股票的均等机会，而且通常情况下公司享有在回购数量不足时取消回购计划或延长要约有效期的权利。

荷兰式拍卖回购在回购价格确定方面给予公司更大的灵活性。首先，公司指定回购价格的范围（通常较宽）和计划回购的股票数量（可以上下限的形式表示）；而后股东进行投标，说明愿意以某一特定价格水平（股东在公司指定的回购价格范围内任选）出售股票的数量；公司汇总所有股东提交的价格和数量，确定此次股票回购的"价格-数量曲线"，并根据实际回购数量确定最终的回购价格。

 思 考 题

① 移动平均法和趋势平均法的共同点是什么？
② 在应用平滑指数时，怎样根据实际需要确定平滑指数的数值？

③ 以成本为基础进行定价的三种成本的主要内容与区别是什么？

④ 为什么在完全资本市场条件下，股利政策与股价无关？

⑤ 公司的股利政策是否应一直保持稳定？如何根据公司发展情况选择股利政策？

⑥ 股份公司在选择采用股票股利进行股利分配时，应考虑哪些因素？分配股票股利会对公司以及股东产生什么影响？

第10章

财务分析与评价

学习目标

① 理解财务分析基本概念,掌握财务分析基本方法。
② 理解和掌握财务报表分析的主要方法和财务指标,能够利用财务报表信息进行财务报表和财务比率分析。
③ 掌握上市公司财务分析方法。
④ 掌握杜邦分析原理。

10.1 财务分析的意义、内容与方法

10.1.1 财务分析的意义

财务分析是以企业的基本活动为对象,以财务报告及其他相关资料为主要依据,对企业的财务状况、经营成果和现金流量情况进行评价和剖析,反映企业在运营过程中的利弊得失和发展趋势,从而为改进企业财务管理工作和优化经济决策提供重要的财务信息。具体来说,财务分析的意义主要体现在如下几个方面。

首先,公司财务分析是评估公司经营状况的重要手段。通过财务分析,我们可以了解公司的资产负债情况、盈利能力、经营效率等方面,从而评估公司的整体经营状况。例如,如果公司的资产负债表显示负债过多,那么这可能意味着公司的财务风险较高,需要采取措施降低负债。如果公司的利润表显示亏损,那么这可能意味着公司的经营策略需要调整,以实现盈利。

其次,公司财务分析是制定公司战略的重要依据。通过财务分析,我们可以了解公司的优势和劣势,从而制定出更符合公司实际情况的战略计划。例如,如果公司的利润表显示某个产品的利润率较低,那么这可能意味着该产品的竞争力不足,需要加强产品研发和市场营

销,以提高利润率。如果公司的现金流量表显示公司的现金流充足,那么这可能意味着公司有足够的资金去扩大规模和开发新产品。

最后,公司财务分析是保证公司合规经营的重要工具。通过财务分析,我们可以了解公司是否遵守了国家法律法规和行业标准,是否存在违规经营和违法行为。例如,如果公司的财务报表显示公司的税务缴纳存在问题,那么这可能意味着公司存在违规经营的行为,需要加强内部管理和监督,以避免受到相关部门的处罚。

10.1.2 财务分析的内容

财务分析的基本内容包括偿债能力分析、运营能力分析、盈利能力分析、发展能力分析和现金流量分析等五个方面。财务分析信息的需求者主要包括企业所有者、企业债权人、企业经营决策者和政府等。不同主体出于不同的利益考虑,对财务分析信息有着各自不同的要求。

(1) 企业的债权人

企业的债权人进行财务分析的主要目的,一是看其对企业的借款或其他债权是否能及时、足额收回,即看企业偿债能力的大小,二是看债权人的收益状况与风险程度是否相适应。因此,企业债权人更重视企业的偿债能力分析与盈利能力分析。

(2) 企业的投资人

企业的投资人进行财务分析的最根本目的是看企业的盈利能力状况,因为盈利能力是投资者资本保值和增值的关键。但是,为了确保资本保值增值,他们还关注企业的权益结构、支付能力及营运状况。

(3) 企业的管理层

他们的总体目标是提高盈利能力。在财务分析中,他们关心的不仅仅是盈利的结果,还有盈利的原因及过程。其目的是及时发现生产经营中存在的问题与不足,并采取措施解决这些问题,使企业不仅用现有资源实现更多盈利,而且使企业盈利能力持续增长。

(4) 政府部门

国家行政管理与监督部门进行财务分析的目的,一是监督检查各项经济政策、法规、制度在企业单位的执行情况,二是保证企业财务会计信息和财务分析报告的真实性、准确性,为宏观决策提供可靠的信息。政府既是宏观经济管理者,又是国有企业的所有者和重要的市场参与者,因此政府对企业财务分析的关注点因身份不同而不同。

10.1.3 财务分析的方法

(1) 比率分析法

① 相关比率。相关比率是指企业营销活动中性质不同但相互联系的两个指标的比率。例如,许多指标可与销售额形成相关比率:广告费用与销售额的比率为广告费用率,仓储费用与销售额的比率为仓储费用率,退货数额与销售额的比率为退货率,等等。运用相关比率可以了解企业营销中存在的某些问题。

② 结构比率。结构比率是指各项指标在整体中所占的比重,用以揭示各组成部分与整体之间的关系。在资产负债表的分析中,为了了解企业各项资产(或负债、所有者权益)的

构成情况，可以把每一个项目都除以资产总计（或负债合计、所有者权益合计），以求得资产（或负债、所有者权益）的结构比率。如在损益表的分析中，为了了解产品销售收入的各构成项目的比重，可以把各构成项目除以产品销售收入，分别计算出相应的结构比率，借以分析、对比它们相对于产品销售收入的比重变化情况。

③ 动态比率。动态比率是将企业不同时期的同类指标数值进行对比，通过观察、评估指标的发展方向和增减速度来分析其变动趋势。动态比率一般包括定基比率和环比两种方式：定基比率以某一点为一个固定的基数，环比则以上一期作为基数。运用动态比率控制，可以找出营销变动的趋势，为分析原因提供条件。

（2）比较分析法

① 趋势分析法。趋势分析法是通过对有关指标的各期对基期的变化趋势的分析，从中发现问题，为追索和检查账目提供线索的一种分析方法。例如通过对应收账款的趋势分析，就可对坏账的可能与应催收的货款作出一般评价。

② 同业比较分析法。同业比较分析法是指将企业指标的实际值与同行业的平均标准值进行比较分析。同类企业的确认按以下两个标准来判断：

一是看最终产品是否相同。当企业生产同类产品或同系列产品时即可认定为同类企业。

二是看生产结构是否相同。这里的生产结构主要是指企业原材料、生产技术、生产方式。当企业采用相同的原材料、相同的生产技术和相同的生产方式时，即使最终产品不同，也可以认为是同类企业。

③ 预算差异分析法。预算差异分析法就是通过比较实际执行结果与预算目标，确定其差异额及其差异原因。如实际成果与预算目标的差异巨大，企业管理者应审慎调查，并判定其发生原因，以便采取适当的矫正措施。预算差异分析有利于及时发现预算管理中存在的问题，是其控制和评价职能作用赖以发挥的最重要的基本手段。

（3）因素分解法

① 比率因素分解法。比率因素分解法，是指把一个财务比率分解为若干个影响因素的方法。例如，资产收益率可以分解为资产周转率和销售利润率两个比率的乘积。财务比率是财务报表分析的特有概念，财务比率分解是财务报表分析所特有的方法。

② 差异因素分解法。为了解释比较分析中所形成差异的原因，需要使用差异因素分解法。例如，产品材料成本差异可以分解为价格差异和数量差异。

差异因素分解法又分为定基替代法和连环替代法两种。

a. 定基替代法。定基替代法是测定比较差异成因的一种定量方法。按照这种方法，需要分别用标准值（历史的、同业企业的或预算的标准）替代实际值，以测定各因素对财务指标的影响。计算公式为：

数量变动影响金额＝实际价格×实际数量－实际价格×预算数量＝实际价格×数量差异

价格变动影响金额＝实际价格×实际数量－预算价格×实际数量＝价格差异×实际数量

b. 连环替代法。连环替代法是另一种测定比较差异成因的定量分析方法。按照这种方法，需要依次用标准值替代实际值，以测定各因素对财务指标的影响。计算公式为：

数量变动影响金额＝预算价格×实际数量－预算价格×预算数量＝预算价格×数量差异

价格变动影响金额＝实际价格×实际数量－预算价格×实际数量＝价格差异×实际数量

【例 10-1】 某企业 2023 年 10 月某种原材料费用的实际数是 9 240 元，而其计划数是 8 000 元。实际比计划增加 1 240 元。由于原材料费用是产品产量、单位产品材料消耗量和材料单价三个因素的乘积，因此就可以把材料费用这一总指标分解为三个因素，然后逐个来分析它们对材料费用总额的影响程度。表 10-1 所示为该企业 2023 年 10 月该项原材料使用情况。

表 10-1　2023 年 10 月材料使用情况

项目	单位	计划数	实际数
产品产量	件	200	220
单位产品材料消耗量	kg	8	7
材料单价	元	5	6
材料费用总额	元	8 000	9 240

计划指标：200×8×5＝8 000(元)　　　　　　　　　　　　　　　　　①
第一次替代：220×8×5＝8 800(元)　　　　　　　　　　　　　　　　②
第二次替代：220×7×5＝7 700(元)　　　　　　　　　　　　　　　　③
第三次替代：220×7×6＝9 240(元)　　　　　　　　　　　　　　　　④
实际指标：
产量增加的影响：②－①＝8 800－8 000＝800(元)
材料节约的影响：③－②＝7 700－8 800＝－1 100(元)
价格提高的影响：④－③＝9 240－7 700＝1 540(元)
全部因素的影响：800－1 100＋1 540＝1 240(元)

10.2　基本财务报表分析

10.2.1　偿债能力分析

企业偿债能力是反映企业财务状况和经营能力的重要标志。企业偿债能力，静态来讲，就是用企业资产清偿企业债务的能力；动态来讲，就是用企业资产和经营过程创造的收益偿还债务的能力。企业有无现金支付能力和偿债能力是企业能否健康发展的关键。企业偿债能力分析是企业财务分析的重要组成部分。

（1）短期偿债能力分析

① 流动比率。流动比率是指流动资产与流动负债的比率，表示每一元的流动负债有多少流动资产作为偿还保证。其计算公式如下：

$$流动比率＝(流动资产/流动负债)×100\%$$

一般认为，或从债权人立场上说，流动比率越高，表示企业的偿付能力越强，企业所面临的短期流动性风险越小，债权越有保障，借出的资金越安全。但从经营者和所有者角度看，并不一定是流动比率越高越好。在偿债能力允许的范围内，根据经营需要，进行负债经营也是现代企业的经营策略之一。因此，从一般经验看，流动比率为 200% 是比较合适的。此时，企业的短期偿债能力较强，对企业的经营也比较有利。

对流动比率的分析，可以从静态和动态两个方面进行。从静态上分析，就是计算并分析某一时点的流动比率,同时可将其与同行业的平均流动比率进行比较;从动态上分析,就是将不同时点的流动比率进行对比,研究流动比率变动的特点及其合理性。

② 速动比率。速动比率又称酸性测验比率,是指企业的速动资产与流动负债的比率,用来衡量企业流动资产中速动资产变现偿付流动负债的能力。其计算公式如下:

$$速动比率 = 速动资产/流动负债$$

式中,速动资产=流动资产-存货。

速动比率可以用作流动比率的辅助指标。用速动比率来评价企业的短期偿债能力,消除了存货等变现能力较差的流动资产项目的影响,可以部分地弥补流动比率指标存在的缺陷。在一些存货等项目短期变现能力弱的企业,流动比率较高时,流动资产中可以立即变现用来支付债务的资产较少,其偿债能力也不理想;反之,在一些流动资产项目短期变现能力高的企业,即使速动比率较低,但流动资产中的大部分项目都可以在较短的时间内转化为现金,其偿债能力也会很强。所以,不能单纯地说流动比率与速动比率哪一个更准确,应将两者结合起来,结合企业的具体情况而论。

一般认为,在企业的全部流动资产中,存货大约占 50%。所以,速动比率的一般标准为 100%,也就是说,每一元的流动负债,都有一元几乎可以立即变现的资产来偿付。如果速动比率低于 100%,一般认为偿债能力较差,但分析时还要结合其他因素进行评价。

③ 现金比率。现金比率是指现金类资产对流动负债的比率,该指标有以下两种表示方式。

a. 当现金类资产仅指货币资金时,现金比率的计算公式表示如下:

$$现金比率 = (货币资金/流动负债) \times 100\%$$

b. 当现金类资产除包括货币资金以外,还包括现金等价物(企业把持有的期限短、流动性强、易于转换为已知金额的现金、价值变动风险很小的投资视为现金等价物)时,现金比率的计算公式表示如下:

$$现金比率 = [(货币资金 + 现金等价物)/流动负债] \times 100\%$$

现金比率可以准确地反映企业的直接偿付能力。当企业面临支付工资日或大宗进货日等而需要大量现金时,这一指标更能显示出其重要作用。

【例 10-2】 表 10-2 是大华公司在 2022 年度的资产负债表,试分析其短期偿债能力。

表 10-2 大华公司 2022 年度资产负债表　　　　　　　　　　单位:万元

资产	年末余额	年初余额	负债和所有者权益	年末余额	年初余额
流动资产:			流动负债:		
货币资金	520	270	短期借款	620	470
以公允价值计量且其变动计入当期损益的金融资产	80	140	以公允价值计量且其变动计入当期损益的金融负债	0	0
衍生金融资产	0	0	衍生金融负债	0	0
应收票据及应收账款	4 100	2 140	应付票据及应付账款	1 090	1 170
预付账款	140	60	预收款项	120	60
其他应收款	240	240	应付职工薪酬	180	210
存货	1 210	3 280	应交税费	110	140
持有待售资产	0	0	其他应付款	590	360

资产	年末余额	年初余额	负债和所有者权益	年末余额	年初余额
一年内到期的非流动资产	690	0	持有待售负债	0	0
其他流动资产	200	130	一年内到期的非流动负债	520	0
流动资产合计	7 180	6 260	其他流动负债	50	70
非流动资产：			流动负债合计	3 280	2 480
可供出售金融资产	0	0	**非流动负债：**		
持有至到期投资	0	0	长期借款	4 520	2 470
长期应收款	0	0	应付债券	2 420	2 620
长期股权投资	320	470	其他非流动负债	720	770
固定资产	12 380	9 550	非流动负债合计	7 660	5 860
在建工程	200	370	**负债合计**	10 940	8 340
无形资产	200	240	**所有者权益：**		
递延所得税资产	70	170	实收资本	6 000	6 000
其他非流动资产	50	140	资本公积	180	120
非流动资产合计	13 220	10 940	盈余公积	760	420
			未分配利润	2 520	2 320
			所有者权益合计	9 460	8 860
资产合计	20 400	17 200	**负债和所有者权益合计**	20 400	17 200

【解】 本年度营运资金＝7 180－3 280＝3 900(万元)

上年度营运资金＝6 260－2 480＝3 780(万元)

年末流动比率＝7 180÷3 280≈2.189

年初流动比率＝6 260÷2 480≈2.524

年末速动比率＝4 940÷3 280≈1.506

年初速动比率＝2 790÷2 480≈1.125

年末现金比率＝600÷3 280≈0.183

年初现金比率＝410÷2 480≈0.165

(2) 长期偿债能力分析

① 资产负债率。资产负债率又称举债经营比率，它是用以衡量企业利用债权人提供的资金进行经营活动的能力，并反映债权人发放贷款的安全程度的指标。它通过将企业的负债总额与资产总额相比较得出，反映在企业全部资产中负债所占比率。

资产负债率反映在总资产中有多大比例是通过借债来筹资的，也可以衡量企业在清算时保护债权人利益的程度。资产负债率这个指标反映债权人所提供的资本占全部资本的比例。其具体表达式为：

$$资产负债率＝总负债/总资产$$

② 股东权益比率。股东权益比率（又称自有资本比率或净资产比率）是股东权益与资产总额的比率，该比率反映企业资产中有多少是所有者投入的。如果权益比率过小，表明企业过度负债，容易削弱企业抵御外部冲击的能力；而权益比率过大，意味着企业没有积极地利用财务杠杆作用来扩大经营规模。其具体表达式为：

股东权益比率＝股东权益总额/资产总额

③ 产权比率。产权比率是指股份制企业负债总额与所有者权益总额的比率，是评估资金结构合理性的一种指标，从侧面表明企业借款经营的程度。它是企业财务结构稳健与否的重要标志。该指标表明由债权人提供的和由投资者提供的资金来源的相对关系，反映企业基本财务结构是否稳定。产权比率越低，表明企业自有资本占总资产的比重越大，长期偿债能力越强。其具体表达式为：

产权比率＝（负债总额/股东权益）×100％＝（负债总额/所有者权益）×100％

④ 利息保障倍数。利息保障倍数，又称已获利息倍数（企业利息支付能力），是指企业生产经营所获得的息税前利润与利息费用的比率。企业生产经营所获得的息税前利润与利息费用相比，倍数越大，说明企业支付利息费用的能力越强。计算公式为：

利息保障倍数＝息税前利润/利息费用

息税前利润＝利润总额＋财务费用

息税前利润＝净销售额－营业费用

息税前利润＝销售收入总额－变动成本总额－固定经营成本

【例 10-3】 表 10-3 是大华公司在 2022 年度的利润表，请结合［例 10-2］中的资产负债表，分析其长期偿债能力。

表 10-3　大华公司 2022 年度利润表　　　　　单位：万元

项目	本年金额	上年金额
一、营业收入	30 020	28 520
减：营业成本	26 460	25 050
减：税金及附加	300	300
减：销售费用	240	220
减：管理费用	480	420
减：财务费用	1 120	980
加：公允价值变动收益	220	380
加：投资收益	420	260
二、营业利润	2 060	2 190
加：营业外收入	120	190
减：营业外支出	220	70
三、利润总额	1 960	2 310
减：所得税费用	660	770
四、净利润	1 300	1 540

【解】 年末资产负债率＝（10 940÷20 400）×100％≈53.63％
年初资产负债率＝（8 340÷17 200）×100％≈48.49％
年末产权比率＝（10 940÷9 460）×100％≈115.64％
年初产权比率＝（8 340÷8 860）×100％≈94.13％
年末权益乘数＝20 400÷9 460≈2.16
年初权益乘数＝17 200÷8 860≈1.94
假定表中财务费用全部为利息费用，资本化利息为 0，则大华公司利息保障倍数为：

本年利息保障倍数＝(1 120＋1 960)÷1 120＝2.75
上年利息保障倍数＝(980＋2 310)÷980≈3.36

10.2.2 营运能力分析

企业营运能力主要指企业营运资产的效率与效益。企业营运资产的效率主要指资产的周转率或周转速度。企业营运资产的效益通常是指企业的产出量与资产占用量的比率。

(1) 应收账款周转率

应收账款周转率是企业在一定时期内赊销净收入与平均应收账款余额之比。它是衡量企业应收账款周转速度及管理效率的指标。企业的应收账款如能及时收回，企业的资金使用效率便能大幅提高。应收账款周转率就是反映企业应收账款周转速度的比率。它说明一定期间内公司应收账款转为现金的平均次数。用时间表示的应收账款周转速度为应收账款周转天数，也称平均应收账款回收期或平均收现期。它表示企业从获得应收账款的权利到收回款项、变成现金所需要的时间。

(2) 存货周转率

存货周转率是企业一定时期销货成本与平均存货余额的比率。它用于反映存货的周转速度，即存货的流动性及存货资金占用量是否合理，促使企业在保证生产经营连续性的同时，提高资金的使用效率，增强企业的短期偿债能力。计算公式为：

存货周转率(次数)＝销售成本/平均存货余额

平均存货余额＝(期初存货＋期末存货)÷2

存货周转天数＝计算期天数/存货周转率

(3) 流动资产周转率

流动资产周转率指企业一定时期内主营业务收入净额同平均流动资产总额的比率。流动资产周转率是评价企业资产利用率的一个重要指标。主营业务收入净额是指企业当期销售产品、提供劳务等主要经营活动取得的收入减去折扣与折让后的数额。计算公式为：

流动资产周转率(次)＝主营业务收入净额/平均流动资产总额

平均流动资产总额＝(流动资产年初数＋流动资产年末数)/2

(4) 固定资产周转率

固定资产周转率，也称固定资产利用率，是企业销售收入与固定资产净值的比率。固定资产周转率表示在一个会计年度内固定资产周转的次数，或表示每1元固定资产支持多少销售收入。

固定资产周转天数表示在一个会计年度内，固定资产转换成现金平均需要的时间，即平均天数。固定资产的周转次数越多，则周转天数越短；周转次数越少，则周转天数越长。

固定资产周转率计算公式如下：

固定资产周转率＝销售收入/平均固定资产净值

平均固定资产净值＝(期初净值＋期末净值)÷2

(5) 总资产周转率

总资产周转率是企业一定时期的销售(营业)收入净额与平均资产总额之比，它是衡量资产投资规模与销售水平之间配比情况的指标。

运用总资产周转率分析、评价资产使用效率时，还要结合销售利润一起分析。对资产总

额中的非流动资产应计算分析。总资产周转率越高,说明企业销售能力越强,资产投资的效益越好。计算公式如下:

$$总资产周转率(次) = 营业收入净额/平均资产总额$$
$$总资产周转率 = 销售收入/总资产$$
$$总资产周转天数 = 360 \div 总资产周转率(次)$$

式中,营业收入净额是减去销售折扣及折让等后的净额;平均资产总额是指企业资产总额年初数与年末数的平均值。

【例 10-4】 结合 [例 10-2]、[例 10-3] 中的资产负债表和利润表,试计算大华公司的营运能力指标。

【解】 应收账款周转率 $= \dfrac{30\,020}{(4\,100+2\,140)/2} \approx 9.62(次)$

应收账款周转天数 $\approx 360 \div 9.62 \approx 37(天)$

存货周转率 $= \dfrac{26\,460}{(1\,210+3\,280)/2} \approx 11.79(次)$

存货周转天数 $\approx 360 \div 11.79 \approx 30.53(天)$

流动资产周转率 $= \dfrac{30\,020}{(7\,180+6\,260)/2} \approx 4.47(次)$

流动资产周转天数 $\approx 360 \div 4.47 \approx 80.53(天)$

固定资产周转率 $= \dfrac{30\,020}{(1\,2380+9\,550)/2} \approx 2.74(次)$

固定资产周转天数 $\approx 360 \div 2.74 \approx 131.39(天)$

总资产周转率 $= \dfrac{30\,020}{(20\,400+17\,200)/2} \approx 1.60(次)$

总资产周转天数 $\approx 360 \div 1.60 = 225(天)$

10.2.3 盈利能力分析

盈利能力就是公司赚取利润的能力。一般来说,公司的盈利能力是指正常的营业状况下的盈利能力。非正常的营业状况也会给公司带来收益或损失,但这只是特殊情况,不能说明公司的能力。

(1) 资产报酬率

资产报酬率又称总资产利润率、总资产回报率、资产总额利润率,是指企业一定时期内息税前利润与资产平均总额的比率。它用以评价企业运用全部资产的总体获利能力,是评价企业资产运营效益的重要指标。资产报酬率的计算公式如下:

$$资产报酬率 = [(净利润+利息费用+所得税)/平均资产总额] \times 100\%$$

① 资产息税前利润率。资产息税前利润率也称基本获利率,是企业的息税前利润与总资产平均余额之比。该指标是将公司占用的全部资产作为一种投入,对应的是息税前利润总和,以评价公司的投入和产出的效率。公司的投入就是占用的资产总额,其回报就是息税前利润。该指标越大,说明企业的整体获利能力越强。计算公式为:

$$资产息税前利润率 = 息税前利润/总资产平均余额$$

② 资产利润率。资产利润率又称投资盈利率、资产所得率、资产报酬率、企业资金利

润率，是反映企业资产盈利能力的指标。它指企业在一定时间内实现的利润与同期资产平均占用额的比率。企业资产利润率这项指标能促进企业全面改善生产经营管理，不断提高企业的经济效益。计算公式为：

$$资产利润率=(利润总额/资产平均占有额)\times 100\%$$

（2）股东权益报酬率

股东权益报酬率又称为净值报酬率、净资产收益率，指普通股投资者获得的投资报酬率。股东权益或股票净值、普通股账面价值或资本净值，是公司股本、公积金、留存收益等的总和。股东权益报酬率表明普通股投资者委托公司管理人员应用其资金所获得的投资报酬，所以数值越大越好。计算公式为：

$$股东权益报酬率=[(税后利润-优先股股息)\div 股东权益]\times 100\%$$

（3）销售毛利率与销售净利率

① 销售毛利率。销售毛利率是毛利占销售净收入的百分比，通常称为毛利率。其中，毛利是销售净收入与产品成本的差。计算公式为：

$$销售毛利率=[(销售净收入-产品成本)/销售净收入]\times 100\%$$

在上市公司财务报表中：

$$主营业务销售毛利率=[(主营业务收入-主营业务成本)/主营业务收入]\times 100\%$$

【例 10-5】 已知某商品含税进价 100 元，厂商折扣 5%，运输费用 2 元/件，增值税率 5%，含税售价 110 元，问：该商品的毛利率是多少？

【解】 这道题比较复杂，分为以下几步求解：

不含税进价=含税进价/(1+增值税)=100/(1+5%)≈95.24(元)

扣除折扣，加运输费后，不含税进价为：

95.24-95.24×5%+2≈92.48(元)

不含税售价=含税售价/(1+增值税)=110/(1+5%)≈104.76(元)

毛利率=(不含税售价-不含税进价)/不含税售价≈(104.76-92.48)/104.76≈11.72%

② 销售净利率。销售净利率，又称销售净利润率，是净利润占销售收入的百分比，用以衡量企业在一定时期的销售收入获取的能力。计算公式为：

$$销售净利率=(净利润/销售收入)\times 100\%$$

式中，净利润（税后利润）=利润总额-所得税费用=主营业务收入+其他业务收入-主营业务成本-其他业务成本-营业税金及附加-期间费用（销售费用+管理费用+财务费用）-资产减值损失+公允价值变动收益（亏损为负）+投资收益（亏损为负）-所得税费用。

（4）总资产净利率

总资产净利率指净利润与平均总资产的比率，反映每 1 元资产创造的净利润。其计算公式为：

$$总资产净利率=\frac{净利润}{平均总资产}\times 100\% = \frac{净利润}{营业收入}\times\frac{营业收入}{平均总资产}=营业净利率\times 总资产周转率$$

总资产净利率衡量的是企业资产的盈利能力。总资产净利率越高，表明企业资产的利用效果越好。

（5）净资产收益率

净资产收益率又称权益净利率或权益报酬率，是净利润与平均所有者权益（平均净资产）的比值，表示每 1 元权益资本赚取的净利润，反映权益资本经营的盈利能力。其计算公式为：

$$净资产收益率 = \frac{净利润}{平均净资产} \times 100\% = \frac{净利润}{平均总资产} \times \frac{平均总资产}{平均净资产} = 总资产净利率 \times 权益乘数$$

该指标是企业盈利能力指标的核心，也是杜邦财务指标体系的核心，更是投资者关注的重点。一般来说，净资产收益率越高，所有者和债权人的利益保障程度越高。

（6）成本费用净利率

成本费用净利率是指企业净利润与成本费用总额的比率。它反映企业生产经营过程中发生的耗费与获得的收益之间的关系。计算公式为：

$$成本费用净利率 = (净利润 \div 成本费用总额) \times 100\%$$

（7）每股利润

每股利润也称每股收益或每股盈余，是指股份公司发行在外的普通股每股可能分得的当期企业所获利润。计算公式为：

$$每股利润 = 盈余 / 流通在外股数$$
$$= (税后净利 - 特别股股利) / 发行在外普通股股数$$

【例10-6】 结合［例10-2］、［例10-3］中的资产负债表和利润表，试计算其盈利能力指标。

【解】 本年营业毛利率 = (30 020 − 26 460)/30 020 ≈ 11.86%

上年营业毛利率 = (28 520 − 25 050)/28 520 ≈ 12.17%

本年营业净利率 = 1 300/30 020 ≈ 4.33%

上年营业净利率 = 1 540/28 520 ≈ 5.40%

$$本年总资产净利率 = \frac{1\ 300}{(20\ 400 + 17\ 200)/2} \approx 6.91\%$$

$$本年净资产收益率 = \frac{1\ 300}{(9\ 460 + 8\ 860)/2} \approx 14.19\%$$

10.2.4 发展能力分析

发展能力是指企业扩大规模、壮大实力的潜在能力，又称成长能力。分析发展能力主要考察以下四项指标。

（1）营业增长率

营业增长率是企业本年销售收入增长额同上年销售收入总额之比。本年销售增长额为本年销售收入减去上年销售收入的差额，它是分析企业成长状况和发展能力的基本指标。计算公式为：

$$营业增长率 = 本年销售增长额 \div 上年销售总额$$
$$= (本年销售总额 - 上年销售总额) \div 上年销售总额$$
$$营业增长率 = 本年销售总额 / 上年销售总额 - 1$$

（2）总资产增长率

总资产增长率是企业年末总资产的增长额同年初资产总额之比。本年总资产增长额为本年总资产的年末数减去本年年初数的差额，它是分析企业当年资本积累能力和发展能力的主要指标。

(3) 营业利润增长率

营业利润增长率又称销售利润增长率,是企业本年营业利润增长额与上年营业利润总额的比率,它反映企业营业利润的增减变动情况。

(4) 股权资本增长率(资本保值增值率)

股权资本增长率反映了企业当年股东权益的变化水平,体现了企业资本的积累能力,是评价企业发展潜力的重要财务指标。

【例 10-7】 结合 [例 10-2]、[例 10-3] 中的资产负债表和利润表,试计算其发展能力指标。

【解】 营业收入增长率 $=\dfrac{30\,020-28\,520}{28\,520}\times 100\% = 5.26\%$

总资产增长率 $=\dfrac{20\,400-17\,200}{17\,200}\times 100\% = 18.60\%$

营业利润增长率 $=\dfrac{2\,060-2\,190}{2\,190}\times 100\% = -5.94\%$

10.2.5 现金流量分析

现金流量分析一般包括现金流量的结构分析、流动性分析、获取现金能力分析、财务弹性分析及收益质量分析。我们主要从获取现金能力及收益质量方面介绍现金流量分析。

(1) 获取现金能力分析

① 营业现金比率。营业现金比率是指企业经营活动现金流量净额与企业营业收入的比值,其计算公式为:

营业现金比率 = 经营活动现金流量净额/营业收入

营业现金比率反映每 1 元营业收入得到的经营活动现金流量净额,其数值越大越好。

② 每股营业现金净流量。每股营业现金净流量是通过企业经营活动现金流量净额与普通股股数之比来反映的。其计算公式为:

每股营业现金净流量 = 经营活动现金流量净额/普通股股数

该指标反映企业最大的分派股利能力,超过此限度,可能就要借款分红。

③ 全部资产现金回收率。全部资产现金回收率是通过企业经营活动现金流量净额与企业平均总资产之比来反映的,它说明企业全部资产产生现金的能力。其计算公式为:

全部资产现金回收率 = (经营活动现金流量净额÷平均总资产)×100%

(2) 收益质量分析

收益质量是指会计收益与公司业绩之间的相关性。如果会计收益能如实反映公司业绩,则其收益质量高;反之则收益质量不高。收益质量分析,主要包括净收益营运指数分析与现金营运指数分析。

① 净收益营运指数分析。净收益营运指数是指经营净收益与净利润之比,其计算公式为:

净收益营运指数 = 经营净收益÷净利润

经营净收益 = 净利润 − 非经营净收益

净收益营运指数越小,非经营净收益所占比重越大,收益质量越差,因为非经营净收益不反映公司的核心能力及正常的收益能力,可持续性较低。

② 现金营运指数分析。现金营运指数是企业经营活动现金流量净额与企业经营所得现金的比值，其计算公式为：

$$\text{现金营运指数} = \text{经营活动现金流量净额} \div \text{经营所得现金}$$

式中，经营所得现金是指经营净收益与非付现费用之和。现金营运指数大于 1，则说明收益质量较好。

10.3 上市公司财务分析

对上市公司进行财务分析主要通过以下几个指标来进行。

10.3.1 每股收益

每股收益是综合反映企业盈利能力的重要指标，可以用来判断和评价管理层的经营业绩。每股收益在概念上包括基本每股收益和稀释每股收益。

（1）基本每股收益

基本每股收益的计算公式为：

$$\text{基本每股收益} = \frac{\text{归属于公司普通股股东的净利润}}{\text{发行在外的普通股加权平均数}}$$

（2）稀释每股收益

企业存在稀释性潜在普通股的，应当计算稀释每股收益。稀释性潜在普通股指假设当期转化为普通股会减少每股收益的潜在普通股。计算稀释每股收益时，作为分子的净利润金额一般不变；分母的调整项目为可转换公司债券、认股权证和股份期权等增加的普通股股数，同时还应该考虑时间权重。

$$\text{认证股权或股份期权行权增加的普通股股数} = \text{行权认购的股数} \times \left(1 - \frac{\text{行权价格}}{\text{普通股平均市价}}\right)$$

10.3.2 每股股利

每股股利是股利总额与流通股股数的比值。每股股利是反映股份公司每一普通股获得股利多少的一个指标，指标值越大，表明获利能力越强。影响每股股利多少的因素主要是企业股利发放政策与利润分配政策。如果企业为扩大再生产、增强企业后劲而多留利，每股股利就少，反之则多。计算公式为：

$$\text{每股股利} = \text{股利总额} / \text{普通股股数}$$
$$= (\text{现金股利总额} - \text{优先股股利}) / \text{发行在外的普通股股数}$$

10.3.3 市盈率

市盈率是投资者所必须掌握的一个重要财务指标，亦称本益比，是股票价格除以每股盈利所得的比率。市盈率反映了在每股盈利不变的情况下，在派息率为 100% 且所得股息没有进行再投资的条件下，经过多少年我们的投资可以通过股息全部收回。市场上广泛谈及的市盈率指的通常是静态市盈率，通常用来作为判断不同价格的股票是否被高估或者低估的指标。

10.3.4 每股净资产

每股净资产是指股东权益与总股数的比率。这一指标反映每股股票所拥有的资产现值。

$$每股净资产 = 股东权益/总股数$$

10.4 企业财务评价与考核

10.4.1 企业综合绩效分析的方法

（1）杜邦分析法

① 杜邦分析法的定义和思路如下。

杜邦分析法的定义：杜邦分析法利用几种主要的财务比率之间的关系来综合地分析企业的财务状况。具体来说，它是一种用来评价公司盈利能力和股东权益回报水平，从财务角度评价企业绩效的经典方法。其基本思想是将企业净资产收益率逐级分解为多项财务比率乘积，这样有助于深入分析、比较企业经营业绩。由于这种分析方法最早由美国杜邦公司使用，故名杜邦分析法。

杜邦分析法的思路如下。

a. 权益净利率，也称权益报酬率，是一个综合性最强的财务分析指标，是杜邦分析系统的核心。

b. 资产净利率是影响权益净利率的最重要的指标，具有很强的综合性，而资产净利率又取决于销售净利率和总资产周转率的高低。总资产周转率反映总资产的周转速度。对资产周转率的分析中，需要对影响资产周转的各因素进行分析，以判明影响公司资产周转的主要问题在哪里。销售净利率反映销售收入的收益水平。扩大销售收入、降低成本费用是提高企业销售利润率的根本途径，而扩大销售收入同时也是提高资产周转率的必要条件和途径。

c. 权益乘数表示企业的负债程度，反映了公司利用财务杠杆进行经营活动的程度。资产负债率高，权益乘数就大，这说明公司负债程度高，公司会有较多的杠杆利益，但风险也高；反之，资产负债率低，权益乘数就小，这说明公司负债程度低，公司会有较少的杠杆利益，但相应所承担的风险也低。

② 杜邦分析图示和计算公式：

图 10-1 为杜邦分析法图示。杜邦分析计算公式：

$$净资产收益率（即权益净利率）= 资产净利率（=净利润/总资产）\times 权益乘数（=总资产/总权益资本）$$

由于

$$资产净利率（=净利润/总资产）= 销售净利率（=净利润/总收入）\times 资产周转率（=总收入/总资产）$$

因此

$$净资产收益率 = 销售净利率 \times 资产周转率（即资产利用率）\times 权益乘数$$

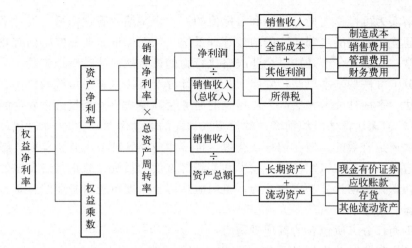

图 10-1 杜邦分析法图示

（2）沃尔比重评分法

① 沃尔比重评分法的含义：沃尔比重评分法是指将选定的财务比率用线性关系结合起来，并分别给定各自的分数比重，然后通过与标准比率进行比较，确定各项指标的得分及总体指标的累计分数，从而对企业的信用水平作出评价的方法。

② 沃尔比重评分法计算公式及步骤如下。

沃尔比重评分法的公式为：

$$实际分数 = 实际值 \div 标准值 \times 权重$$

当实际值＞标准值为理想时，用此公式计算的结果正确；

但当实际值＜标准值为理想时，实际值越小，得分应越高，用此公式计算的结果却恰恰相反，这种情况下此公式不再适用；

另外，当某一单项指标的实际值畸高时，会导致最后总分大幅度增加，掩盖了情况不良的指标，从而给管理者造成一种假象。

沃尔比重评分法基本步骤：

a. 选择评价指标并分配指标权重：

盈利能力的指标：资产净利率、销售净利率、净值报酬率；

偿债能力的指标：自有资本比率、流动比率、应收账款周转率、存货周转率；

发展能力的指标：销售增长率、净利增长率、资产增长率。

按重要程度确定各项比率指标的评分值，评分值之和为 100。

三类指标的评分值之比约为 5：3：2。盈利能力的三项指标的比例约为 2：2：1，偿债能力指标和发展能力指标中各项具体指标的重要性大体相当。

b. 根据各项财务比率的重要程度，确定其标准评分值。

c. 确定各项评价指标的标准值。

d. 对各项评价指标计分并计算综合分数。

e. 形成评价结果。

（3）平衡计分卡

① 平衡计分卡（BSC）的含义和基本思路如下。

平衡计分卡的含义：平衡计分卡是从财务、客户、内部运营、学习与成长四个角度，将组织的战略落实为可操作的衡量指标和目标值的一种新型绩效管理体系。设计平衡计分卡的目的就是要建立"实现战略制导"的绩效管理系统，从而保证企业战略得到有效的执行。因此，人们通常称平衡计分卡是加强企业战略执行力的最有效的战略管理工具。

平衡计分卡方法的基本思路：实际上，平衡计分卡方法打破了传统的只注重财务指标的业绩管理方法。平衡计分卡方法认为，传统的财务会计模式只能衡量过去发生的事情（落后的结果因素），但无法评估组织前瞻性的投资（领先的驱动因素）。在工业时代，注重财务指标的管理方法还是有效的。但在信息社会里，传统的业绩管理方法并不全面，组织必须通过在客户、供应商、员工、组织流程、技术和革新等方面的投资，获得持续发展的动力。正是基于这样的认识，平衡计分卡方法认为，组织应从四个角度审视自身业绩：学习与成长、业务流程、顾客、财务。

其中，平衡计分卡所包含的五项平衡为：

a.财务指标和非财务指标的平衡。企业考核的一般是财务指标，而对非财务指标（客户、内部流程、学习与成长）的考核很少。即使有对非财务指标的考核，也只是定性的说明，缺乏量化的考核，缺乏系统性和全面性。

b.企业的长期目标和短期目标的平衡。平衡计分卡是一套战略执行的管理系统，如果以系统的观点来看平衡计分卡的实施过程，则战略是输入，财务是输出。

c.结果性指标与动因性指标之间的平衡。平衡计分卡以有效完成战略为动因，以可衡量的指标为目标管理的结果，寻求结果性指标与动因性指标之间的平衡。

d.企业组织内部群体与外部群体之间的平衡。平衡计分卡中，股东与客户为外部群体，员工和内部业务流程是内部群体，平衡计分卡可以发挥在有效执行战略的过程中平衡这些群体间利益的作用。

e.领先指标与滞后指标之间的平衡。财务、客户、内部流程、学习与成长这四个方面包含了领先指标和滞后指标。财务指标就是一个滞后指标，它只能反映公司上一年度发生的情况，不能告诉企业如何改善业绩和可持续发展。而对于后三项领先指标的关注，使企业达到了领先指标和滞后指标之间的平衡。

② 平衡计分卡体系的基本内容：

平衡计分卡（BSC）中的目标和评估指标来源于组织战略，它把组织的使命和战略转化为有形的目标和衡量指标。

在 BSC 中的客户方面，管理者们确认了组织将要参与竞争的客户和市场部分，并将目标转换成一组指标，如市场份额、客户留住率、客户获得率、顾客满意度、顾客获利水平等。

在 BSC 中的内部经营过程方面，为吸引和留住目标市场上的客户，满足股东对财务回报的要求，管理者需关注对客户满意度和实现组织财务目标影响最大的那些内部过程，并为此设立衡量指标。在这一方面，BSC 重视的不是单纯的现有经营过程的改善，而是以确认客户和股东的要求为起点、以满足客户和股东要求为终点的全新的内部经营过程。

BSC 中的学习和成长方面确认了组织为了实现长期的业绩而必须进行的对未来的投资，包括对雇员的能力、组织的信息系统等方面的衡量。

组织在上述各方面的成功必须转化为财务上的最终成功。产品质量、完成订单时间、生产率、新产品开发和客户满意度方面的改进只有转化为销售额的增加、经营费用的减少和资产周转率的提高，才能为组织带来利益。因此，BSC 的财务方面列示了组织的财务目标，并衡量战略的实施和执行是否为最终的经营成果的改善作出贡献。

BSC 中的目标和衡量指标是相互联系的，这种联系不仅包括因果关系，而且包括结果的衡量和引起结果的过程的衡量相结合，最终反映组织战略。

10.4.2 综合绩效评价

综合绩效评价，是指运用数理统计和运筹学的方法，通过建立综合评价指标体系，对照相应的评价标准，将定量分析与定性分析相结合，对企业一定经营期间的盈利能力、资产质量、债务风险以及经营增长等经营业绩和努力程度等各方面进行的综合评判。它是站在企业所有者（投资人）的角度进行的。

（1）综合绩效评价的内容

企业综合绩效评价由财务绩效定量评价和管理绩效定性评价两部分组成。

财务绩效定量评价指标由反映企业盈利能力状况、资产质量状况、债务风险状况和经营增长状况等四个方面的基本指标和修正指标构成。

管理绩效定性评价指标包括企业发展战略的确立与执行、经营决策、发展创新、风险控制、基础管理、人力资源、行业影响、社会贡献等方面。

表 10-4 所示为各指标评价内容与权重。

表 10-4 综合绩效评价中各指标评价内容与权重

评价内容	权重/%	财务绩效（70%）				管理绩效（30%）	
		基本指标	权重/%	修正指标	权重/%	评议指标	权重/%
盈利能力状况	34	净资产收益率	20	销售（营业）利润率	10	战略管理	18
				利润现金保障倍数	9	发展创新	15
				成本费用利润率	8	经营决策	16
		总资产收益率	14	资本收益率	7	风险控制	13
						基础管理	14
						人力资源	8
资产质量状况	22	总资产周转率	10	不良资产比率	9	行业影响	8
		应收账款周转率	12	流动资产周转率	7		
				资产现金回收率	6		
债务风险状况	22	资产负债率	12	速动比率	6	社会贡献	8
				现金流动负债比率	6		
		已获利息倍数	10	带息负债比率	5		
				或有负债比率	5		
经营增长状况	22	销售（营业）增长率	12	销售（营业）利润增长率	10		
		资本保值增值率	10	总资产增值率	7		
				技术投入比率	5		

（2）企业综合绩效评价计分方法

企业综合绩效评价分数＝财务绩效定量评价分数×70%＋管理绩效定性评价分数×30%

在得出评价分数后，应当计算年度之间的绩效改进度，以反映企业年度之间经营绩效的变化状况。计算公式为：

$$绩效改进度＝本期绩效评价分数/基期绩效评价分数$$

绩效改进度大于 1，则说明经营绩效上升；绩效改进度小于 1，说明经营绩效下滑。

(3) 企业综合绩效评价结果与评价报告

企业综合绩效评价结果以评价类型、评价级别和评价得分表示。

评价类型是根据评价分数对企业综合绩效所划分的水平档次，用文字和字母表示，分为优（A）、良（B）、中（C）、低（D）、差（E）五种类型。评价级别是对每种类型再划分级次，以体现同一评价类型的不同差异，采用在字母后标注"＋"或"－"号的方式来表示。

企业综合绩效评价结果以 85 分、70 分、50 分、40 分作为类型判定的分数线。

① 评价得分达到 85 分以上（含 85 分）的，评价类型为优（A），在此基础上划分为三个级别，分别为：A＋＋≥95 分；95 分＞A＋≥90 分；90 分＞A≥85 分。

② 评价得分达到 70 分以上（含 70 分）且不足 85 分的，评价类型为良（B），在此基础上划分为三个级别，分别为：85 分＞B＋≥80 分；80 分＞B≥75 分；75 分＞B－≥70 分。

③ 评价得分达到 50 分以上（含 50 分）且不足 70 分的，评价类型为中（C），在此基础上划分为两个级别，分别为：70 分＞C≥60 分；60 分＞C－≥50 分。

④ 评价得分在 40 分以上（含 40 分）且不足 50 分的，评价类型为低（D）。

⑤ 评价得分不足 40 分的，评价类型为差（E）。

思 考 题

① 为什么要进行财务报表分析？
② 财务报表分析主要有哪些方法？
③ 财务指标有哪些？
④ 杜邦分析法的原理是什么？

参 考 文 献

[1] 王化成,刘俊彦,荆新.财务管理学 [M].第9版.北京:人民大学出版社,2021.
[2] 财政部会计财务评价中心.财务管理 [M].北京:经济科学出版社,2023.
[3] 中国注册会计师协会.财务成本管理 [M].北京:中国财政经济出版社,2023.
[4] 刘淑莲.财务管理 [M].第6版.大连:东北财经大学出版社,2022.